ダン・ストーン

野蛮のハーモニー

ホロコースト史学論集

上村忠男編訳

みすず書房

野蛮のハーモニー　ホロコースト史学論集　目次

日本語版論集への序言

サウル・フリードレンダーの編んだ論集『表象の限界を検証する――ナチズムと「最終的解決」』が一九九二年に登場したとき、それはホロコーストの歴史家たちにひとつの法外な課題を提示することとなった。(1) 一九九〇年にカリフォルニア大学ロスアンジェルス校において開催された会議で報告されたペーパーにもとづいて編まれた同書は、人文諸科学における当時の争点、とりわけ広い意味に解された「ポストモダニズム」の突きつけた挑戦を取りあげたものだった。ポストモダニズムは学科ごとで別々のことがらを意味していた。そして建築の理論家たちがポストモダン様式とみなしていたものは、社会学者がある時代を画するものとしてポストモダンと呼んでいたものとは同じでなかった。しかし総体的には、ポストモダニズムは本質主義への攻撃であり、研究者たちが考えたり書いたりする場合に客観性というアルキメデスの点が存在するという考え方への攻撃であった。(2) 実行するのは困難であったにしても志向としては、これまで客観性の観念に執着してきた歴史家たちにとって、この課題はことのほか厳しいものに感じられた。フランスの哲学者ジャン゠フランソワ・リオタールがポストモダニズムを「メタ物語にたいする不信感」と定義したとき、彼は人間科学の分野におけるあらゆる仕事に挑戦状を叩きつけることとなった。実際にも、研究者たちがたとえば進歩の物語を組み立てるのを放棄するとは、そもそも何を意味するのだろうか。(3) もっとも、歴史家たちは、リオタールが攻撃した種類の古い哲学的な大きな物語を救済することには関心がなかった。たとえば、ガイスト（Geist 精神）の自己展開とか永遠平和への運動といった啓蒙主義的な概念がそれである。カール・ポパーは彼が歴史主義（historicism）と呼ぶもの（いうまでもなく、これももうひとつのホットな異議申し立ての対象となった術語である）を打ち壊してしまったが、大部分の歴史家たちは過去における人間の行動が「理念」の自己展開や、ポパーの主たる標的であったマルクス主義的なヴィジョンにおける共産主義に向かっての必然的に弁証法的な行進を証明するといった考えをすでにとっくの昔に断念してしまっていた(4)。しかし、客観性にかんしては、歴史家たちはそれを追い求めることを止めようとはしなかった。そして大半の歴史家たちは歴史の哲学には興味を示さなかったものの、彼らの仕事は多分に決定論的な意味合いをもっており、もろもろの事物は違ったかたちにはなりえなかったために起きたとおりに起きたということを示唆していた。まったく自明ともいえる一例だけを挙げるなら、起源についての歴史家の典型的な問いは、出来事の展開が偶発性を拒絶し、決定論ではないとしても秩序に向かうことを含意している。そして、そのような過程を描写する物語も同様の仕方で作動する。直線的で、すべてを見通しており、来たるべきものについての知識によって駆動させられているのである。

フリードレンダーの本は、大半の歴史家たちが本能的に反応したようには、ポストモダニズムを拒絶することをしなかった。むしろ、ポストモダニズムのもろもろの主張に積極的に関与し、それらの主張を多くの歴史家たちが一九九〇年代初めに最も挑発的なトピックであると受けとめていたもの、つまりはホロコーストに照らしてテストしようとしていた。歴史家たちはいつもナチスによるヨーロッパ・ユダヤ人のジェノサイド〔民族大量殺戮〕を歴史家たちがやるべき仕方で扱ってきた。用意周到に資料を獲得して、それらを厳格な資料批判にかけ、素材を現在において有意味な仕方で理解させてくれるような物語を構築してきたのだった。しかし、どれほど現象が歴史化されようとも、フリードレンダーが指摘するように、「起こったことの歴史的な理解と解釈の核心にはある不透明さが残り続けている」のではないかという懸念から逃れることができないでいた。[5] こうして、フリードレンダーと彼の編んだ論集への寄稿者たちにとっては、救済的な終わり方をする物語や、歴史家の「神にも似た」立場、あるいはまた直線的な発展の決定論にかかわる問題が彼らの考察のなかで大きな比重を占めることとなった。ホロコーストを馴致することなく、すなわち、「限界に位置する出来事」としてのそれの意味を保持しながら歴史化するにはどうすればよいのだろうか。[6] しかし、ポストモダニズムは「相対主義」と「なんでもあり」的なアプローチを正当化するという受けとめ方が広く流布していたため、寄稿者の一部には歴史へのポストモダン的アプローチは歴史的方法をまったく放棄してしまっており、ホロコースト否定論までをもひとつの有効な物語として認める道を開くことになってしまわないかと懸念する者もいた。

他の場所で論じたことがあったように、この最後の不安はポストモダニズムの読み間違いによるものだった。[7] 実をいうと、客観性の夢を断ち切ることは、歴史家たちはつねに過去の解釈者として仕事をしてきたのであり、過去それ自体に接近することは不可能であり（存在するものとしての「過去それ自体」という概念そのものがいまでは問題視されている）、わたしたちが資料と呼んでいる過去の痕跡はすべてわたしたちが所有しているものである以上、過去の代替物として作動する物語を産出しているということを認めることを意味している。ヘイドン・ホワイトが指摘するように、「過去のなんらかの側面についての相異なる表象は通分可能であるという信仰は、あるひとつの過去にそれについてのあらゆる表象を関連づけ、それらの表象の有効性とその過去についてのわたしたちの知識への貢献としての身分にかんして相異なる仕方で査定することができるという、先行する信仰に依存している。しかし、現実の過去は、いうまでもなく、それについてのさまざまな表象――インデックス的なものであれ、イコン的なものであれ、シンボル的なものであれ――によってて以外には接近不可能なのである」。(8)歴史は避けがたく詩的な行為であって、ホワイトが言うように、「取り戻しが利かないほどに喩法論的《トロポロジカル》」である。(9)ひいては、歴史家たちは過去を構築する数多くのさまざまな仕方を探求し実験してみなければならない。というのも、過去を構築する単一の「正しい」仕方など存在しないからである。ホワイトは、とくにホロコーストに言及したなかで、「ホロコーストのように重要な歴史的出来事に際会したときには、なんらかの所与の説明がなぞられえたり、ひとつの寄与であるとみなされえたりするような、偶発的出来事の「本源的な《オリジナル》」構造など存在しない」と説明したことがある。(10)もし歴史的表象の限定されたレパートリーが存在するとしたなら、それは「出来事それ自体」のせいではなく、歴史家たちの自己管理、彼らの礼節意識、そして学問上の限界のせいである。

したがって、ホロコースト否定論を有効な歴史的物語のうちに算入することはできないのだが、それは「ポストモダン史学」も依然として歴史家たちにさきに輪郭を示したような伝統的な歴史的方法に信頼して仕事を進めることを要求しているからにほかならない。しかし、表象の限界の問題、構築主義的な物語の問題、そして方法論の倫理にかんする問題は、姿を消してしまったわけではない。物語理論（第三章）、歴史の方法論（第五章）、フィンランドの歴史理論家ユニ＝マット・クーッカネンが最近「合理的構築主義（rational constructivism）」として擁護したもの（第六章）にかんする諸章は、いずれもがこれらの論争に寄与しようとしたものであって、反本質主義的立場がけっしてホロコースト否定論を拒絶することができないままにしているのではないことを示している。その一方で、同時に、過去についての競合する解釈が現在において どのように顧客を獲得するかという問題を未解決のままにしておきながらである。もし過去が未解決でたえず再解釈に付されるというのが真実でないとしたなら、同一の主題にかんしてこれほど多くの本が書かれ、その主題が意味するものをめぐってこれほど多くの異議申し立てがなされる必要はなかっただろう。(11)

実際にも、ホロコースト史学についての最も明々白々で驚愕的な事実は、その規模と射程の大きさである。この事実は、冷戦終結以後のホロコースト史における重要な展開のいくつかを概観した第一章でいささか立ち入って指示してある。東ヨーロッパの文書保管所にアクセスすることができるようになったことが、今日におけるホロコースト理解の仕方を抜本的に作り替えてきた。ナチスに占領された東ヨーロッパ地域におけるアインザッツグルッペン（SS［ナチス親衛隊］の特別行動部隊）による対面射撃の事実が従来よりもはるかに力説されるようになり、現地の協力者――個々人であれ、組織であれ、体制であれ――の演じた役割と現場でのドイツ人迫害者による決定過程についての理解が大幅に進展することとなった。これにともなって以前ほど強調されなくなったアウシュヴィッツと死の収容所のほうは、いまでは、それらの収容所――人びとが殺戮されるためにのみそこへと送り込まれていた場所――が根本から新しいものであったことを承認しながらも、それらを「最終的解決」がナチスに占領されたヨーロッパのさまざまな場所やトランスニストリアの場合にはルーマニア人に占領されたウクライナにおいてさまざまなスピードでどのように展開されたのかをよりいっそう明確にわからせてくれる、より広い物語に適合させる物語へと改訂されつつある。(12)

同時に、歴史家たちは理論にかんしては用心深く慎重であり続けているけれども、ホロコースト史学の方法論的射程はここ二十年のあいだに相当程度多様なものになってきた。いまでは研究者たちは、最も顕著なアプローチのいくつかだけを挙げるとして、考古学とホロコースト、とくに法医学考古学や、ホロコースト・スタディーズにおける「スペクトル的転回」、文化地理学から引き出された「空間」やそれ以外の概念に力点を置いた研究、クィア理論やセクシュアリティ史をも含んだジェンダー論的アプローチをこれまで以上に大幅に受けいれた研究、そしてミクロストリア的な探査などに取り組んでいる。文化史にかんする章（第四章）は、方法論的多様性がどれほどホロコーストについてのわたしたちの理解を豊かにするかを示そうとした、まさにひとつの試みである。ここでは、ある程度までは人類学から引き出されたアプローチが、因果関係ではなく、過去における行為主体たちの自己理解——どのように彼らは自分たちの周りで起こっていたことを理解したのか、またどのように過去についての彼ら自身の物語と回想記は彼らの振る舞い方を形づくることとなったのか——に焦点を合わせることによって、過去の出来事をそれらの時系列的な生起のなかで物語ろうとするアプローチから得られるのとは異なった回答を提供する理解への道を開くことができると論じている。

　ほぼ三十年前にフリードレンダーによって提起された諸問題がいまではもはや同じだけの価値をもっていないとしても、それらはまったく姿を消してしまったわけではないのである。もろもろの表象の問題は、フリードレンダーの本を継承したものとして構想された最近の論集が指し示しているように、それらの「限界」よりはそれらの倫理にかかわるものになっている。[13] このことは資料としての写真の利用においてきわめて明々白々である。これは二十年前、アウシュヴィッツのゾンダーコマンド〔強制収容所内の主としてユダヤ人の囚人からなる、ガス室で殺害された同じユダヤ人の死体の焼却や処理を担当していた労務部隊〕のメンバーによって秘かに撮られた、当時はまだ研究がほとんどなされていなかった写真を検証するなかでわたしの取りあげたトピックである（第七章）。ビルケナウ（アウシュヴィッツII）のガス室と死体処理施設《クレマトリウム》で働くことを強要されたこのグループは、殺害工程の中心部にいただけではない。彼らはホロコーストから得られる最も法外な資料のいくつかを遺してあの世に旅立った。そしてそれらの資料のもつ意義についてわたしは第八章で取りあげている。[14] 彼らの遺したドキュメントを利用することは、たんに資料批判のやり方を実物に即して教育するという意味合いをもつだけでなく、フリードレンダーによって提起された争点の多くが今日もなお適切さを保持していることを想い起こさせる。ひとは彼らの遺した写真や書き物を分析して、どれほど多くのことをわたしたちが知っていようとも、ことがらの核心には暗くて不透明なものが残っているという考えに触れないままでいることはできないのである。

その不透明さは、何がナチスを彼らがおこなったことをおこなうよう駆り立てたのかを説明しようと試みてきた多くの思想家にとって、探求の主題をなしてきた。モダニティに焦点を合わせた説明や、全体主義に焦点を合わせた説明、戦争とその結果に焦点を合わせた説明、ダーウィニズムとその結果に焦点を合わせた説明、そして反セミティズムと二十世紀ヨーロッパの危機に焦点を合わせた説明など。これらはすべてが強力な説明図式を提供している。第二章では、それらのうち、ハンナ・アーレントによって開始された論の筋道を取りあげている。アーレントが示唆したところによると、ナチスは人間学《アンスロポロジー》すなわち人間にかんする研究を作り替えようとしたのであり、人間として算入されるのはだれで、算入されないのはだれかを定義し直したというが、「贖罪的反セミティズム」についてのフリードレンダーの説明と同様、この思考過程をホロコーストに関与したすべての者たちに帰することはできないのであって、ナチスの「人間（the human）」攻撃はナチスのエリート層が思い描いていた「ユダヤ人のいない世界」のファンタジーにのみ当てはまる。[15]しかし、彼らこそは問題の者たちだったのであり、これと何が他の者たちを加担するよう動機づけたのかは別の問題である。[16]第二章では、今日でもナチズムがわたしたちに影響力を及ぼし続けており、わたしたちのほうでもその理由をなんとかして説明しようと切望し続けていることは、ナチスが人びとの一部――とりわけユダヤ人――を人間の王国から排除する黙示録的思想に訴えたさいの驚くべき容易さとなにか関係があるのではないか、と論じている。[17]

ダン・ストーン

（1） Saul Friedländer (ed.), *Probing the Limits of Representation: Nazism and "Final Solution"* (Cambridge, MA: Harvard University Press, 1992)〔ソール・フリードランダー編、上村忠男・小沢弘明・岩崎稔訳『アウシュヴィッツと表象の限界』（未來社、一九九四年）（部分訳）〕。

（2） これらの論争についてすばらしい陳述をおこなった著作として、Barbara Herrnstein Smith, *Belief and Resistance: Dynamics of Contemporary Intellectual Controversy* (Cambridge, MA: Harvard University Press, 1997) を参照されたい。

（3） Jean-François Lyotard, *The Postmodern Condition: A Report on Knowledge* (Manchester: Manchester University Press, 1984), p. xxiv〔ジャン＝フランソワ・リオタール著、小林康夫訳『ポストモダンの条件』（水声社、一九八六年）、八―九頁〕。

（4） Karl Popper, *The Open Society and its Enemies*, 2 vols (London: Routledge, 2003 [1945])〔カール・ライムント・ポパー著、内田詔夫・小河原誠訳『開かれた社会とその敵』全2巻（未來社、一九八〇年）〕。

（5） Saul Friedländer, *Memory, History, and the Extermination of the Jews of Europe* (Bloomington, IN: Indiana University Press, 1993), p. 103.

（6） Cf. Dan Stone, "Nazi Germany and the Jews and the Future of Holocaust Historiography," in: Christian Wiese and Paul Betts (eds.), *Years of Persecution, Years of Extermination: Saul Friedländer and the Future of Holocaust Studies* (London: Continuum, 2010), pp. 343-357.

（7） Dan Stone, *Constructing the Holocaust: A Study in Historiography* (London: Vallentine Mitchel, 2003), esp. chapter 1.

（8） Hayden White, "History as Fulfillment," in: Robert Doran (ed.), *Philosophy of History after Hayden White* (London: Bloomsbury, 2013), p. 40.

（9） Ibid., p. 45.

（10） Hayden White, "Coda: Reading Witness Discourse," in: Nicholas Chare and Dominic Williams (eds.), *Representing Auschwitz: At the Margins of Testimony* (Basingstoke and New York: Palgrave Macmillan, 2013), pp. 225-226.

（11） この問題にかんしてはわたしのエッセイ "The Course of History: Arno J. Mayer, Gerhard L. Weinberg, and David Cesarini on the Holocaust and World War II," *Journal of Modern History*, 91: 4 (2019) も見られたい。

（12） もっと詳しくは、拙著 *Histories of the Holocaust* (Oxford: Oxford University Press, 2010)〔ダン・ストーン著、武

井彩佳訳『ホロコースト・スタディーズ――最新研究への手引き』（白水社、二〇一二年）〕を見られたい。

（13） Claudio Fogu, Wulf Kansteiner and Todd Presner (eds.), *Probing the Ethics of Holocaust Culture* (Cambridge, MA: Harvard University Press, 2016).

（14） Nicholas Chare and Dominic Williams, *Matters of Testimony: Interpreting the Scrolls of Auschwitz* (New York: Berghahn Books, 2016)〔ニコラス・チェア／ドミニク・ウィリアムズ著、二階宗人訳『アウシュヴィッツの巻物 証言資料』（みすず書房、二〇一九年）〕; Chare and Williams, *The Auschwitz Sonderkommando: Testimonies, Histories, Representations* (Basingstoke and New York: Palgrave Macmillan, 2019); Dan Stone, "Doubly Cursed: The Auschwitz Sonderkommando in the Records of the International Tracing Service," in: Nicholas Chare and Dominic Williams (eds.), *Testimonies of Resistance: Representations of the Auschwitz-Birkenau Sonderkommando* (New York: Berghahn Books, 2019) も見られたい。

（15） Alon Confino, *A World without Jews: The Nazi Imagination from Persecution to Genocide* (New Haven: Yale University Press, 2014); Saul Friedländer, *Nazi Germany and the Jews: The Years of Persecution 1933–39* (London: Weidenfeld & Nicholson, 1997), chapter 3; Friedländer, "An Integrated History of the Holocaust: Some Methodological Challenges," in: Dan Stone (ed.), *The Holocaust and Historical Methodology* (New York: Berghahn Books, 2012), pp. 181–189.

（16） Dan Stone, "Structure and Fantasy: Holocaust Perpetrators and Genocide Studies," in: Anne O'Byrne and Martin Shuster (eds.), *Logics of Genocide: The Structures of Violence and the Contemporary World* (Bloomington, IN: Indiana University Press, forthcoming 2020) を見られたい。

（17） これらの争点についてのさらなる探査を試みたものとして、わたしの近く出る本 *Holocaust* (London: Penguin, 2020) も参照されたい。

第一章　「アウシュヴィッツ・シンドローム」を超えて

——冷戦後のホロコースト史学

レフ・ロゼツキは、ドイツ国防軍最大の同盟軍であったルーマニア軍が南西ウクライナを占領したとき、学校に通う少年だった。彼の回想記は最近英訳されて重要な資料集『知られざる黒書』に収録されたが、少女たちは兵舎の便所に投げ捨てられたとか、ユダヤ人は拷問にかけられ、さんざん痛めつけられたあと、射殺されたとか、犬は「牡牛のように太っていった」といった、恐ろしい話に満ち満ちている。ごく少数のドイツ人司令官に率いられたこの地方の迫害者たちには、ルーマニア人の憲兵と現地に住むフォルクスドイッチェ（Volksdeutsche 民族上のドイツ人）が含まれていた。ロゼツキも観察していたことであるが、現地の住民も、必ずしも殺戮過程そのものにではなかったが、それにともなう略奪行為には巻き込まれていた。「獲物の臭いを嗅ぎつけると、ありとあらゆる種類の汚い悪党どもが四方八方から駆けつけてきた」と彼は書いている。[1] もう一人の生存者、ウクライナのマリウポリ出身の学生サラ・グレイクは、「隣人たちはわたししたちがアパートを立ち去るのを禿鷹のように待っていた」と書いている。それから、同じ隣人たちは「わたしの目の前でモノをめぐって喧嘩しはじめ、互いの手からモノを奪い取り、枕、ポットと鍋、掛け布団を引きずり出していった」(2)と。『知られざる黒書』を編纂した歴史家のジョシュア・ルビンシュテインが注記しているように、とくにバルト地方と西部ウクライナでは、しかし一般に東ヨーロッパ全体において、「住民たちは、ドイツ軍に駆り立てられるまでもなく、隣人のユダヤ人にはなんでも無制限にやってかまわないことがわかっていたかのようだった」のである。(3)斧、小刀、釘を打ちつけた板で武装したウクライナ人が現地に住む三十人のユダヤ人を殺害したヴォルィーニのホリィングラド＝クルパから、有名な「死の商人」がユダヤ人が鉄の棒で殺されるのを手伝っているところが写真に撮られているカウナスにいたるまで、ルビンシュテインの主張を裏打ちする証拠に事欠かない。

恐怖の記憶装置《ストア》の量を増大させている以外にも、これらの回想記がホロコーストについての支配的な歴史学的説明を再考する必要があることを暴露している点が歴史家の観点からは注目される。ホロコーストにかんする歴史研究は近年まで、ユダヤ人の殺害を「産業的ジェノサイド（industorial genocide）」——ユダヤ人を劣等「人種」とみなす優生学的世界観にもとづいて実施された——とみる分析の支配の下にあった。ホロコーストは戦争によって環境が変化したことがナチス体制の地平を狭めた結果、その場しのぎの、あるいは反作用的なかたちで、早急に実行する必要に迫られて登場したものであって、その計画はもしドイツが戦争に勝利していたならまったく異なった様相を呈していたかもしれないというのだ。

最近になって登場したミクロ歴史学的な研究は、この絵柄を描き直しはじめている。それまで、しばらくのあいだ、歴史家たちは、行為主体の重要性を立証しようとして、「構造」にたいして、ナチスの「イデオロギー」、とくに反セム主義に力点を置いてきた。(4)そして第三帝国のリーダーたちは彼らが言っていたことを信じていたということを示そうとしてきた。しかし、あまりにも整然としているようにみえるこの絵柄にニュアンスをほどこした研究はいまだ現われていない。「構造」に代えて「意図」をもってくるだけでは、たとえそれが「修正された意図重視主義」[5]であっても、おそらくは第三帝国とその機能の実態についてあまりにも整合的なイメージを提供することになってしまうだろう。[6]もし歴史研究者たちの一致した見解が中心／周縁関係が政策決定過程にとって鍵をなしており、ユダヤ人対策が熟慮することなくその場に応じて、しかしながらつねに迫害者たちに広く共有されていた反セム主義のコンテクストのなかでなされたことを示唆しているようにみえるとしても、最上層のリーダーシップの背後で実際に遂行された殺害過程そのものとその官僚的措置への参加は単純に反セム主義に帰することができないことも明らかになってきたのだった。略奪と経済的利得の追求という要因が、一九六〇年代の解釈とは異なった仕方においてではあるけれども、何十年もあとになってふたたび浮上してきた。そしてユダヤ人の殺戮は、ナチスのジェノサイド計画の最も緊要で最も完璧な計画としての意義をなおも保持していながらも、しだいに、いくつかの切り離しがたく連結したジェノサイド計画のひとつでしかないとみられるようになりつつある。[7]この洞察は、ひるがえっては、ホロコーストをナチスによる帝国建設のコンテクストのなかでとらえ、この歴史がそれよりも以前のヨーロッパ人による海外植民地主義の歴史に結びつけることができるかどうかを問うよう、歴史家たちを導いていく。そのとき、一方では、絵柄はよりいっそう取り散らかったものになる——迫害者の範囲が拡がって、迫害に参加した理由がさまざまであったことが明らかになるからである——と同時に、よりいっそう広いものになる——ホロコーストはより広くナチスの人口統計学的図式というコンテクストと世界史のコンテクストのなかでとらえられるからである——が、しかしながら、第三帝国のリーダーたちが固執し整合性を付与していたプロジェクト全体のイデオロギー的土台の意味するところを見失うようなことのないようにしたいものである。以下では、これらのテーマを取りあげて、冷戦の終結以来、ジェノサイドの工程の核心に東ヨーロッパが存在したことが「発見」されたことが、どのようにホロコーストについてのわたしたちの理解を描き直しつつあるかを示してみたい。

＊＊＊

西ヨーロッパでは、わたしたちのホロコースト・イメージはアウシュヴィッツ＝ビルケナウに集中している。悪のイコンになってきた悪名高い死の収容所である。そしてその悪名の高さにはそれなりの理由がある。要するに、アウシュヴィッツは、ある歴史家が言うように、「ホロコーストの首都」[8]だったのであって、そこにユダヤ人とロマがヨーロッパ中から殺されるために送り込まれてきたのだった。上シレジア地方一帯に拡散していた多数の補助収容所とともに、アウシュヴィッツも奴隷労働を土台とする産業の一大センターだった（それは経済的にはほとんど成果を上げなかったが、何万人という収容者たちに計り知れない窮乏と苦痛を引き起こした）[9]。それでも、アウシュヴィッツはホロコーストそれ自体の同義語ではない。ホロコーストそれ自体は一個のヨーロッパ的規模の現象だったのであり、その多くはイコン化された死の収容所のイメージよりは植民地での殺戮行為に近いようにみえる。というか、近代的テクノロジーが大量殺戮のために採用されたという外見上のパラドクスによってわたしたちを魅了してきた、適切にも「アウシュヴィッツ・シンドローム」と呼ばれたものが、ホロコーストの他の諸側面を見ることからわたしたちを阻止してきたのだった[10]。暗黒の核心部を本当にのぞき込みたければ、比較的知られていないラインハルト作戦収容所（一九四二年にチェコのパルチザンによって殺害された国家保安本部長ラインハルト・ハイドリヒに因んでなづけられた。「ラインハルト作戦」については後出二四二頁の注＊を見られたい）のことがただちに思い浮かぶ。ユダヤ人が初めてガス・トラックを使って殺害された、ヴァルテガウ（第三帝国に組み入れられた西ポーランドの部分）にあったヘウムノと並んで、ベウジェツ、ソビボル、トレブリンカの小さなラインハルト作戦収容所が、それらが作動していた短期間に――それらはすべて一九四三年末までには取り壊された――、一万五千人以上のユダヤ人を殺害したことに責任があった。(11)ルブリン地区親衛隊および警察指導者オディロ・グロボクニクによって創設されたこれらの収容所は、「純粋の」死の収容所であって、殺戮以外のなんの目的にも奉仕しなかった。そしてその工程は信じられないほど不愉快なものだった。あまりにも長いあいだ、わたしたちは殺害工程の「近代性」について語ってきた。そして、あたかもそれが清潔で滑らかで技術的なことがらであるかのように、「産業的ジェノサイド」という言い方をすることによって、現実をわたしたち自身から遮蔽してきた。事実をいうと、一酸化炭素（ツィクロンBはアウシュヴィッツとマイダネクだけで使用されていた）を生産するモーター・エンジンはたびたび壊れ、耐えがたいほど緩慢な死を引き起こしていたのだった。加えて、これらの場所での殺戮のやり方は粗暴で手荒らだった。「荒涼とした東部」に位置していて、看守たちは――ここでもまた、ドイツ軍将校の数はごくわずかで、大半はウクライナ人（それまでソヴィエト軍戦時捕虜だった者たち）だった――しばしば酒を飲んでおり、無規律の空気が蔓延していた。そして移送されてくる者たちからぶんどった富が売春婦と賞金稼ぎどもを引き寄せていた。(12)

しかし、ホロコーストの犠牲者のうち、収容所で殺害されたのは半数にも満たなかった。そしてそれらのうち百二十万ほどは本来の強制収容所、すなわち、SS（ナチス親衛隊）の強制収容所監督官府と経済管理本部によって運営されていた収容所で死んでいて、「純粋の」死の収容所で死んだわけではなかった。(13)ナチスが一九四二年にポーランドの占領地域に死の収容所を設立する以前に、約百五十万人のユダヤ人が対面で大量射殺されていた。何人かの歴史家が報告しているところによると、一九四一―四二年に東部ポーランドとソ連邦一帯での最初の一斉掃討のなかで起きた大量射撃のさいには「お祭り」的ないし「カーニヴァル」

的な雰囲気が支配していたという。[14] 森林での掃討のさいに迫害者たちが笑っていたり、ドイツや東ヨーロッパの町々で地元の住民が拍手喝采したりしているところを撮った写真を見つけるのはたやすい。アウシュヴィッツはわたしたちの理解のなかでは依然として中心的位置を占め続けているが、ホロコースト史ははるかに複雑さの度合いを増してきつつあるのだ。歴史家たちは、アウシュヴィッツ以外の死の収容所について、SS以外の迫害者——たとえばドイツの秩序警察、国防軍、地域の憲兵隊や機動隊（十万人以上がウクライナ帝国委員管区の機動隊で働いていた）——について、強制労働収容所（死の収容所とは対蹠的な位置にあるものとしての）によって演じられた役割について、ほとんど説明不能な死の行進について、[15] そしてなんでもOKの反セム主義を超えた地域住民の、貪欲といった参加動機について、ずっと多くの事実を発見しているからである。ティモシー・スナイダーが指摘しているように、アウシュヴィッツはポーランドにあるけれども、実際にはそこで殺害されたポーランドやソ連邦のユダヤ人はごく少数であった。ひいては、最大の犠牲者集団——東ヨーロッパ出身の宗教的に正統派に属するユダヤ人たち——はホロコーストの最も有名なシンボルからは排除されているのである。[16] スナイダーやオメール・バルトフのような歴史家たちは、戦前に東ヨーロッパの辺境地帯に存在した諸社会全体のなかでの地域ごとの民族的《エスニック》な関係についても調査し始めている。そこに今日存在する民族的《エスニック》な同質性はナチスが着手したことを戦争直後の時期に共産主義者たちが仕上げた結果もたらされたものであって、一九三九年以前に存在したさまざまな住民の混在状態からははなはだしく相違しているのである。スナイダーとバルトフは、戦争前には相対的に民族が調和を実現していた場所であった多くの地域が、一九四三年における西ヴォルィーニのように、「多面的な内戦の戦場」と化して、「ソヴィエト・ウクライナのパルチザン、ウクライナ民族主義者のパルチザン、ポーランド自衛軍の前哨部隊、ドイツの警察隊がすべて関わっていた」ことを明らかにしている。[17]

＊＊＊

動機要因として盗みと略奪があらためて強調されるようになったことは、個々人だけでなく、マクロ・レヴェルにも当てはまる。一九六〇年代には、ナチズムは大企業がつくり出したものであるとするマルクス主義に影響された考え、すなわち、ヒトラーは資本家たちによって資金援助を受けていたのであり、資本家たちは自分たちの利益を保護し、勢威を増しつつあった戦闘的大衆が彼らの利益を認めるよう要求するのを阻止するために、ファシズムを解き放ったのだとする考えが流行していた。ここ二十年ほどのあいだに「人種」とイデオロギーに力点が置かれるようになって、そのパラダイムは事実上姿を消してしまった。ナチス体制が大企業を統制していたのであって、その逆ではないこと、そしてナチス体制のリーダーたちが自分たちのイデオロギー、なかでもサウル・フリードレンダーが「贖罪的反セム主義」と呼ぶもの[18]を信じていたことが明らかになった。しかしながら、最近になって、歴史家たちはふたたび「ギャング体制」とか「クレプトクラシー〔盗賊政治〕」としての第三帝国ということを――ただし今回は経済的動機に最優先権をあたえることはせずに――口にし始めている。たとえば、ジョナリン・ペトロプーロスは「ナチスは史上最も悪名高い殺害者たちであっただけでなく、最も偉大な盗賊たちでもあった」と書いている[19]。個人的、制度的レヴェルから、国家指導的、ヨーロッパ的拡がりをもったレヴェルにいたるまで、あらゆるレヴェルにおいて、殺害の過程には途方もない規模での盗み行為がともなっていたのだった[20]。

ホロコーストは経済によって駆動させられたわけではなかったが、財政面で利得を得られる可能性がひとつの動機要因であったことは明らかである。ナチスは死の収容所でユダヤ人から取りあげた財の価値を注意深く計算していた。またネーデルラントのような被占領諸国から徹底して金品を巻き上げていた。全国指導者ローゼンベルク特捜隊のような部局がヨーロッパ中の美術品の略奪を調整するために設立され、ドイツ人住民は「冬季支援」キャンペーンや、ハンブルクで開催されていたような「ユダヤ人市場」で、死んだユダヤ人から剝ぎ取った衣類の分配にあずかることによって殺害行為に共犯として関与させられていた[21]。迫害者たちの研究は、彼らがすべて根っからの反セム主義者であったわけではなく、同僚たちの圧力、アルコールの影響、仲間や上官の期待を含む多くの理由で殺害作戦に参加していたことを暴露してきた[22]。また東ヨーロッパ中の地方住民が機会がありしだい速やかに隣人たちを殺害した反セム主義者であったわけでもなく、絶望的なまでに貧しい地域に住んでいて、ユダヤ人の「殲滅」をなんらかの物資を獲得するチャンスととらえた人びとであった。ユダヤ人を殲滅することと豊かになることとは手に手をとりあって進行していたのであり、ヨーロッパ中で、個人のレヴェルでも、機関や国家のレヴェルでも、貪欲、腐敗、略奪は殺害の過程から切り離すことができないことを立証していたのだった[23]。

　反セム主義は体制の駆動力であったため、すなわち、相異なる動機をもったさまざまな行為主体を合体させることを可能にする枠組みであったため、鍵の位置を占め続けている。しかし、現実生活が複雑に込み入っていることは、ホロコーストの説明としては反セム主義で満足しているわけにいかないことを意味している。反セム主義自体はずっと昔から存在していたのであって、この特定の時点で、ユダヤ人と異教徒が何世紀にもわたって共存してきた地方において、なにがジェノサイドを生み出したのかにかんしての別個の説明を必要としている。もちろん、一つの理由は、体制ひいては国家が、ユダヤ人がドイツを植民地化しようとしており、世界の安定にとって脅威であるというパラノイア的陰謀理論を信じたということである。それまでは、反セム主義は社会的レヴェルにとどまっていたのだった。しかし、この説明はナチス体制の核心部にのみ関わるものであって、殺害過程への大陸規模の参加の理由を説明してはくれない。時と場合によってナチスを非難したり容認したりしていたウクライナのギリシア＝カトリック教会の最高指導者アンジェイ・シェプティツキ大主教のような人物もいた。助けになりそうなひとつのアプローチは「反セム主義的コンセンサス」について考えてみることである。迫害者たちの実際の動機がなんであれ、貪欲であろうと嫉妬であろうと憎悪であろうと、彼らは体制が「ユダヤ人にたいする戦争」を闘っていること、そしてその体制の計画にリップサーヴィスをしていさえすればなにをやっても言い逃れられることを知っていたのだった。(24)ホロコーストの多頭制的組織にかんする最先端の歴史家の一人であるヴォルフガング・ザイベルが観察しているように、「制度の行為主体たちの功利的動機が過激化の主要な源泉であったようである。それでも、反セム主義と国家による強制が迫害の構成的基盤であり続けた。〔中略〕反セム主義は一種の互換可能な通貨をなしていた。個々人の世界観がなんであれ、周辺部の行為主体たちが「中央」になにか反セム主義計画に合致するものを提供するやいなや、彼らはそれと交換に利便を期待できたのだった」。(25)

動機を探索するのは無罪の言い訳になるものを見つけ出そうというのではなく、どのようにして反セム主義が特定の時点で活性化し過激化することが可能になったのかという問いへの答えを提供するためなのである。もしこれやそれ以外の問いを問うことをしなかったなら、ホロコーストを十九世紀のポグロムから区別することができないでいるユダヤ史の「お涙頂戴物語」で終わってしまう。もちろん、殺害されたユダヤ人にとっては、結果は同じだった。迫害者たちの動機と背景はさまざまであったかもしれないが、それが殺害となって帰結した点ではどれも驚くほど似ていたのである。(26)

＊＊＊

しかし、迫害者たちの動機を追い求めていると、最終的には袋小路におちいってしまう。迫害者たちの個人心理をもっと重要な社会的要因から切り離して考察することはできないのである。これがこんなにも多くの研究が殺害の起きたさいの状況にもとづいてなされてきた理由である。しかしながら、ホロコーストで殺害されたユダヤ人の大多数は東ヨーロッパからやってきて東ヨーロッパで殺されたにもかかわらず、わたしたちは西ヨーロッパでのホロコーストについてはるかに多くを知っている。生存率、抵抗、隠れることのできた機会、救出の試み、ユダヤ人の名簿を作成し検挙し移送するにあたって現地の警察や役所の果たした役割について知っており、なかでもフランス、ベルギー、ネーデルラントにかんしてはじつに正確な移送者名簿をもっている。デンマークとイタリアにおける救出の話は何度となく耳にしてきた。もっとも、イタリア人は「勇敢な人びと（brava gente）だ」といういかにも好感を呼びそうなとらえ方に最近非難が浴びせられるようになってはきたのだったが。歴史家たちは、イタリア人がユダヤ人を移送するのを（サロォ共和国政権下での混沌として凄惨な戦争の最終局面にいたるまで）拒否したのは、純粋の利他精神によるというよりもナチス・ドイツにたいして自分たちの主権を確立したいという願望によるところが大きかったと論じているのである。(27) 繰り返すが、ユダヤ人にかんするかぎり、結果は同じだったのだ。ユダヤ人が生き延びた場合、その場所はイタリア、フィンランド、ブルガリア（ブルガリアに占領されていたトラキアとマケドニアは除く）のように、体制がドイツの権威からの独立を宣言しようとしてその方途を探し求めていた枢軸諸国であったり、フランスのように、ドイツ軍によって占領された地域がまばらで、現地の警察へのＳＳの督促力が相対的に弱かった場所であった。フランスでは、ユダヤ人の七五パーセントが戦争を生き延びたのだった。[28]

しかし、東ヨーロッパにかんしては、歴史家たちがセルビア、ベラルーシ、ガリツィア、リトアニア、エストニア、トランスニストリアのような場所の詳細な研究を産み出すことができるようになったのは、一九九〇年代以降のことでしかなかった。そのときになってはじめて、少なくともアメリカ合州国ホロコースト記念博物館が記録資料の大部分のコピーを獲得するに十分なだけの、それまではアクセスできなかった文書館が公開されたのである。たとえば、ゲットーの歴史、なかでもソ連邦に短期間存在したゲットーのように、ほとんどなんの情報も得られないままであったゲットーの歴史が、いまでは書かれつつある。[29]それらは、一方では、単一のゲットー化政策ないし経験といったものは存在せず、現地の条件によってさまざまな結果が生じていたという一見したところ「機能主義」的な見解の正当性を確証している。しかし、他方では、サラ・ベンダーが書いているように、互いに相違しているにもかかわらず、「どのゲットーもすべて一つのことを共有していたのであって、どれもが絶滅する運命にあった」ことは明らかなのだ。[30]ゲットー化はユダヤ人を死の収容所へ移送する目的で着手されたわけではなかったのかもしれないが、それはジェノサイドに向かってのひとつの重要な里程標をなしていたのであり、それ自体がジェノサイド的だったのである。[31]ここでもまた、迫害者たちのあいだでの反セム主義的コンセンサスの存在は明白であるようにみえる。いわゆる「摩滅主義者」と「生産主義者」(ユダヤ人を労働のために一時的に生かしたままにしておきたいと考えていた者たち)のあいだの論争は、最終的には双方とも起こりうる帰結については一致していたことを示している。[32]

ルーマニアにおけるホロコーストについてごくわずかしか知られていなかったもう一つの事例を挙げるなら、いまではニコラエ・チャウシェスクの「民族主義的スターリン主義」体制が隠蔽しようとしてきたことを詳細に明らかにしてみせた多数の研究が存在する。すなわち、ルーマニアは「ユダヤ人問題」を「ルーマニア的仕方で」解決しようとしていたという事実がそれである。いいかえるなら、ルーマニア（一九四〇年にハンガリーに降伏した北部トランシルヴァニアは含まれない）とトランスニストリアのユダヤ人は、ほとんどがドイツ人ではなくルーマニア人によって殺害されたのだった。ルーマニアの支配者イオン・アントネスクはヒトラーに脅されてユダヤ人を移送したわけではなかった。ヒトラーのほうでも、戦局がドイツに不利になり始めたときに、アントネスクがレガト（モルダヴィアとワラキアの「古き王国」）のユダヤ人を移送する計画を停止するよう命じるのを阻止することができなかった。これがブカレストのユダヤ人の大半が戦争を生き延びることができた理由である。(33) 世界情勢についてのアントネスクの理解では、戦争の最終段階で同じ土台に立ったユダヤ人グループとの交渉に期待を寄せたヒムラーの見方もそうであったように、ユダヤ人はなんにでも力を発揮できる存在であった。こうして、レガトのユダヤ人を保護することによって、ユダヤ人に支配されている連合国側からなんらかの共感を勝ちとれるのではないかと彼は考えていたのだった。(34)

ルーマニアは、しっかりとドイツ人の支配圏の内部にありながらも、主権国家にとどまり続けていて、一度もドイツ国防軍に占領されたことがなかったため、例外的な存在であった。しかし、しばしば不正確にも「傀儡国家」と称されているクロアチア独立国や、聖職者ファシストのヨゼフ・ティソの支配下にあったスロヴァキアのような他の諸国も、ある程度まで、ユダヤ人政策のペースを速めつつあった。ドイツに占領された東ヨーロッパ、とくにポーランドと、バルト海沿岸諸国、ウクライナ、ベラルーシを含む西方ソ連邦の土地にかんしては、いまでは歴史家たちは「最終的解決」がさまざまな場所とさまざまな時点で地方の指揮官たちとベルリンからの中央指令とのあいだの相互作用の結果としてどのように展開されたかを詳細に示すことができる。彼らはまた、ホロコーストはドイツに指導されたプランでありながら、ヨーロッパ中でユダヤ人を殺害するプロジェクトに大規模な数の人員を動員することが可能であることを立証したとしても驚くに当たらないことも示すことができる。[35] とくに、ヒムラーがウクライナやリトアニアで戦っている彼の部下たちを訪問したときのように、「中央」と「周縁」が出会った場合には、殺害のペースは加速された。[36]「機能主義」派の歴史家たちが長らく主張してきたように、単一の単純なヨーロッパ・ユダヤ人殺害計画といったものは存在しなかったのであり、政策は反作用的かつ場当たり的に、相異なるナチス部局間の競争にもとづいて展開したということは今日では明らかであるけれども、さまざまな迫害者グループがユダヤ人を殺害するという目標を共有していたというのも、同じく明らかなのである。歴史家たちは現場での複雑な現実を一連の「地域研究」のなかで詳しく分析してきたように、[37] ドイツ人がそこでとった占領および人口政策を海外植民地主義に近似したものとして描写し始めたのだった。

＊＊＊

実をいうと、東ヨーロッパの占領に「植民地主義」という語を適用できるかとか、スラヴ人とりわけユダヤ人の扱い方に「植民地主義的ジェノサイド」という語を適用できるかといった論争ほど、議論の的となった歴史学上の論争はわずかしかなかった。世界史およびトランスナショナルな歴史が勃興してきたのにともなって、歴史家たちはしだいにホロコーストを他にも多くあるジェノサイドの一事例として理解する誘惑にとらわれていった。一個の学問分野としてのジェノサイド研究自体も、最近十年間に、主としてラファエル・レムキンの仕事にあらためて焦点が合わされたおかげで、相当の変化を被ってきた。一九四四年の古典的著作『被占領ヨーロッパにおける枢軸国の支配』のなかで「ジェノサイド」という語を鋳造したポーランド出身の法律家である。[38] レムキンが論じているところによると、彼が「ジェノサイド」と名づけたある民族の破壊は大量殺戮と同義ではない。むしろ、その工程には「二つの局面がある」。「一つは抑圧される集団の民族パターンの破壊であり、もう一つは抑圧する側の民族パターンの強要である」。レムキンは相互作用を強調している。そして前者が後者によって最終的に超克されるというのであるが、これは歴史家たちが注意を喚起してきたように植民地主義の描写ととても似ているように聞こえる。はたしてホロコーストは「植民地主義的ジェノサイド」というように理解することができるのだろうか[39]。

第一に、そのような理解は、「ジェノサイド」とは国家に指導された大量殺戮のことであるという広く保持されている定義をうまく処理することを要求する。もしジェノサイドが北アメリカやオーストラリアにおいて起きたようにヨーロッパの海外植民地で起きていたなら、それは通常、宗主国当局からの明示的な命令なしに起きたのだった。たとえ植民地計画そのものが暗々裡にはそのような殺害工程に権威をもたせていたとしてもである。しかし、ホロコーストは国家に指導された犯罪であった。さらに、海外植民地における原住民攻撃は彼らの土地を獲得するために実行されたものだった。しかし、ヨーロッパに住むユダヤ人は大部分が土地所有者ではなかった。そして彼らは大陸中のどこでも少数派《マイノリティ》住民だった（たとえポーランド、西方ソ連邦、そして二、三の大都市や地域では人口の実質的部分を構成していたとしてもである）。だから、東ヨーロッパの占領とともにウクライナとポーランドにおける現地住民の扱い方が植民地における「ネイティヴ」の扱い方——彼らを哀れきわまりない状態のもとで生活するよう強制し、指導部と教育を受けた階層を根絶し、文化的な表現を否定し、食糧供給を制限するなどの扱いをするやり方——に似ているようにみることができる場合でも、ナチスがユダヤ人を扱ったやり方はまったく異なっており、いっそう徹底して単刀直入なものだった。ユダヤ人はナチスの宇宙では住むべき場所をもっていなかったのだ[40]。わたしたちはいまでは驚くほど多数のユダヤ人がSSの運営する収容所システムの外にあった強制労働キャンプで生き延びたことを知っ

ている。しかし、彼らの死がたんに延期されていたにすぎないことにほとんど疑いの余地はない。(41)

ユダヤ人とスラヴ人の扱い方にはこれらの重要な相違があるにもかかわらず、多くの歴史家は植民地主義と帝国主義の語彙がヨーロッパにおけるナチスの支配について考察するのに有益であると考えてきた。ドイツの植民地、とりわけヘレロとナマの部族が一九〇四―〇八年の戦争でジェノサイドの犠牲になった南西アフリカ〔現ナミビア〕から、インドにおける英国人の支配やアメリカ合州国における西部への領土拡大にたいするヒトラーの称賛にいたるまで、人員、軍事的実践、文化的優越性についての考えの面での連続線を追跡しながら、ホロコーストはますます世界史の枠組みのなかに置かれつつある。このような進路をとったなら、ホロコーストがその「特異さ」とされるものを失ってしまうのではないかという怖れがないわけではないけれども、最近になって比較ジェノサイド研究の最先端を走ってきた――ユルゲン・ツィンメラー、ドナルド・ブロクサム、ダーク・モーゼス、スコット・ストロースその他を含む――歴史家の一団は、たとえ理解のための広い枠組みを確立できた場合でも、このことは個別的な事件の特殊性を犠牲にして達成されるわけではないことを注意深く強調している。(42)植民地主義についての議論はホロコーストを駆動させた諸勢力についで理解するためのそれ以外の資料を補完することを意味しているのであって、それらに取って代わろうというのではない。比較ジェノサイド研究のコンテクストのなかにあってのホロコーストの議論は、ホロコーストを「軽視」するのが目的でなされているわけではないのである。たとえそれ以外の身の毛のよだつような残虐非道な出来事のコンテクストのなかではそうであったかもしれないとしてもである。

＊＊＊

冷戦が終結し、旧共産主義諸国における文書館が公開されたことは、奴隷労働賠償、ナチスの埋蔵金、犠牲者たちの銀行口座、略奪された美術品をめぐる、経営理論から引き出され、「ネットワーク」「能力《コンピタンス》」「省庁間競争」といった語彙を使った、ナチスによる迫害への洗練された方法論的アプローチと新たに結合した争点への関心を再燃させる手助けとなってきた。(43) ドイツの工場も彼らの保管していた文書を公開してきており、第三帝国期間中の実業界にかんする、会社史（フォルクスワーゲンやドイツ銀行など）から保険・金融システムの分析にいたるまでの詳細な研究が今日では存在する。それらはすべて、近代資本主義社会の「普通の」制度が第三帝国では盗みと貧困化と最後には殺害の機関として機能していたことをはっきりさせている。(44) 冷戦の終結のそれ以外の帰結としては、ホロコーストがトランスナショナルな現象であってヨーロッパにおけるほとんどどの国家をも巻き込んでいたことがしだいに自覚されるようになったということがある。ここから、ポルトガルからラトヴィアにいたるまでの諸国がホロコーストにおいて彼らの果たした役割を調査研究するための全国委員会を設立するようになったのであり、またここから、二〇〇〇年のストックホルム・フォーラムで一月二十七日をホロコースト記念日とする決定がなされたのだった。この決定にはけっして異論がなかったわけではない。歴史家たちがジェノサイドが大陸規模でおこなわれていたことを明らかにしてきたように、国民一般のあいだでも、ナチズムは「われわれ」とはなんの関係もない「悪」の産物であるとみるカリカチュアがばらまかれ、多くの者たちが国の名誉を汚すとみなすものにたいする憤激が増大している。共産主義体制が崩壊したあとの東ヨーロッパにおけるほど、この過程が明確になっているところはない。そこでは、記憶をめぐる抗争が冷戦の終結後再浮上しており、第二次世界大戦の意味が一九四五年以後の共産党支配の「第二独裁」と切り離しがたく結びついているのである。

注目されることにも、第二次世界大戦から遠ざかれば遠ざかるほど、それの意味をめぐる闘いは苛烈になっている。[45] 冷戦下の残忍な安定（brutal stability）が終わったということは、それまでは周縁的で、精神異常者の妄言とすらみなされていたさまざまな見解が再浮上し、戦後のヨーロッパが建設されるさいの土台をなしていた反ファシズムのコンセンサスが根底から挑戦を受けることとなったことを意味しているのだった。多くの国で、そのコンセンサスは多かれ少なかれ全面的に撤廃されてきた。たとえば、シルヴィオ・ベルルスコーニのイタリアでは、すべてのイタリア人が犠牲者だったのだという「ポスト・ファシズム」的な物語が規範になりつつある。移民反対の暴力と有名人政治とが現在のイタリアの顕著な特徴であるというのは、偶然の一致ではない。[46] これとは反対に、ロシアでは、共産主義体制に道徳的正統性を提供してきて、さもなければ続かなかったかもしれないよりも長くその体制を支えてきた反ファシズムの物語は、カリカチュア化された形態においてではあったが、再強化されてきた。大祖国戦争（一九四一―四五年の第二次世界大戦のロシアでの呼称）はソ連邦における大いなる威信の源泉であった。だから、プーチンと彼の後継者たちが反ファシズムの物語がロシア人の心のなかで国民的威信の源泉として存在している状態を維持しようと努めてきたとしても、ほとんど驚くことはないのである。[47]

そうしたコンテクストのなかでは、ホロコーストはたしかに濫用されている。しかしまたそれはそれまでは知られていなかったか大幅に添削されてきた場所で前面に押し出されてもいる。たとえば、ブダペストからタリンにいたるまでの博物館ではユダヤ人の殺戮場面がハンガリーやエストニアの住民の「第二のホロコースト」と比べた場合のほとんど余興に近いものとしてしばしば展示されている。ここでは、ホロコーストの記憶は反共産主義の物語に奉仕する目的で置かれており、国民的英雄たちは戦間期のナショナリスト、反セム主義者、ファシストを祀ったパンテオンから引き出されている。[48] その一方で東ヨーロッパ諸国も、ヨーロッパ連合がホロコーストの記憶をその使命としてきたということでホロコーストに新たに力点を置いている。東ヨーロッパ史関係の本や博物館は、ナチズムの敗北についての――その後共産主義を経験することのなかった諸国における――「ひとりよがりの」西側の物語と受けとめるものには挑戦していると同時に、過去についてのヨーロッパ主流の理解と「舷を並べている」ことを立証するひとつのやり方としてホロコーストを記憶する作業を推進してもいるのである。[49] 出来事が途方もなく複雑であることを前面に押し出すことによって、ホロコーストについての新しい物語もヨーロッパで進行中の記憶戦争における新しいコンテストに寄与しているのだった。それらがどのような仕方で解決されるかはヨーロッパ文明の状態を計測する重要なバロメーターになるだろう。[50]

（1） Lev Rozhetsky, "My Life in a Fascist Prison," in: Joshua Rubenstein and Ilya Altman (eds.), *The Unknown Black Book: The Holocaust in the German-Occupied Soviet Territories*, trans. from the Russian by Christopher Morris and Joshua Rubenstein (Bloomington, IN: Indiana University Press, 2008), p. 128.

（2） Sara Gleikh, "The Destruction of the Jews of Mariupol," in: Rubenstein and Altman, op. cit., p. 216.

（3） Joshua Rubenstein, "The War and the Final Solution on the Russian Front," in: Rubenstein and Altman, op. cit., p. 13.

（4） Dalia Ofer, "Holocaust Historiography: The Return of Antisemitism and Ethnic Stereotypes as Major Themes," *Patterns of Prejudice*, 33: 4 (1999), pp. 87–106.

（5） Jeffrey Herf, *The Jewish Enemy: Nazi Propaganda during World War II and the Holocaust* (Cambridge, MA: The Belknap Press of Harvard University Press, 2006).

（6） Cf. Alon Confino, "A World without Jews: Interpreting the Holocaust," *German History*, 27: 4 (2009), pp. 540–541. Mark Roseman, Devin Pendas and Richard Wetzell (eds.), *Beyond the Racial State* (New York: Cambridge University Press, 2013) に収録されている諸論文も見られたい。

（7） Robert Gellately, "The Third Reich, the Holocaust, and Visions of Serial Genocide," in: Robert Gellately and Ben Kiernan (eds.), *The Specter of Genocide: Mass Murder in Historical Perspective* (New York: Cambridge University Press, 2003), pp. 241–263; Christopher R. Browning, 'The Nazi Empire," in: Donald Bloxham and A. Dirk Moses (eds.), *The Oxford Handbook of Genocide Studies* (Oxford Oxford University Press, 2010), pp 407–425.

（8） Peter Hayes, "Auschwitz: Capital of the Holocaust," *Holocaust and Genocide Studies*, 17: 2 (2003), pp. 330–350.

（9） Jan Erik Schulte, *Zwangsarbeit und Vernichtung: Das Wirtschaftsimperium der SS. Oswald Pohl und das SS-Wirtschafts-Verwaltungshauptamt 1933–1945* (Paderborn: Schöningh, 2001); Michael Thad Allen, *The Business of Genocide: The SS, Slave Labor, and the Concentration Camps* (Chapel Hill, NC: University of North Carolina Press, 2002); Jan Erik Schulte, "Zwangsarbeit für die SS: Juden in der Ostindustrie GmbH," in: Norbert Frei, Sybille Steinbacher and Bernd C. Wagner (hrsg.), *Ausbeuting, Vernichtung, Öffentlichkeit: Neue Studien zur nationalsozialistischen Lagerpolitik* (München: K. G. Saur, 2000), pp. 43–74; Bernd C. Wagner, "Gerüchte, Wissen, Verdrängung: Die IG Auschwitz und das Vernichtungslager Birkenau," in: Norbert Frei et al. (hrsg.), op. cit., pp. 231–248.

（10） Ray Brandon and Wendy Lower, "Introduction," in: R. Brandon and W. Lower (eds.), *The Shoah in Ukraine: History, Testimony, Memorialization* (Bloomington, IN: Indiana University Press, 2008), p. 6.

（11） Patrick Montague, *Chełmno and the Holocaust: The History of Hitler's First Death Camp* (London: I. B. Tauris, 2012); Shmuel Krakowski, *Das Todeslager Chełmno/Kulmhof: Der Beginn der Endlösing* (Göttingen: Wallstein, 2007); Yitzhak Arad, *Belzec, Sobibor, Treblinka: The Operation Reinhard Death Camps* (Bloomington, IN: Indiana University Press, 1987); Bogdan Musial (ed.), *"Aktion Reinhard": Der Völkermord an den Juden im Generalgouvernement 1941–1944* (Osnabrück: Fibre, 2004).

（12） たとえば Jules Schelvis, *Sobibor: A History of a Nazi Death Camp* (Oxford: Berg, 2007); Witold Chrostowski, *Extermination Camp Treblinka* (London: Vallentine Mitchell, 2004); Jacek Andrzej Młynarczyk, "Treblinka—ein Todeslager der 'Aktion Reinhard'," in: B. Musial (ed.), *"Aktion Reinhard"* cit.; Michael Wildt, "Die Lager im Osten: kommentierende Bemerkungen," in: Ulrich Herbert, Karin Orth und Christoph Dieckmann (hrsg.), *Die nationalsozialistischen Konzentrationslager* (Frankfurt am Main: Fischer Taschenbuch Verlag, 2002), Bd. 1, pp. 508–520 における記述を見られたい。

(13) Dieter Pohl, "The Holocaust and the Concentration Camps," in: Jane Caplan and Nikolaus Wachsmann (eds.), *Concentration Camps in Nazi Germany: The New Histories* (London: Routledge, 2010), p. 149.

(14) Omer Bartov, "Eastern Europe as the Site of Mass Murder," *Journal of Modern History*, 80: 3 (2008), p. 576; Frank Bajohr, "The 'Folk Community' and the Persecution of the Jews: German Society under National Socialist Dictatorship," *Holocaust and Genocide Studies*, 20: 2 (2006), p. 195; Konrad Kwiet, "Persecution and the Final Solution," in: Stephanie McMahon-Kaye (ed.), *The Memory of the Holocaust in the 21st Century: The Challenge for Education* (Jerusalem: Yad Vashem, 2001), p. 79.

(15) これについての歴史研究の数はわずかである。Daniel Jonah Goldhagen, *Hitler's Willing Executioners: Ordinary Germans and the Holocaust* (London: Little, Brown, 1996), chaps. 13, 14〔ダニエル・J・ゴールドハーゲン著、望田幸男監訳、北村浩・土井浩・高橋博子訳『普通のドイツ人とホロコースト――ヒトラーの自発的死刑執行人たち』(ミネルヴァ書房、二〇〇七年)、第13章、第14章〕および、とりわけ、Daniel Blatman, "The Death Marches and the Final Phase of Nazi Genocide," in: Caplan and Wachsmann (eds.), *Concentration Camps in Nazi Germany* cit., pp. 167–185; Id., *The Death Marches: The Final Phase of Nazi Genocide*, trans. from the Hebrew by Chaya Galai (Cambridge, MA: Harvard University Press, 2010) を見られたい。

(16) Timothy Snyder, "Holocaust: The Ignored Reality," *New York Review of Books* (16 July 2009).

(17) Timothy Snyder, "The Life and Death of Western Volhynian Jewry, 1921–1945," in: Brandon and Lower (eds.), *The Shoah in Ukraine* cit., p. 102. Bartov, "Eastern Europe" cit.; Omer Bartov, *Erased: Vanishing Traces of Jewish Galicia in Present-Day Ukraine* (Princeton, NJ: Princeton University Press, 2007); Yehuda Bauer, *The Death of the Shtetl* (New Haven, CT: Yale University Press, 2010) も見られたい。

(18) Saul Friedländer, *Nazi Germany and the Jews: The Years of Persecution 1933–1939* (London: Weidenfeld and Nicolson, 1997), ch. 3. 同書をめぐる議論として、Christian Wiese and Paul Betts (eds.), *Years of Persecution / Years of Extermination: Saul Friedländer and the Future of Holocaust Historiography* (London: Continuum, 2010) を見られたい。

(19) Jonathan Petropoulos, "The Nazi Kleptocracy: Reflections on Avarice and the Holocaust," in: Dagmar Herzog (ed.), *Lessons and Legacies, VII: The Holocaust in International Perspective* (Evanston, IL: Northwestern University Press, 2006), p. 34.

(20) Martin Dean, *Robbing the Jews: The Confiscation of Jewish Property in the Holocaust, 1933–1945* (Cambridge: Cambridge University Press, 2008).

(21) Frank Bajohr, *Aryanization in Hamburg: The Economic Exclusion of Jews and the Confiscation of Their Property in Nazi Germany* (New York: Berghahn Books, 2002).

(22) Gerhard Paul, "Von Psychopathen, Technokraten und 'ganz gewöhnlichen' Deutschen: Die Täter der Shoah im Spiegel der Forschung," in: Gerhard Paul (hrsg.), *Die Täter der Shoah: Fanatische Nationalsozialisten oder ganz normale Deutsche?* (Göttingen: Wallstein, 2002), pp. 13–90 におけるサーヴェイを見られたい。

(23) Frank Bajohr, "The Holocaust and Corruption," in: Gerald D. Feldman and Wolfgang Seibel (eds.), *Networks of Nazi Persecution: Bureaucracy, Business and the Organization of the Holocaust* (New York: Berghahn Books, 2005), pp. 118–138.

(24) 「反セム主義的コンセンサス」にかんしては、Mark Roseman, "Idea, Contexts, and the Pursuit of Genocide," *Bulletin of the German Historical Institute, London*, 25: 1 (2003), p. 83; Michael Wildt, "Gewalt als Partizipation: Der Nationalsozialismus als Ermächtigungsregime," in: Alf Lüdtke und Michael Wildt (hrsg.), *Staats-Gewalt: Ausnahmezustand und Sicherheitsregimes. Historisch Perspektiven* (Göttingen: Wallstein, 2008), pp. 236–238; Frank Bajohr und Dieter Pohl, *Massenmord und schlechtes Gewissen: Die deutsche Bevölkerung, die NS-Führung und der Holocaust* (Frankfurt am Main: Fischer Taschenbuch Verlag, 2008), p. 10 を見られたい。

(25) Wolfgang Seibel, "A Market for Mass Crime? Inter-institutional Competition and the Initiation of the Holocaust in France, 1940–1942," *International Journal of Organization Theory and Behavior*, 5: 3–4 (2002), p. 236.

(26) これは、たとえば、Andrej Angrick, *Besatzungspolitik und Massenmord: Die Einsatzgruppe D in der südlichen Sowjetunion 1941–1943* (Hamburg: Hamburger Edition, 2003), p. 450; Christopher R. Browning, *Nazi Policy, Jewish Workers, German Killers* (Cambridge: Cambridge University Press, 2000), p. 169 が説明しているとおりである。

(27) Davide Rodogno, *"Italiani brava gente?* Fascist Italy's Policy towards the Jews in the Balkans, April 1941-July 1943," *European History Quarterly*, 35: 2 (2005), pp. 213–240; Guri Schwarz, "On Myth Making and Nation Building: The Genesis of the 'Myth of the Good Italian'," *Yad Vashem Studies*, 36: 1 (2008), pp. 111–143; MacGregor Knox, "Die fascistische Italien und die 'Endlösung'," *Vierteljahrshefte für Zeitgeschichte*, 55: 1 (2007), pp. 53–92.

(28) Renée Poznanski, *Jews in France during World War II*, trans. from the French by Nathan Bracher (Waltham, MA: Brandeis University Press, 2001); Ahlrich Meyer, *Täter im Verhör: Die "Endlösung der Judenfrage" in Frankreich 1940–1944* (Darmstadt: Wissenschaftliche Buchgesellschaft, 2005).

(29) Geoffrey P. Megargee (ed.), *The United States Holocaust Memorial Museum Encyclopedia of Camps and Ghettos 1933–1945*, 7 vols. (Washington, DC: USHMN, 2009); Guy Miron (ed.), *The Yad Vashem Encyclopedia of the Ghettos during the Holocaust*, 2 vols. (Jerusalem: Yad Vashem, 2009).

(30) Sara Bender, *The Jews of Białystok during World War II and the Holocaust*, trans. from the Hebrew by Yaffa Murciano (Waltham, MA: Brandeis University Press, 2009), p. 293.

(31) Dan Michman, *The Emergence of Jewish Ghettos during the Holocaust*, trans. from the Hebrew by Lenn J. Schramm (Cambridge: Cambridge University Press, 2010).

(32) Christopher R. Browning, "Before the 'Final Solution': Nazi Ghettoization Policy in Poland (1940–1941)," in: United States Holocaust Memorial Museum, Center for Advanced Holocaust Studies, *Ghettos 1939–1945: New Research and Perspectives on Definition, Daily Life and Survival, Symposium Presentations* (Washington, DC: USHMM, 2005), pp. 1–13.

(33) Radu Ioanid, *The Holocaust in Romania: The Destruction of Jews and Gypsies under the Antonescu Regime, 1940–1944* (Chicago, IL: Ivan R. Dee, 2000); Jean Ancel, "The German-Romanian Relationship and the Final Solution," *Holocaust and Genocide Studies*, 19: 2 (2005), pp. 252–275; Dennis Deletant, *Hitler's Forgotten Ally: Ion Antonescu and His Regime, Romania 1940–1944* (Basingstoke: Palgrave Macmillan, 2006); Mihail E. Ionescu and Liviu Rotman (eds.), *The Holocaust and Romania: History and Contemporary Significance* (Bucharest: Institute for Studies of Defense and Military History, 2003).

(34) Yehuda Bauer, *Jews for Sale? Nazi-Jewish Negotiations, 1933–1945* (New Haven, CT: Yale University Press, 1944).

(35) Donald Bloxham, "Europe, the Final Solution and the Dynamics of Intent," *Patterns of Prejudice*, 44: 4 (2010), pp. 317–335; Id., "The Holocaust and European History," in: Dan Stone (ed.), *The Holocaust and Historical Methodology* (New York: Berghahn Books, 2012), pp. 233–254.

(36) Wendy Lower, "'Anticipatory Obedience' and the Nazi Implementation of the Holocaust in the Ukraine: A Case

Study of Central and Peripheral Forces in the Generalbezirk Zhytomyr, 1941-1944," *Holocaust and Genocide Studies*, 16: 1 (2002), pp. 1-22; Jürgen Matthäus, "Controlled Escalation: Himmler's Men in the Summer of 1941 and the Holocaust in the Occupied Soviet Territories," *Holocaust and Genocide Studies*, 21: 2 (2007), pp. 218-242; Peter Longerich, *Heinrich Himmler: Biographie* (München: Siedler, 2008).

(37) Ulrich Herbert (ed.), *National Socialist Extermination Politics: Contemporary German Perspectives and Controversies* (New York: Berghahn Books, 2000) を見られたい。

(38) Raphael Lemkin, *Axis Rule in Occupied Europe: Laws of Occupation, Analysis of Government, Proposals for Redress* (Washington,DC: Carnegie Endowment for International Peace, 1944); Dominik J. Schaller and Jürgen Zimmerer (eds.), *The Origins of Genocide: Raphael Lemkin as a Historian of Mass Violence* (London: Routledge, 2009). 1個の学問分野としての「ジェノサイド研究」にかんしては, Bloxham and Moses (eds.), *The Oxford Handbook of Genocide Studies* cit.; Dan Stone (ed.), *The Historiography of Genocide* (Basingstoke: Palgrave Macmillan, 2008) を見られたい。

(39) A. Dirk Moses and Dan Stone (eds.), *Colonialism and Genocide* (London: Routledge, 2007); Jürgen Zimmerer, "Kolonialer Genozid? Vom Nutzen und Nachteil einer historischen Kategorie für eine Globalgeschichte" in: Id., *Von Windhuk nach Auschwitz? Beiträge zum Verhältnis zwischen Kolonialismus und Holocaust* (Münster: LIT, 2010), pp. 131-150.

(40) John Connelly, "Nazis and Slavs: From Racial Theory to Racist Practice," *Central European History*, 32: 1 (1999), pp. 1-33.

(41) Wolf Gruner, *Jewish Forced Labor under the Nazis: Economic Needs and Racial Aims, 1938-1944* (New York: Cambridge University Press, 2006).

(42) Zimmerer, *Von Windhuk nach Auschwitz?* cit.; A. Dirk Moses (ed.), *Empire, Colony, Genocide: Conquest, Occupation, and Subaltern Resistance in World History* (New York: Berghahn Books, 2008).

(43) Feldman and Seibel (eds.), *Network of Nazi Persecution* cit.

(44) Christopher Kobrak and Andrea H. Schneider, "Big Business and the Holocaust: An Appraisal of the Historical Arguments," in: Dan Stone (ed.), *The Historiography of the Holocaust* (Basingstoke: Palgrave Macmillan, 2004), pp.141-172; Francis R. Nicosia and Jonathan Huener (eds.), *Business and Industry in Nazi Germany* (New York: Berghahn

Books, 2004); Martin Dean, Constantin Goeschler and Philipp Ther (eds.), *Robbery and Restitution: The Conflict over Jewish Property in Europe* (New York: Berghahn Books, 2007).

(45) Adam Krzeminski, "As Many Wars as Nations: The Myths and Truths of World War II," *Sign and Sight* (6 April 2005), online at: www.signandsight.com/features/96.html (original in: *Polityka*, 23 March 2005).

(46) Andrea Mammone and Giuseppe A. Veltri (eds.), *Italy Today: The Sick Man of Europe* (London: Routledge, 2010).

(47) Gregory Carleton, "Victory in Death: Annihilation Narrative in Russia Today," *History & Memory*, 22: 1 (2010), pp. 135–168; Thomas C. Wolfe, "Past as Present, Myth, or History? Discourses of Time and the Great Fatherland War," in: Richard Ned Lebow, Wulf Kansteiner and Claudio Fogu (eds.), *The Politics of Memory in Postwar Europe* (Durham, NC: Duke University Press, 2006), pp. 249–283.

(48) James Mark, "Containing Fascism: History in Post-communist Baltic Occupation and Genocide Museums," in: Oksana Sarkisova and Péter Apor (eds.), *Past for the Eyes: East European Representations of Communism in Cinema and Museums after 1989* (Budapest and New York: Central European University Press, 2008), pp. 335–369.

(49) Maria Mälksoo, "The Memory Politics of Becoming European: The East European Subalterns and the Collective Memory of Europe," *European Journal of International Relations*, 15: 4 (2009), pp. 653–680. Claus Leggewie, "A Tour of the Battleground: The Seven Circles of Pan-European Memory," *Social Research*, 75: 1 (2008), pp. 217–234; Robert Bideleux, "Rethinking the Eastward Extension of the EU Civil Order and the Nature of Europe's New East-West Divide," *Perspectives on European Politics and Society*, 10: 1 (2009), pp. 118–136 を見られたい。

(50) もっと詳しくは、Dan Stone, "Memory Wars in the 'New Europe'": in: Id. (ed.), *The Oxford Handbook of Postwar European History* (Oxford: Oxford University Press, 2012), pp. 714–731 を見られたい。

第二章　ホロコーストと「人間」

信用のできないヘルマン・ラウシュニングによると、ヒトラーはあるときつぎのように宣言したという。「二つの世界が対峙している。神の人間たちとサタンの人間たちだ！　ユダヤ人は反人間であり、もうひとつの神の被造物だ。ユダヤ人は人類のもうひとつ別の根から生えてきたにちがいない。わたしはアーリア人とユダヤ人を互いに敵対させる。そしてもしわたしが一方を人間的存在と呼ぶとしたなら、もう一方はなにか別のものと呼ばなければならない。二者は人間と野獣のように大きく切り離されている。ユダヤ人を野獣と呼ぼうというのではない。ユダヤ人はわたしたちアーリア人が野獣から切り離されているよりもはるかに大きく野獣から切り離されている。ユダヤ人は自然の外にあって自然とは無縁の被造物である」(1)。

さる高名な文学批評家がわたしたちに信じさせようとしているように、シェイクスピアがわたしたちの「人間（the human）」概念の発明者だったというのは、そのとおりかもしれないし、そうでないかもしれない(2)。しかしながら、それを破壊したのがだれかははっきりしているようにみえる。「ナチズムはその信奉者たちの多くのなかで人類が一体であるという感覚を窒息させてしまうにあたってかなりの成功を収めたようである」とヤコブ・トールモンはほぼ五十年前に書いた(3)。そこで、一方では、植民地主義とホロコーストをきっかけに「似而非人間主義《ヒューマニズム》」ということを云々するエメ・セゼールのような批評家が登場することになったとしても驚くべきではない。セゼールは人間主義《ヒューマニズム》について「それはあまりにも長きにわたって人間の権利を減少させてきた」と述べ、ひいてはいかなる「人間」の概念をも「あさましくも人種主義的である」として却下しようとするにいたっている。他方では、マーサ・ヌスバウムとともに、一定の集団を視界から排除しようとするナチスの試みはそこからだれひとりとして排除されることのない最小限の「人間」の定義の探究へとわたしたちを引き戻していくと論じてもよいのかもしれない。(4) わたしは第一の見解に共感しているけれども、以下では、アウシュヴィッツ以後、そしてハンナ・アーレントに従って、人間主義《ヒューマニズム》を全面的に排斥するよりも、可分的でもなければ、帝国主義的——人種主義的なものであれ、温情主義的なものであれ——でもない「人間」概念を見いだす必要があると論じる。これはポール・ギルロイが「惑星的人間主義《ヒューマニズム》」(5) と呼んでいるもの、地域や文化の特性に敏感なものと普遍的なものとを媒介しようとする人間主義《ヒューマニズム》である。

ナチズムの核心にはあるひとつの根源的な哲学的人間学の挑戦が横たわっている。人間であることが意味するものを問いに付そうという挑戦がそれである。ここでは、この挑戦に応えるにあたって、なにがホロコーストについてたえず注意を払いつづけるようわたしたちに要求しているのかを示してみようとおもう。いいかえるなら、「アウシュヴィッツ以後」の「以後」を真面目に受けとるとはなにを意味するのかを示してみたいのである。そのことを示すにあたって、わたしは「人間」の概念に訴えることにする。そして、近年のホロコースト史学全体を残らず底引きすることはせず、いくつかの文献だけを選んで、それにハンナ・アーレントから借用した諸概念を適用するという手続きをとることにする。

ナチズムについての最も洞察力のある批評家の一人であるアーレントにとっては、まさしく、全体主義体制が政治的活動の可能性を破壊し、その犠牲者たちから人間存在としての人間学的身分を奪い去ってしまったことこそが、ホロコーストの恐るべきユニークさを構成しているのだった。(6) 残念ながら、アーレントの見解はある種のエスノセントリズム〔自民族中心主義〕の代価を払うことによってのみ達成されたものであって、ユダヤ人の蒙った苦しみをそれ以前のジェノサイド、とくに古代のジェノサイドよりも重く見積もろうとするものだった。クィーンズランドでは、入植者たちがアボリジニに言及するさいには決まって「そこから逃れるべきペスト」であると述べていた。そして、ジョージ・カリントンが一八七一年に指摘したように、アボリジニは「広く開けた平地で見かけたときには射撃して捕縛すべき面倒な野獣であると見なされるようになっていた」。(7) また、アメリカ合州国の駐トルコ大使ヘンリー・モーゲンソーも、すでにアルメニア人のジェノサイドを同じような仕方で描写していた。「キャラバンが最初出発したときには、個々人はどこか人間に似た風貌をしていた。しかしながら、二、三時間も経たないうちに、道路の砂塵が彼らの顔と衣服にべったりとまといつき、泥濘が彼らのうちでも身分の低いメンバーに固くこびりついた。そして、疲労で何度となく前屈みになり、彼らの「保護者たち」の残忍な仕打ちで気がおかしくなりながら、ゆっくりと前進していく群衆は、どこか新種の動物に似ていた」。(8) 読む者の心をさらに不穏にさせることには、このエスノセントリズムはどうやらアーレントを十九世紀と二十世紀におこなわれた植民地主体の取り扱い方にかんしてさほど心を動かされることがないままにしているようなのだった。植民地主義の犠牲者たちは、彼女の使っている用語では、アニマル・ラボラーンス（animal laborans〔労働する動物〕）のカテゴリーに入れられてしまう。政治的活動のための能力を発達させておらず、それゆえ、殺戮しても文明化された民を殺戮するときのような痛みを感じることのなかった「自然人」である。(9)

そうではあるものの、それにもかかわらず、ホロコーストの本質は犠牲者の数にあるのでもなければ、それを実施するために近代のテクノロジーと官僚制を利用したことにすらあるのでもなく、「人間を人間としては余計なものにしてしまう」人間学的攻撃のうちにあることを見抜いたアーレントの洞察[10]には、大きな重みがあり、もっぱらユダヤ人のジェノサイドだけに取っておかれる必要はない。以下では、わたしは、ホロコーストが人を魅了するとともに寄せつけず、そこから逃げ出すようわたしたちを強いる場合ですら、何度となく悪の深淵へと引きずり込んでやまない、持続的な力をもっていることの理由は、まさしく、シェイクスピアの時代以来西洋思想の特徴をなしてきた「人間」の概念にたいするこの総力戦のうちにあると論じることにする（シェイクスピアがこの新しい創造物の主たる製作者であったのかどうかはさておき、それがどこか想像力を駆り立てるところのある主張であることは認められてきた）。しかしながら、わたしはアーレントのエスノセントリズム的な想定に追従するのを避けるために、この主張をそれ以外のそのような攻撃、とりわけ一九九四年のルワンダでのジェノサイドに照らし合わせておこなうだろう。なぜなら、わたしはホロコーストがわたしたちの特別の注意を要求していると信じてはいるけれども、西洋人の二枚舌のそれ以外の犠牲者を犠牲にしてまでそのような主張をするべきではないからである。

戦後まもなく書かれたヤスパースへの有名な手紙のなかで、アーレントは彼女の仕事のなかで発展させていくことになるひとつの洞察を初めて提出している。「あのすべての背後に潜んでいるのは、ひょっとするとただ、個々の人間が人間的な理由から他の個々の人間によって殺されたのではなく、人間という概念を根絶やしにする試みが組織的におこなわれた、ということなのかもしれません」[11]。『全体主義の起原』（一九五一年）ではアーレントはナチス・ドイツとソヴィエト連邦の双方に等しく適用されることを意図した論拠を提出しているけれども、彼女の主張は――これからおこなう議論が示しているように――ナチズムの分析にかんする部分のほうがはるかによく時の試練に耐えるものとなっていた。双方の体制とも〈歴史の法則〉の名のもとで恐怖政治を実行しているというアーレントの主張は正しいけれども[12]、彼女の分析は再三再四死の収容所に差し向けられている。これはソヴィエトのグラーグの特徴ではなく（グラーグの残忍非道さはほかのところにある――そうはいっても、それの意義ないし恐ろしさを軽視しようというのではもちろんないが）、ナチス体制の特徴なのである。

それから、アーレントの根底をなす主張は、収容所がナチスの計画の核心にあるということである。なぜなら、収容所は人間の本性が「人間から人間の本性を、それを変化させると称して剝奪しようとする全体主義のきわめて現実主義的な試み[13]」に従って作りなおされる手筈になっていた場所だからである。こうして、それは実際には、人間の本性を「作りなおす」問題であるよりは、それを人びとの一定のカテゴリーにたいしてはまったく否定してしまおうとする問題なのである。

「両方［の全体主義体制］とも、無限の多様性と唯一無二の個性をもつ人間を余計な存在にしてしまうことを意図しています。〔中略〕収容所は、とりわけ、そこではきわめて多様な種類の人間がかずかずの反応と反射行動の恒常的な集成へと還元されてしまう実験室として役立っています。〔中略〕強制収容所は人びとを根絶するだけではありません。それらはまた恐ろしい実験をも推進します。科学的に精密な条件のもとで、人間の行動の一要素としての自発性を破壊し、人びとを動物以下の何ものか、すなわち、同一の条件をあたえられるといつも同じように反応するような反応の塊に変える実験がおこなわれるのです[14]」。

ここでは二つのわずかに異なった議論がおこなわれている。一つは収容所の囚人たち、異なったふうに行動し思考するよう「再教育」されていた者たちにかんする議論で、これはナチズムとスターリニズムのどちらにも適用される。ここでは、アーレントは、二つの体制が人間たちを行動と思考の同一の法則ないし規範に順応するよう作りあげる仕方を考察している。もう一つは死の収容所にかんする議論で、こちらは第三帝国にだけ適用され、人間であるとはなにかを再定義するために、世界から一定の人びと、まずもってはユダヤ人を排除しようとしたナチスの試みが考察されている。

前者はアーレントのつぎのような主張によって要約されるだろう。

「〈自然〉もしくは〈歴史〉の法則を執行する全体主義の合法性は、それらの法則を個々の人間にとっての正邪の基準に翻訳する労をとることなく、「種」に、人類に直接適用する。〈自然〉もしくは〈歴史〉の法則は、もし適切に執行されるなら、それらの目的として単一の「人類」を生産することが期待されている。そして、この期待こそが、すべての全体主義的政府がもつグローバルな支配の要求の背後に潜んでいるものなのである(15)」。

後者は以下のように要約されるだろう。

「実践的・政治的目的がさまざまであるにもかかわらず、これらのイデオロギーがいつも、種の過程や進歩のために個々の人間を排除するという同じ「法」に帰着するというのは、驚くべきことである。〔中略〕〈歴史〉もしくは〈自然〉の目的でもあり同時に具現者でもあるこの人類は、永続的な犠牲者を要求する。血なまぐさい永遠性を得るために、敵対する存在であったり寄生的な存在であったり不健全な存在であったりする階級や人種を永続的に殲滅しつづけるのである(16)」。

しかしながら、両者は、「もしわずかでも、ホモ・サピエンスという種のこうした標本がかつて本当の人間として存在したということを認めるようなことがあれば、実験の純度は損なわれる」と想定されるかぎりで、一致するようになる(17)。こうして、死の収容所で遂行されたのが強制収容所の荒々しい体制をつうじてであったにせよ絶滅政策をつうじてであったにせよ、ナチズムは「人間」を再定義することによって〈自然の法則〉を実現しようとしたのだった。すなわち、アーリア人種の勝利をもたらし、こうして〈歴史〉を駆動させてきた善き勢力と悪しき勢力の抗争を終わらせようとしてきたのである。ナチズムとスターリニズム双方の最終目標は、アーレントによると、領土的ないし帝国主義的支配とか政治システムの革命といった「伝統的な」ものではなかった。それはむしろ、なにかもっと恐るべきものであった。「それゆえ、全体主義的イデオロギーが狙っているのは、外部世界を変革するとか、社会を革命的に変えるといったことではなく、人間の本性そのものを変容させることなのである(18)」。

＊＊＊

歴史家の観点からは、アーレントの洞察が有益なのは、現代のホロコースト史学の概念上の限界を暴露している箇所である。ホロコーストにかんする詳細な経験的調査は拡大しつづけており、とくに東欧の旧共産主義諸国において、それまでは利用されることがなかった文書保管所を利用するようになっているけれども、それはしばしば、ホロコーストのより広い解釈とそれらの解釈がそもそもホロコーストという主題へのかくも巨大な関心を生じさせてきた理由とにわずかしか言及しないままおこなわれている。アーレントがホロコーストと「人間」について理論化しようとしたことは、経験的学識の多くにとって助けとなる理論的補足を提供してくれる。

近年の歴史的調査はユダヤ人のジェノサイドの「世俗性」をじつに事細かに暴露し始めている。ナチス・ドイツに占領された東欧地域におけるユダヤ人の殺戮は最初「経済的な」圧力のもとで始まったようにみえる。一九四一年の秋と冬に占領された住民と膨大な数にのぼる占領軍の双方を養うために食糧を調達しなければならなくなったというのがそれである。この見方によると、もっとあとになってから、アメリカ合州国への宣戦布告がなされてはじめて、ヨーロッパ・ユダヤ人全体の全面的殺戮へのステップがとられるにいたったのだった。[19] ここから、一九四二年一月二十日のヴァンゼー会議は、少なくとも一人の研究者の眼には、「最終的解決」の流れを規定するにあたってほとんどの歴史家たちが長いあいだ否定してきた決定的な集まりとしての歴史学上の身分をふたたび獲得することとなったように映っている。[20] だが、出来事のこのパターンは十分明確ではある——そしていうまでもなく議論に開かれている——けれども、ユダヤ人を犠牲者として選択したことの理由を実際には説明していない。「ユダヤ人政策（Judenpolitik）」、すなわちナチスのイデオロギーにかんする、もっと「伝統的な」強調のみが（アナーキーな被占領地域におけるジェノサイドの命令構造を必ずしも「総統原理（Führerprinzip）」の厳格なピラミッドとしてとらえることなしに）、なぜユダヤ人がこの「合理化」政策の決定過程の犠牲者になったのかを示すのに役立つのである。ひとたびこの事実を見てとるならば、ジェノサイドの決定過程の経済的・兵站的諸側面を強調することがなにか決定的なものを見落としていることも明確となる。

新しく利用可能となった東欧の文書保管所のなかでこの調査をおこなってきた——主としてドイツの——研究者たちは一九四一—四二年における出来事の流れについてのわたしたちの知識を拡大したことでは称賛されてしかるべきであるけれども、もし彼らがこれらの兵站上の諸問題を最も限定された短期間における以外の何ものにおいてもの殺戮の原因であると受けとっているなら、ホロコーストの起原を理解するうえでひどい仕打ちをしでかしていることになる。イデオロギーについて、典型的に一九五〇年代的な全体主義理解におけるように、第三帝国の臣民と兵士を圧伏していた一枚岩的な宣伝機械のかたちで考える必要はないのだ。むしろ、ファンタジーの、ユダヤ人を殺戮したいという願望の作用、あるいは、享楽や浄化や共同体の運命への忘我的な参与の感情をなんらともなうことなしに、世界はユダヤ人がいなくなればもっとよくなるだろうという思い込みが、ユダヤ人を（他のなんらかの土地や財産を奪われた集団ではなく）殺戮するという決定にいたる背景を理解するうえで枢要なことがらなのであって、これらは軍事的供給や占領経済のいかなる問題よりも先行しているのである。

フィリップ・グレヴィチは、ルワンダにおけるジェノサイドの場合について、「ひとつの人民全体を組織的に絶滅させる挙に打って出た者たちにとっては〔中略〕血の欲望がたしかに手助けになる。しかし、ジェノサイドを設計し遂行した者たちは〔中略〕殺戮することに喜びを感じることを必要としていないし、それが不愉快なことだとわかっていたのかもしれない。なににもまして要求されることは、犠牲者たちが死ぬのを欲することなのだ。彼らはそれをひとつの必然と考えるほどまでにそれを欲さなければならないのである」と書いている。[21] ホロコーストの遂行者たちのごく少数の者だけが狂信的なナチスであったことをわたしたちは知っている。大多数にとっては、それに関与した者たちによる数多くの手紙や日記が証言しているように、殺戮はなにか自分たちがなさねばならないと感じるものになっていた。クリストファー・ブラウニングが主張するように、参加するようにとの仲間からの圧力が一役買っていたのかもしれないが、[22] 自分たちがするよう求められていることがなんらかの意味で正しいという意識がなくては、ホロコーストの「普通の人間たち」が自分たちの仕事に慣れるようになるには、確実にもっと長い時間を要したことだろう。

ゾンダーコマンド4a（アインザッツグルッペン〔ドイツの保安警察と保安部がドイツ国防軍の前線の後方で「敵性分子」、とくにユダヤ人を銃殺するために組織した特別行動部隊〕の下部組織）の一人のメンバーが「あそこでの汚い仕事を遂行するためにはどれほどの鉄の神経を要したか、ほとんど想像もできない。それは恐るべき任務だった」と証言するとき、[23] 殺戮に参加したのには、たんに自分と仲間のためにできるだけ多くの食糧の割り当てを獲得するという目的だけでなく、もっと大きな善に奉仕しているのだという思いがともなっていたにちがいないことが明らかになる。ナチスにとっては「すべての道はユダヤ人に通じる」ということを心に銘記していなければならない。[24]

同じことはジェノサイドの後期のいわゆる産業的段階、殺戮者が不愉快な、顔と顔を突き合わせた作業に巻きこまれることなく、ユダヤ人を一まとめにして大量に殺戮するためのガス室の利用の場合にも当てはまる。しかし、収容所には、たんにナチスによる殺戮の最終的発展段階以上のものがある。収容所は「かつて地上に存在したなかで最も絶対的な非人間的条件（conditio inhumana）が実現された場所」であり、「世界の肛門（anus mundi）」であったのだ。[25] 収容所は、アラン・フィンケルクロートがアーレントを踏襲して説明しているように、ナチスの世界観を体現しているのである。

「そのようなシステムにおいては、強制収容所はたぶん経済的には有益ではないのだろうが、存在論的には必要不可欠である。なぜなら、唯一者の意志［la volonté unique］の王国を確固たるものにするためには、人間の〈敵〉を一掃すると同時に、人間のうちに存在する自発性、単独性、予見しがたいもの、要するに人間の人格の唯一無二の性格を作りあげている一切のものを一掃する必要があるからである。死の製造工場はどこでも等し並みに人間のいない人間性の実験室である[26]」。

これらの主張を裏打ちする必要がある。わたしは二つのやり方で裏打ちしようとおもう。第一には、ホロコーストの犠牲者たち——日記を付けていた者たちと生き延びた者たち——の書き物を参照して、ジェノサイドのおこなわれていた時期にどのように彼らが自分たちを認知していたのか、またどのように迫害者たちが彼らを見ていたのかを確立することによって。第二には、これらの証言が「人間」の概念について露わにしているものを人間学の概念にとってホロコーストが含意していることをめぐる議論のなかに枠づけることによって。この議論は、必然的に、将来の仕事のためのひとつの指針以上のものではないだろう。そして、その仕事は、ホロコーストのもつ人間学的含意を他のもろもろのジェノサイド、とりわけルワンダにおけるジェノサイドに照らして考察することを必要としているだろう。

＊＊＊

ヤンキェル・ヴィェルニクは、トレブリンカについての記述のなかで、多くの恐るべき場面を描いているが、それらのうちでも以下の場面は典型的である。

「ドイツ人のうちの一人はゼップという名の男だったが、下劣で残忍な野獣のような奴で、子どもたちを痛めつけることに特別の喜びを味わっていた。奴が女たちに乱暴をはたらき、女たちが子どもがいるので止めてほしいと懇願すると、奴はしばしば、女の腕から子どもをひったくって、子どもを半分に引き裂くか、子どもの脚をひっつかんで頭を壁にぶっつけ、胴体を地面に投げ捨てるのだった。こんな事故はけっして珍しくなかった。この種の悲劇的な場面は日常茶飯事のように起きていた(27)」。

ヴィエルニクの記述していることは、ホロコースト関係文献ではしばしば「例外」、サディズムのまれに見る瞬間が産業的殺戮の容赦ないリズムのなかに割りこんできたものとして片づけられている種類に属している。しかし、死の収容所における殺戮は自足的で機械的なものではなかった。それは多数の見張り番たち、多くの場合にはバルト人とウクライナ人、それにSSの連中の残虐非道な参加を要求していた。ゼップの残忍な振る舞いも、実をいうとトレブリンカにおける日常的な現実の一部だったのであり、他の強制収容所や絶滅収容所においても同様であった。なにがそのような怒りの爆発と破壊的な暴力を許したのだろうか。

暴力はなんら役に立つものである必要はないということ、通常の「文明的な」行動抑制が——個人的な選択をつうじてであれ、国家の制令をつうじてであれ——利かなくなってしまう環境のもとでは、人びとは

「野蛮な」本能を発揮するだろうということを示す多くの心理学的な攻撃本能研究が存在する（「野蛮な」という語を使用することにわたしたちはなおもこだわっている。まるで、二十世紀において起こったことであるにもかかわらず、暴力についてはなにか先祖返りのようなものがあり、近代社会に典型的なものではありえないということで、わたしたち自身を慰めるかのようにしてである）。[28] そうであるにもかかわらず、抑制された殺戮の場合には、エネルギーや抑圧された怒りの突然の爆発以上のものがあるにちがいないのである。迫害者たちは彼らの犠牲者は生きる価値がないとも信じていたにちがいないのだった。ホロコーストの場合には、とくに殺戮行為が産業的で「清潔な」ものであるとする、学術界で成功を収めた解釈を前にしては、ジェノサイドを過剰なエネルギーの爆発とみることにたいしては言うべきことが多くある。[29] しかしながら、ユダヤ人を「反人間（Gegenmenschen）」というように描き出していたナチス・イデオロギーの歳月がなかったなら、爆発が起きたとき、なぜそれがとりわけユダヤ人に照準を合わせることになったのか、その理由を理解することは不可能なのである。[30]

第一に指摘しておくべきことは、「工場生産ラインの死」という概念に魅了されている研究者たちとは対照的に、ホロコーストにかんする証言のかずかずはこの暴力の雰囲気、ヴィエルニクによって描かれた行為、トレブリンカにおける「労働＝ユダヤ人（work-Jew）」のように、実際の暴力行為へと決まって変貌していく包括的なムードによって充満しているということである。同様のコントラストは、一九四四年にアウシュヴィッツ＝ビルケナウでの殺戮過程についてSS（ナチス親衛隊）によって撮られた写真（いわゆるリリー・ヤコブ・アルバム〔一九四四年春、家族やそれ以外の多くのユダヤ人とともにハンガリーからアウシュヴィッツに移送され、そこで家族から引き離されたのち、幸いにも生き残った十八歳の少女、リリー・ヤコブが、解放の日、アウシュヴィッツから数百マイル離れたところにあるドラ強制収容所で見つけたSSの撮った写真アルバム〕）と、解放後生き残りの少年トーマス・ゲーヴェの描いたスケッチとの差異のうちにも確認される。前者は殺戮場面を規則正しくしっかりとコントロールされたかたちで写し撮っているのにひきかえ、後者では少年の無垢な眼が実際に支配していた混沌とした現実をはるかによく曝きだしている。[31] きわめて重要なことにも、それらの証言の多くは、自分たちはもはや人間ではない、あるいはまもなく人間でなくなるだろうという、心の奥深くにある感情——彼らの同僚や一緒になって殺戮に関与させられていた囚人たちの多くの士気を挫いてしまった感情——を声にしてみせているのである。二、三の事例を挙げるだけで、この点を説明するには十分だろう。

多くの生き残りたちが、自分たちは人間のランクから排除されてしまっていると感じていたこと、あるいは他の者たちが排除されていたという事実があったことを証言している。プリモ・レーヴィは彼の仕事仲間、ヌル・アハツェーン（Null Achzehn）を番号だけで知っていた。「彼はヌル・アハツェーンと言った。みなは彼を登録番号の下三桁をとって、ヌル・アハツェーン〔〇一八〕と呼んでいる。まるで、人間だけが名前をもつに値するのであり、ヌル・アハツェーンはもはや人間ではないことをだれもが気づいていたかのようだった」。[32] ベウジェツ絶滅収容所の二人の名の知られた生き残りのうちの一人、ルドルフ・レーダーは、一九四六年の証言のなかで、「労働＝ユダヤ人たち（work-Jews）」について、「わたしたちは自分の意志をもたない人びとのように動き回っていました。ひとつの物体のようにです。〔中略〕わたしたちはこの恐ろしい存在物を機械的に持ち運びつづけていたのです」と語っていた。[33]「アウシュヴィッツの巻物」として知られるアウシュヴィッツにおけるゾンダーコマンドたちの書き物も、そこではこのように犠牲者たちには人間としての身分が否定されており、犠牲者たち自身も非人間化されたと感じていたことを証言している。たとえば、書き手たちのうちでも最も文学的だったザルマン・グラドフスキは、彼の未来の読者たちに「きみの妻と子どもたち、きみの友人と知人のことは忘れたまえ。きみがやってきた世界のことは忘れたまえ。きみが見ているのは人びとではなく、卑しむべき動物、根絶されるべき動物だと思いたまえ。さもないと、きみの目はぼやけていくだろうから」と進言していたのだった。[34]

そしてこの受けとめ方は収容所だけでなく、ゲットーにも当てはまった。たとえば、ウーチでは、日記を付けていた若いダヴィト・シェラコヴィアクは一九四二年五月二十日に「ぼくらはまったく人間とは見なされていない。労働させるための、あるいは殺して食糧にするための、畜牛なのだ」と記していた。[35] あるいは、ポーランド地下組織の密使、ヤン・カルスキが、二人のユダヤ人リーダーの手引きで密入国したあと訪れたワルシャワ・ゲットーについて述べているように、「あれは世界ではなかった。文明の一部ではなかった。わたしはその一部ではなかった。わたしはそこには属していなかった。〔中略〕これらは人間だと言われたが、彼らは人間のようには見えなかった」のだった。[36] ランズマンの『ショアー』のなかでのカルスキの証言は、実際には彼が三十年以上前に『ある秘密国家の話』で書いていたことをほぼそのままたどったものである。彼が一九四四年、アメリカ合州国に到着したときに出版した本である。そこで彼はゲットーを描写することがどれほど困難かということについて書いていた。「共同墓地だって？　いや、違う。これらの物体はまだ動いていたからだ。実際、しばしば激しく動くんだよ。これらはまだ生きている人間だったんだ。もしそう呼ぶことができたとしての話だがね。だって、彼らの皮膚と、眼と、声を別とすれば、これらの動悸がする人形には人間らしいものはなにひとつ残っていなかったんだから[37]」。

ユダヤ人たちは、ホロコーストのあいだじゅう、あらゆる環境のもとにあって、自分たちは人間としての身分を保持しようとして闘っているのだという同じ気持ちを経験していた。ナオミ・サムソンは、ポーランドの小さな地下シェルターのなかに隠れているあいだに、どのようにして自分がまるで動物になりつつあるかのように感じはじめたかを詳しく語ったことがあった。シェルターの隙間をとおして、彼女は彼女と彼女の家族がその地下に隠れている農場で動物たちが餌を食べているのを見ることができた。「わたしの眼は、彼らが食べ物を食べているあいだ、よく噛んではよだれを流しているのを眺めていて、ほとんど飛び出しそうになっていた。わたしは涙と唾液がわたしの手の上に落ちるのを感じて、それらの動物たちから眼を離さないまま、わたしの手を舐めた。「なんて幸せな動物たちなんだろう！」とわたしは思った。どうしてわたしは彼らの一員になれなかったのだろうか（実際には、わたしはあれらの日々には自分が動物だと感じていたのだった。恵まれない動物だとである）」[38]。

もちろん、ユダヤ人犠牲者の多くは自分たちになにがなされたのかに気づいており、のちにそのことを証言していた。児童養護施設の看護師だったアディーナ・ブラディ・シュヴァイゲルは、ヴァットーが収容されている者たちになにをしていたのかをよく分かっていた。子どもたちの一人、ファイゲルと交わした会話を詳しく紹介したなかで、彼女は書いている。「どうやら判明したのは、わたしたちが対等の人間のように話し合っているということだった。わたしたちはみんな等しく怖れていたということ、わたしたちにも十分な食べ物はなかったが、生き延びたいのであれば、人間のように生きるよう努力しなければならないのであり、奴らはわたしたちを動物にしてしまいたがっているのだから、わたしたちは人間でありつづけなければならないということが分かったのである」[39]。あるいは、もう一人の生存者が指摘したように、「動機となる原則を摑み取った瞬間から〔中略〕わたしは夢から目覚めたかのようだった。〔中略〕わたしは生きることを命じられていると感じた。〔中略〕そしてもしアウシュヴィッツで死ぬようなことがあったなら、人間として死ねと。〔中略〕こうして昼も夜も続く恐るべき闘いが始まった」のだった[40]。エリ・ヴィーゼルはアウシュヴィッツにかんしてさらに一歩踏み込んで「アウシュヴィッツでは、人間が死んだだけでなく、人間の観念が死んでしまった」と書いている。また、ワルシャワで日記を付けていたハイム・カプランが書いているように、「わたしたちは世界とその充満から隔離され分離されており、人類社会から追い出されている」のだった。(41)「絶滅はあらゆる実践的目的からしてすでに「死んでいる」人間に起こる」というアーレントの主張が真実であることのこれ以上の証拠は必要ないだろう。(42)

これらの引用句はたんなる比喩ではない。それらはむしろ犠牲者たちの置かれていた条件をありのままに直写したものである。ムーゼルマン（Muselmann）の像はこの非人間化過程の最終的な証拠である。というのも、ムーゼルマンは「いまだ死んでいない者」の元型的イメージだからである。ムーゼルマンのイメージは、とりわけジョルジョ・アガンベンの仕事のなかではひとつの喩として役立ってきたけれども、実際には、これらの「休暇中の死者たち（dead on leave）」の存在はナチスが人間の身分をもたない人間をつくり出して彼らをまるでヒトという種の一部ではないかのように絶滅させてしまうという野望をどの程度まで実現したかを証言している。(43)実のところ、ナチスはスラヴ人をウンターメンシェン（Untermenschen 下等人間）と呼ぶ一方で、ユダヤ人にたいしてはゲーゲンメンシェン（Gegenmenschen 反人間）と呼んでいて、この目的のことを十二分に承知していたのだった。たとえば、ゲッベルスは彼の日記にこう記していた。「ゲットーを見て回る。外に出て、いっさいを詳細に観察する。とても描写できたものではない。これらはもはや人間ではない。動物だ。それゆえ、われわれが遂行しなければならないのは人道的な仕事ではなくて、外科手術的な措置だ。ここでは抜本的な切除が必要だ。さもないと、いつの日か、ヨーロッパはユダヤ人の病で滅びてしまうだろう」。(44)ナチスのイデオロギーは人間のふりをしたユダヤ人たちによって仕掛けられた脅威から世界を救済することを夢想していたのだった。(45)

＊＊＊

ここまでは、アーレントの主張をホロコーストとの関連で裏打ちすることを選んできた。それは収容所の本性についての彼女の主張に到達するためにアーレント自身が（ソヴィエト共産主義についての分析以上に有無を言わせない仕方で）検証したのがナチズムだったからである。しかし、ユダヤ人のジェノサイドはもはや、かつてはそうであったとしても、そのような人間の改造の唯一の例ではない。一九九四年におけるルワンダでのジェノサイドも、この点では等しく教訓的である。ホロコーストの唯一無二性の主唱者たちは、一九九四年の春に八十万人ほどのツチ族が隣人のフツ族によって百日のあいだに虐殺されたことのうちに、彼らの主張への最強の挑戦者に出遭ったにちがいない。一方では、ルワンダでのジェノサイドは「型どおりの」ジェノサイドのパターン――長年の政治的・経済的ライヴァル関係というコンテクストのなかでの民族間競争――にぴったり合致するようにみえるけれども、他方では、ホロコーストとのあいだに（ホロコーストの場合には大半のジェノサイドにおけるような二つの相対立する党派は存在しなかったという事実を別とすれば）多くの類似点が存在する。

たとえば、使われている言語を取りあげてみるとよい。ナチスがユダヤ人を「害虫（Ungeziefer）」と呼んでいたように、フツはツチを「ごきぶり（inyenzi）」と呼んでいた。「一匹のごきぶりはもう一匹のごきぶりを産む。〔中略〕ルワンダの歴史は、ツチの奴はいつまでも同じままで、一度として変化することがなかったことをわたしたちにはっきりと証明している。連中はわたしたちがわが国の歴史のなかで知っていたとおりの敵意の塊であり、害悪なのだ」。ナチスが殺戮を指すのに「特別措置」という婉曲な言い方をしていたように、フツのジェノシデール〔ジェノサイド実行者〕たちは「仕事」という言い方をして、殺戮行為をだれもがよく見慣れている村での労役（umuganda）の文化的枠組みのなかに組み入れていた[46]。また、ジェノサイドが国家の最高レヴェルで組織されていたという事実を取りあげてみてもよい。これはエーベルハルト・イェッケルやスティーヴン・カッツのようなホロコースト研究者がユダヤ人の殺戮にだけ当てはまる独自のものだとみているのにどこか似たところのある事実である。そして、この事実の系として、ルワンダ中で確立されていた犯罪のネットワークを取りあげてみるとよい。ドイツでは、殺戮行為に直接加わることがなかった（あるいは加わるよう要求されることがなかった）場合でも、殺害のやり方についての知識が広く流布していたことを研究者たちは立証してきた[47]。フツ・パワー〔フツ至上主義を唱えるイデオロギー〕の煽動者はさらに一歩踏み込んで、全国ラジオ・テレビジョン（RTLM）をつうじて、自ら殺害行為に参加するのを拒否する者はすべてその者自身も殺害されることになるだろうと宣言した[48]。こうして住民の大部分がジェノサイドの共犯者となってしまった。そこでツチ系のルワンダ愛国戦線の最高指導者ポール・カガメを首班とする体制は、ジェノシデールたちを裁くという、あるいは地域の共同体に裁かせるという、ぞっとするほど困難な仕事に直面して、ルワンダで古くからおこなわれていたガチャチャ（gacaca）＝「草の上での裁判」のシステムを利用しようとした。タンザニアのアリューシャでの国際犯罪法廷で裁かれるのはごく少数の最高レヴェルの迫害者だけだったからである。あるいは、最後に、殺害行為の徹底主義的性質を取りあげてみるとよい。たとえば東チモールの場合には、大量殺戮はあくまで領土的＝政治的目標を達成するために計画された「平定」作業の一種であったが、標的になった集団のどのメンバーをも見境なく殺害することを意図してはいなかった。これにたいして、ルワンダのツチはツチであるという理由で全員が死ぬよう定められていたのだった。「ルワンダで起きたことの核心には、ツチはツチに生まれたために殺されたという事実が存在する」[49]。だから、あるルワンダのジャーナリストがフツ・パワーを「熱帯のナチズム」と呼んでいるのも、なんら不思議ではない。[50]

なるほど、ルワンダとホロコーストのあいだに認められるこれらの類似点は、相違点を見えなくするものであってはならない。ルワンダでは、フツとツチのあいだの抗争の歴史は、一九九四年よりもずっと以前にまで遡る。それゆえ、ジェノサイドの発生は暗黒の道徳的灰色地帯のなかで縺れ合っているとしてもなんら驚くべきではないだろう。少なくとも、隣国のブルンジで一九七二年に起きたツチによるフツのジェノサイドや、フツ・パワー体制を転覆させたあとルワンダ愛国戦線（RPF）部隊によって犯されたかずかずの非道行為がそうである。[51]これとは対照的に、ホロコーストにおいては、プリモ・レーヴィのいう「グレイ・ゾーン」の存在にもかかわらず、ある研究者が記しているように、「犠牲者と迫害者の区別がたしかに人間にかんすることがらの領域のうちに存在するということは明白かつ単純な事実なのである」。[52]さらに、ナチスがヨーロッパ中のユダヤ人を標的にしていたのにたいして、フツの民兵組織インテラハムウェはその作戦行動をブルンジにまで拡大してそこでのツチを標的にしようとは考えていなかった（もっとも、RPFのほうはその後ザイール――のちのコンゴ民主共和国――での地域紛争に巻きこまれることとなったが、これはルワンダをかつてのジェノシデールたちによっていまだに及ぼされていた脅威から解放するための行動であったのと同じ程度に、自然資源を管理する必要があったためだった）。[53]それでもなお、フツ・パワーによって実行されたジェノサイドは、「自然人」の行動であることからはほど遠く、ルワンダからツチを除去する必要があるという強い信念にもとづいたものであって、「純血を汚す人種」についての空想と病的な恐怖というかたちをとっている点でナチスの反セム主義に似ていただけでなく、ルワンダに「平和」をもたらすために「人間」のカテゴリーからツチを除外することを要求した（その最も基礎的なテクスト「フツの十戒」に記されている）[54]イデオロギー的プログラムによって正当化されていたのだった。

ホロコーストの場合と同様、ルワンダでのジェノサイドのこの側面は犠牲者によっても迫害者によっても認知されていた。ある一人の迫害者は彼の犠牲になった者たちについて、アガンベンのいう「剝き出しの生」を想起させるような口ぶりで、「奴らはいわば捨ててしまうべき住民になってしまったんだ」と語っている。[55] 別の迫害者は「われわれが沼地で一人のツチを発見したとき、もはや人間らしき存在は見かけなかった」と語っている。[56] しかしまた別の迫害者は「われわれはもはやツチを人間とも神の被造物とも見なさなかった」と語っている。[57] キニャマカラでのいわゆる「平定」会合を目撃していた一人の証人は殺害をめぐってなされた議論の様子を報告している。「会合では、「まだ生きているツチがいるというのに、殺すのを止めるべきだろうか」とある者が尋ねた。彼らは公衆の面前ですら、そんなことを尋ねて、なんら恥じることがなかった。殺すべきだというのだ。自分たちがせっせと殺しているのが人間なのだということを分かろうとすらしていなかった」。[58]

さらに、ルワンダでは、「人間」にかんする言説は国際社会の失敗を批判するためにも利用されてきた。「UNAMIR〔国際連合ルワンダ支援団〕が撤退したとき、国連には、自分たちは正当な理由もなく地球の終端で殺されるために自分たちの兵士を派遣することはできないと言っている者たちがいると聞いた。これを聞いてわたしは思わざるをえない。ヒューマニティー〔人間であること〕とはなんなのか、だれがヒューマニティーに含まれ、だれが排除されるのか、と。なぜ国連はルワンダの人民を保護すべき責務を負っているヒューマニティーの一部と考えなかったのか。わたしはまだこの問いへの答えを見いだしていない」。[59]

最後に、逆もまた当てはまること、すなわち、犠牲者たちも人間であることを承認することはジェノサイド実行者の自信にとっては破滅的なことであるということを指摘しておくべきである。

「死の一撃をくらわせた瞬間にぼくを睨んだ最初の人物のことはいまでもよく憶えている。ほんとうにすごかったよ。きみが殺すだれかの眼は、もし最後の瞬間にきみを面と見つめたなら、もう永遠に死ぬことはないのだ。その眼は恐ろしく真っ黒な色をしている。その眼は血が流れるのを見たときよりもきみを動揺させる。そして死の間際の大騒ぎのなかにあって、死がガタガタと音を立てるのさ。殺される者の眼は、殺す者にとっては、もし殺す者がそれらの眼を覗きこんだなら、災いのもとだ。それらの眼は彼の殺す人物が彼に浴びせる非難にほかならないのだ(60)」。

＊＊＊

収容所は「人間」を改造するための実験室だというアーレントの主張は、ここで示してきたように、容易に立証できる。しかし、ホロコーストやルワンダに起きたようなジェノサイドを、人間の本性を改造したり、そもそもだれが人間に算入されるのかを再定義したりしようとする、この不吉な夢を核心にもっているものとみることからは、どんな帰結がもたらされるのだろうか。ここでは二つの点を述べておく必要がある。第一点目は、普遍的なものと個別的なものとのあいだに見つけ出すべきバランスに関わっている。第二点目は、迫害者たちの犯した罪を査定するためにこの「人間学的プロジェクト」の含意するものにかかわっている。これらの点をより明確にするために、わたしはフランソワーズ・ダステュールの重要な論考に立ち戻るだろう。その論考のなかで、彼女はジャック・デリダが『精神について』でハイデガーのナチズムへの関係について提示した所論に応えて、まさしくこれらの問いをデリダに突きつけたのだった。簡単に答えられる問いではない。しかし、ここでは「人間」を導きの糸となる概念として利用すること自体を問題化し、その利点とともに欠点を指摘したいとおもう。

第一の問題はつぎのとおりである。「人間」という言葉を使って話すことによって、わたしたちは不適切にも、迫害者と犠牲者、時間と場所、イデオロギーの特殊性に入念な注意を払うよう要求している状況を語るのに包括的なカテゴリーを使っているのではないだろうか。「人間」という概念をこのような仕方で使うことによって、わたしたちは差異を抑圧し、こうしてそれと気づかずに犠牲者たちを再度犠牲にしてしまっているのではないだろうか。迫害者たちを鼓舞していたもろもろの差異を消し去ろうと努力することによって、わたしたちはいかなる集団のアイデンティティーをも支えている差異の概念までも捨て去ってしまっているのではないだろうか。(61) ロベール・アンテルムの有名なSS分析——彼らはけっして全能になることはないだろう、そして実際には、人類を変えると彼らが夢みているのは彼らが「狂っている」ことを意味しているのであるという分析——のなかでは、この括弧で囲んだカテゴリーはそれが保護しているよりもはるかに多くを窒息させてしまっているのではないだろうか。(62) 不変の人間本性という概念に恋々としがみついていることは、アーレントの言葉を借りるなら、「ほとんど慰めにならない」のではないだろうか。というのも、そういった概念は「人間そのものが破壊されているとか、自由は人間の本質的な能力のひとつだとかいう」結論に導いていくからである。(63) 反対に、わたしたちが必要としているのは、ヒューマニズム的倫理ではなくて、「反ヒューマニズム的」倫理ではないのだろうか。あるいは、ナチズムもまたひとつのヒューマニズムとみることは問題の所在を見逃すことにしかならないのではないだろうか。(64)

第二の問題はホロコーストの犯罪は人間学的なかたちで語ることによってどのように理解されるのかということに関わっている。アーレントの主張は「人間」を再定義するための「プロジェクト」という言い方をすることによってナチスのプロジェクトの性質への有無を言わせぬ洞察をわたしたちに提供してくれるようにみえるけれども、そのさい、わたしたちはホロコーストになにか神秘的な偉大さを帰していることにならないだろうか。まさしく、自分たちはアーリア人種の未来のために重要な仕事をしているのだと自分たちに納得させるためにナチスが産み出そうとした感情をである。

もちろん、人種にかんするユネスコの声明と戦後の自然人間学の前進全体が示しているように、ナチスによって実行された「人間」攻撃へのもろもろの回答は存在してきた(65)。しかし、これらは人種主義そのものを標的としたものであって、ナチズムが悪の権化といったような邪悪な魅力を西洋人の（しかも西洋人ばかりではない）心にたいして獲得するにいたったのはなぜなのか、その理由を理解しようと意図したものではなかった。たぶん、その魅力は犯罪の巨大さからだけではなく、問題をどれほど概念化しようと努力しても的外れであることが明らかになってしまうことからやってくるのではないかとおもう。アーレントが言ったように、「ナチスの犯罪は、法の限界を突破していて、そのことこそがまさにそれらの犯罪の恐ろしさを構成しているようにおもわれる」のである(66)。もし人がナチズムをヒューマニズムにたいする攻撃と受けとるとしたなら、人は平等性と「人間」の題目のもとで潜在的に差異を否定する普遍主義を復権させていることになる。また、もし人がナチズムを人間（についてのある種の制限された定義）を「万物の尺度」にしたということでヒューマニズムであるとみるとしたなら、反ヒューマニズム的倫理か社会構築主義のいずれかの流儀のもとで人間の行動にかんするあらゆるチェックの除去を助長していることになる。人種主義、すなわち、一部の人民がそれ以外の人民よりも「よりいっそう人間的である」とする主張を許容しないようなヒューマニズムを復権させることはできるのだろうか。さらに、ナチズムがヒューマニズムであるとみることができるという事実は、ナチスがなんらかの意味で相対主義者であったということを意味するものではない。かえって、彼らが「人間」を強調しているのは地球に住むのにだれがふさわしく、だれがふさわしくないかについての、きわめて明確な考えをもっていたことの結果なのである。人間の本性は自由（「権利をもつ権利」）を特徴としているというアーレントの考えは、たぶん、ひとつの回答ではある。それは自然的ないし文化的本質についての主張をなんらおこなっておらず、ひいては集団の特殊性をあらかじめ排除するようなことをしていないからである。それでもなお、それは普遍的な（種の）適用可能性のレヴェルにとどまっている。(67)

ここで、いくつかの点を明確にするために、ダステュールの論考「ジャック・デリダへの三つの問い」に立ち戻る必要がある。ダステュールの論考は、『精神について』への、とくにデリダが同書で素描している悪の形而上学へのひとつの回答である。デリダがハイデガーを踏襲して悪を「精神の歴史の深層にその内なる不和［Zwietracht］として」記銘されているものとして理解しようと試みていることに共感しながらも、ダステュールは、そうすることによって人はナチズムに「まさにデーモン的な次元」を帰することになると指摘する。そして自分を悩ませているのはこのことにほかならない、という。(68) そうなるのは、ナチズムをデーモン的なものとみることは、「わたしたちが有罪の者たちを同定し裁くのが不可能になり、否応なしに「ドイツ人民の集合的な罪」という名の「精神的」構築物に、あるいはさらには「プラトン的・キリスト教的西洋全体の罪」に逃げ込みたくなってしまう」ことを意味しているからである、と。(69) 彼女が続けて述べているように、「失われることになるのは、犯罪はつねに単独的かつ個人的なものであるという観念そのものであって、その結果、ガイストリヒカイト（Geistlichkeit）の――悪の内なる可能性のなかでその本質を展開する精神の――形而上学は、不可避的に、たんなるガイスティヒカイト（Geistigkeit）の形而上学に、すなわち、つねに個人的なものである行為を計算することのできない形而上学的構築物に転落してしまい、実際に起きたことを説明するために形而上学的実体に訴えることになってしまう」のである。(70)

ここで問われているのは、「人間」にたいするナチスの攻撃について語りながら、それでもなお単独的で個人的な犯罪を見過ごさないでいることができるのかどうかということである。ダステュールの問いは以下のようである。わたしたちがホロコーストを本質主義化しようとしているさまざまな試みを批判するコンテクストのなかで告発しようとしてきた「形而上学」的構築物――「人間」のような――を利用することなしにナチズムについて考えることはできるのだろうか。また、ナチズムをデーモン的と名づけるとして、そのことによってわたしたちは、ヨーロッパ思想全体がそれに汚染されてこなかった、とほんとうに安心して断言できるのだろうか。それでもできるというのであれば、悪は――ゲッツ・アリーのような歴史家たちの仕事において含意されているように――たんに陳腐なものになってしまい、その結果、わたしたちは実際に起きたことを理解する試みを放棄してしまわざるをえなくなるのではないのか。(71)

　わたしたちが挑戦すべきであるのは、コインには表と裏の両面があることを自覚して、「人間」にたいするナチスの攻撃について語りながら、それでもなお単独的で個人的な犯罪を見過ごさないでいることができるよう試みることである。ここでアーレントが役に立つ。というのも、彼女はまずもって――ヤスパースが彼女をそうしているといって非難したように(72)――ナチズムに「悪魔的な偉大さ」を帰することによって始め、それから考えを改めて、アイヒマン裁判を傍聴するなかで「悪の陳腐さ」を主張するようになったというよりも、ダステュールの提起した隘路から脱出するひとつの可能な道を指摘しているからである。よく知られているように、アーレントはアイヒマンを悪の陳腐さの見本というように描いた。しかし、同時に、ナチズムを西洋の伝統から切り離そうとして、ナチズムが西洋思想史と、さらには十九世紀の人種思想とすらも、なんらかの血縁関係があることを否定し、ナチズムは「貧民街から」やってきたと論じたのだった。(73)すなわち、アーレントはナチズムを理解しようとするにあたって「形而上学的」概念を使用することをしなかったが、結果として、「倫理的観点の限界に逃げ込み」「起きたことを理解しようとする努力を断念してしまう」(74)

ようなことにもならなかったのである。しかしながら、アーレントがナチズムと西洋の伝統との繋がりを却下したことに説得力があるかどうかは別の話である。[75] たんに悪の陳腐さを（たとえこれがアイヒマンとの関連でのみ言われたことであったとしても）断言するだけでは、そしてナチズムが西洋の伝統に結びついていることを否定するだけでは、現実には、問いに答えるというよりも問いを抑圧することにしかならない。そうではあるけれども、ナチズムの「形而上学的」説明に焦点を合わせると個人的な罪を見過ごしてしまうことにならないかというダステュールの懸念にアーレントが満足のいく仕方で対処しているとは言えないとしても、少なくともわたしたちは、ホロコーストを「人間」にたいする攻撃というふうに理解しようとすることにはさまざまな危険がともなっていることを強く自覚させられるのである。

＊＊＊

この「人間」攻撃がナチスのジェノサイド衝動の核心に横たわっているという事実は、戦争終結以来多くの研究者たちによって認知されてきた。その事実が含意するものについても同様であった。レオン・ポリアコフは、彼のパイオニア的研究『憎しみの聖務日課書――第三帝国とユダヤ人』〔一九五一年〕で、ヒトラー主義の「奥深くにあるエッセンス」は「憎しみと盲目的な怒りを他人にたいして発散させているうちに、それが最後には自分自身に向かってきてしまったという事実」であると書いた。「この事実から、ドイツのフューラー〔総統〕は自らが率先して指導したユダヤ＝キリスト教的な精神と道徳性にたいする叛逆を超えて、あらゆる人間社会の本質的構成要素を攻撃し破壊しようとしていたとも結論してもよい。人間の本性には、自分自身を他の人びとのうちに認知し、他の人びとのうちに自分自身のイメージとエッセンスを崇めるということが内在している（わたしたちがあらゆる言語のうちに見いだす「ヒューマニティー」という語の二重の意味は、この意義のみをもちうる）。人間たちの大量殺戮は戦場で実行されるが、それは兵士たちが戦闘行為のルールにしたがって同様の危険を冒すことによって実行されるのである。ひとつの集団がもうひとつの集団を、敵および人間としてではなく、害虫として殺戮するとき、このためにそれが払う代価は自ら自身のヒューマニティーなのだ」とも。(76)

五十年後、ジョルジョ・アガンベンは、彼の本『開かれ――人間と動物』〔二〇〇二年〕のなかで、リンネの偉大な達成はヒト（Homo）を「自らを存在しないものとして認識したときにのみ存在する動物」と定義したことであると記した。いいかえるなら、リンネが語りえたかぎりでは人間と猿のあいだには「種差」は存在しない以上、人間についての定義は（他のすべての種の場合のように）科学的な記述にもとづくものではなく、「汝自身を知れ（nosce te ipsum）」という命令にもとづくものだったのである。アガンベンは説明している。「人間は自分自身を認識することができるという以外になんらの種としての特性をもたない。しかし、人間をなんらかの特性《ノータ・カラクテリスティカ》をつうじてでなく、自己認識をつうじて定義するということは、人間とはそのようなものとして自己認識するものであるということ、人間とは自らを人間たるべくあろうとしている人間として認識しなければならない動物であるということを意味している」(77)と。ことによると、ナチスがしたことは、ユダヤ人を猿の位置に置き、そのことによって彼ら自身を人間として認識しようとしたのかもしれない。が、彼らが気づいていなかったのは、――「猿が一枚の鏡を手にしていて、その鏡のなかで、罪を犯した人間は自分を神の猿《シミア・デイ》として認識しなければならない」ということを示した中世の図像にあるように(78)――そのことによって彼らは人類の不可分の単一性に「背反し」、自分たち自身をなにか人間以下の存在にしてしまったということだった。ナチスはたんにもろもろの文化的ないし民族的差異に異議を唱えただけではなかった。むしろ、――十九世紀の人種思想の推力をその論理的帰結にまでたどり抜いて――人類をさまざまな人種に分割し、さらにユダヤ人の場合には一定の人びとを人間のカテゴリーからまったく排除してしまおうとしたのだった。その過程で彼らが彼ら自身を非人間化しまったことは、その野心の法外さとその不可能性、その惨めでぞっとするような失敗の双方をともに立証している。「死の工場あるいは忘却の穴に投げこまれた犠牲者たちが刑吏たちの眼にはもはや「人間的」とは見えなかったのとまったく同様に、この最新の種類の犯罪者は人類が共通に担う罪業というものの枠をすら超えてしまっているのである」[79]。

(1) Hermann Rauschning, *Hitler Speaks: A Series of Political Conversation with Adolf Hitler on His Real Aims* (London: Thornton Butterworth, 1939), p. 238〔ヘルマン・ラウシュニンク著、船戸満之訳『ヒトラーとの対話』(學藝書林、一九七二年)、二七三―二七四頁〕。

(2) Harold Bloom, *Shakespeare: The Invention of the Human* (London: Fourth Estate, 1999).

(3) J. L. Talmon, "Mission and Testimony: The Universal Significance of Modern Anti-Semitism," in: Id., *The Unique and the Universal: Some Historical Reflections* (London: Secker & Warburg, 1965), p. 163.

(4) Aimé Césaire, *Discourse on Colonialism*, trans. Joan Pinkham (New York: Monthly Review Press, 1972), p. 15〔エメ・セゼール著、砂野幸稔訳『帰郷ノート/植民地主義論』(平凡社、一九九七年)、一二七頁〕; Martha C. Nussbaum, "Human Functioning and Social Justice: in Defense of Aristotelian Essentialism," *Political Theory*, 20: 2 (1992), pp. 202-246.

(5) Paul Gilroy, *Between Camps: Nations, Cultures and the Allure of Race* (Harmondsworth: Penguin Books, 2000), pp. 327-356. Kenan Malik, *The Meaning of Race: Race, History and Culture in Western Society* (Basingstoke: Palgrave Macmillan, 1996); Kenan Malik, "Making a Difference: Culture, Race and Social Policy," *Patterns of Prejudice*, 39: 4 (2005), pp. 361-378; Kwame Anthony Appiah, *The Ethics of Identity* (Princeton, NJ: Princeton University Press,

2005）も見られたい。「ポスト本質主義」問題、すなわち、「たんに普遍主義、〈理性〉、統一した主体の概念に立ち戻ることなく、アイデンティティー・ポリティクスの否定的な結果から逃れるにはどうすればよいか」という問題をめぐる思慮深い議論として、Susan Rubin Suleiman, *Risking Who One Is: Encounters with Contemporary Art and Literature*（Cambridge, MA: Harvard University Press, 1994）, epilogue を見られたい。

（6）Dan Stone, "Ontology or Bureaucracy? Hannah Arendt's Early Interpretation of the Holocaust," in: Id., *History, Memory and Mass Atrocity: Essays on the Holocaust and Genocide*（London: Vallentine Mitchell, 2006）pp. 53-69 を見られたい。

（7）Alison Palmer, *Colonial Genocide*（Adelaide: Crawford House, 2000）, p. 44 に引用されている。

（8）Henry Morgenthau, *Ambassador Morgenthau's Story*（1919）, cited in: Debórah Dwork and Robert Jan Van Pelt, *Holocaust: A History*（London: John Murray, 2002）, p. 39.

（9）Shiraz Dossa, "Human Status and Politics: Hannah Arendt on the Holocaust," *Canadian Journal of Political Science*, 13:2（1980）, pp. 309-323. アニマル・ラボラーンスという用語については、ホモ・ファーベル（Homo faber〔工作人〕）とかアニマル・ラティオナーレ（animal rationale〔理性的動物〕）といった、アーレントが描写している他の人間類型についても、Hannah Arendt, *The Human Condition*（Chicago: University of Chicago Press, 1958）〔ハンナ・アレント著、志水速雄訳『人間の条件』（ちくま学芸文庫、一九九四年）〕を見られたい。『人間の条件』で展開されている用語のホロコーストへの回答としての重要性についての説得力のある議論として、Mary G. Dietz, "Arendt and the Holocaust," in: Dana Villa（ed.）, *The Cambridge Companion to Hannah Arendt*（Cambridge: Cambridge University Press, 2000）, pp. 86-109 も見られたい。また、スターリニズムとナチズムとの関連で展開されたアーレントのもろもろのカテゴリーは十九世紀帝国主義について考えるのにも利用しうるという事実を論証してみせたものとして、Richard Shorten, "Hannah Arendt on Totalitarianism: Moral Equivalence and Degrees of Evil in Modern Political Violence," in: Richard H. King and Dan Stone（eds.）, *Hannah Arendt and the Use of History: Imperialism, Nation, Race, and Genocide*（New York: Berghahn Books, 2007）, pp. 173-190 を見られたい。さらには、イラ・カッツネルソンも指摘しているように、アーレントのユーロセントリズム〔ヨーロッパ中心主義〕は「ヨーロッパを称賛しようというものではなく」、ヨーロッパが自分の家に秩序を取り戻すための刺激として役立つことを意図したものであることにも注意しておいてよい。Ira Katznelson, *Desolation and Enlightenment: Political Knowledge after Total War, To-*

talitarianism, and the Holocaust（New York: Columbia University Press, 2003）, p. 70 を見られたい。そのほか、Alfons Söllner, "Hannah Arendt's *The Origins of Totalitarianism* in its Original Context," *European Journal of Political Theory*, 3: 2（2004）, pp. 219–238; Pascal Grosse, "From Colonialism to National Socialism to Postcolonialism: Hannah Arendt's *Origins of Totalitarianism*," *Postcolonial Studies*, 9: 1（2006）, pp. 35–52 も見られたい。

（10） Hannah Arendt to Karl Jaspers, 4 March 1951, in: Lotte Köhler and Hans Saner（eds.）, *Hannah Arendt/Karl Jaspers Correspondence 1926–1969*（San Diego, CA: Harcourt Brace & Company, 1992）, p. 166〔L・ケーラー／H・ザーナー編、大島かおり訳『アーレント＝ヤスパース往復書簡（一九二六―一九六九）1』（みすず書房、二〇〇四年）、一九二頁〕。この問題をめぐる議論として、Richard J. Bernstein, *Hannah Arendt and the Jewish Question*（Cambridge: Polity, 1996）, pp. 88–100; Dana R. Villa, *Politics, Philosophy, Terror: Essays on the Thought of Hannah Arendt*（Princeton, NJ: Princeton University Press, 1999）, pp. 11–38 を見られたい。

（11） Arendt to Jaspers, 17 December 1946, in: *Arendt/Jaspers Correspondence* cit., p. 69〔大島訳、前掲『アーレント＝ヤスパース往復書簡1』、七九―八〇頁〕。

（12） Tony Barta, "On Pain of Extinction: Laws of Nature and History in Darwin, Marx, and Arendt," in: King and Stone（eds.）, *Hannah Arendt and the Use of History* cit., pp. 87–105 を見られたい。

（13） Hannah Arendt, "Understanding and Politics（The Difficulties of Understanding）," in: Jerome Kohn（ed.）, *Essays in Understanding 1930–1954: Uncollected and Unpublished Works by Hannah Arendt*（New York: Harcourt Brace & Company, 1994）, p. 316〔「理解と政治（理解することの難しさ）」（斎藤純一訳）、J・コーン編、斎藤純一・山田正行・矢野久美子訳『アーレント政治思想集成2 理解と政治』（みすず書房、二〇〇二年）、一二四頁〕

（14） Arendt, "Mankind and Terror," in: *Essays in Understanding* cit., p. 304〔「人類とテロル」（矢野久美子訳）、前掲『アーレント政治思想集成2』、一一八頁』〕。

（15） Arendt, "On the Nature of Totalitarianism," in: *Essays in Understanding* cit., p. 340〔「全体主義の本性について」（山田正行訳）、前掲『アーレント政治思想集成2』、一六三頁』〕。

（16） Ibid., p. 341〔山田訳、一六四頁〕。

（17） Arendt, "Mankind and Terror," in: *Essays in Understanding* cit., p. 306〔「人類とテロル」（矢野訳）、前掲『アーレント政治思想集成2』、一一九頁〕。

（18）Hannah Arendt, *The Origins of Totalitarianism*, rev. ed. (San Diego, CA: Harcourt Brace & Company, 1979), p. 458〔ハナ・アーレント著、大久保和郎・大島かおり訳『全体主義の起原3　全体主義』（みすず書房、一九八一年）、二六五頁〕。ここではエリック・フェーゲリンが『全体主義の起原』の書評のなかでおこなっているアーレント批判に注意しておくのが重要である。「「本性」は変化することもなければ変容させることもできない。「本性の変化」というのは語義矛盾である。事物の「本性」をみだりに変更することはその事物を破壊してしまうことを意味する」。フェーゲリンにとっては、このことはアーレントが「全体主義者たち」と同じ「内在主義的イデオロギー」を採用していたことを示唆するものであった。Eric Voegelin, "The Origins of Totalitarianism," *The Review of Politics*, 15: 1 (1953), pp. 74-75 を見られたい。しかしながら、アーレントの返答は、彼女が「西洋思想における本質と実存との関係はフェーゲリンの「本性」についての言明が意味していること（「本性」とは「事物を事物として」同定するもののことであり、それゆえに定義上変化はありえない）よりももう少し込みいっているようにみえる」と主張しているときではなく、自分はそのような変化を唱道しているわけではなく、人間の本性を変えようという試みが全体主義体制の志望するところであるということを承認しているにすぎないと断言している点にかんしても、全面的に正当化されるようにわたしには思われる。アーレントの「エリック・フェーゲリンへの返答」は *The Review of Politics*, 15: 1 (1953), pp. 76-84 に掲載されており、*Essays in Understanding* cit., pp. 401-408〔「エリック・フェーゲリンへの返答」（山田正行訳）、前掲『アーレント政治思想集成2』、二四三―二五三頁〕に収録されている。

（19）Cf. Ulrich Herbert (hrsg.), *Nationalsozialistische Vernichtungspolitik 1939-1945: Neue Forschungen und Kontroversen* (Frankfurt am Main: Fischer Taschenbuch Verlag, 1998); Christian Gerlach, *Krieg, Ernährung, Völkermord* (Hamburg: Hamburger Edition, 1998); Götz Aly, *"Final Solution": Nazi Population Policy and the Murder of the European Jews* (London: Arnold, 1999).

（20）Christian Gerlach, "The Wannsee Conference, the Fate of German Jews, and Hitler's Decision in Principle to Exterminate all European Jews," *Journal of Modern History*, 70: 4 (1998), pp. 759-812. 批判者たちへの Gerlach, *Krieg, Ernährung, Völkermord* cit., pp. 155-160 における返答も見られたい。また、異なったアプローチとして、Christofer R. Browning, *Nazi Policy, Jewish Workers, German Killers* (Cambridge: Cambridge University Press, 2000), pp. 26-57 を見られたい。さらに、Bogdan Musial, "The Origins of 'Operation Reinhard': The Decision-Making Process for the Mass Murder of the Jews in the *Generalgouvernement*," *Yad Vashem Studies*, 28 (2000), pp. 113-153; Mark Roseman, *The Villa, the Lake, the Meeting: Wannsee and the Final Solution*" (Harmondsworth: Penguin Books, 2002) も参照のこと。

(21) Philip Gourevitch, *We Wish to Inform You That Tomorrow We Will Be Killed with Our Families: Stories from Rwanda* (London: Picador, 1999), p. 17.

(22) Christopher R. Browning, *Ordinary Men: Reserve Police Battalion 101 and the Final Solution in Poland* (London: HarperCollins, 1992)〔クリストファー・ブラウニング著、谷喬夫訳『増補　普通の人びと——ホロコーストと第101警察予備大隊』(ちくま学芸文庫、二〇〇九年)〕。

(23) Ernst Klee, Willi Dressen and Volker Riess (eds.), *"Those Were the Days": The Holocaust as Seen by the Perpetrators and Bystanders* (London: Hamish Hamilton, 1993), p. 67 におけるクルト・ヴェルナーの供述。もっと多くの事例については、Omer Bartov, *Hitler's Army: Soldiers, Nazis, and War in the Third Reich* (New York: Oxford University Press, 1992) も参照のこと。

(24) Alain Finkielkraut, *L'Humanité perdue: essai sur le le XXe siècle* (Paris: Seuil, 1998), p. 69〔アラン・フィンケルクロート著、川竹英克訳『二〇世紀は人類の役に立ったのか——大量殺戮と人間性』(凱風社、一九九九年)、七七頁〕。Alon Confino, "Fantasies about the Jews: Cultural Reflexions on the Holocaust," *History & Memory*, 17: 1–2 (2005), pp. 296–322 も見られたい。

(25) Giorgio Agamben, "The Camp as the Nomos of the Modern," in: Hent de Vries and Samuel Weber (eds.), *Violence, Identity, and Self-Determination* (Stanford, CA: Stanford University Press, 1997), p. 106.〔「近代的なもののノモスとしての収容所」、ジョルジョ・アガンベン著、高桑和巳訳『ホモ・サケル——主権権力と剝き出しの生』(以文社、二〇〇三年)、二二七頁〕。

(26) Alain Finkielkraut, *L'Humanité perdue* cit., pp. 110–11〔川竹訳、一二四頁〕。

(27) Jankiel Wiernik, "One Year in Treblinka," in: Lawrence L. Langer (ed.), *Art from the Ashes* (New York: Oxford University Press, 1995), pp. 30–31.

(28) Dan Stone, "Modernity and Violence: Theoretical Reflections on the Einsatzgruppen," in: Id., *History, Memory and Mass Atrocity* cit., pp. 1–14 を見られたい。ジェノサイドの社会心理学にかんする有益な研究として、Steven K. Baum, "A Bell Curve of Hate?" *Journal of Genocide Research*, 6: 4 (2004), pp. 567–577; Herbert C. Kelman, "Violence

without Moral Restraint: Reflections on the Dehumanization of Victims and Victimizers," *Journal of Social Issues*, 29: 4 (1973), pp. 25–61; John M. Darley, "Social Organization for the Production of Evil," *Psychological Inquiry*, 3: 2 (1992), pp. 199–218; Albert Bandura, "Moral Disengagement in the Perpetration of Inhumanities," *Personality and Social Psychology Review*, 3: 3 (1999), 193–209 を参照のこと。

（29） Cf. Dan Stone, "Georges Bataille and the Interpretation of the Holocaust" and "Genocide as Transgression," in: Id., *History, Memory and Mass Atrocity* cit., pp. 70–92 and pp. 196–216.

（30） もちろん、ユダヤ人がナチスの唯一の犠牲者だったわけではない。それ以外の多くの犠牲者集団のなかでは、ヨーロッパのジプシー（ロマおよびシンティ）もジェノサイドの犠牲者だった。しかし、ナチスがユダヤ人を「形而上学的な」仕方でとらえた結果、ユダヤ人を破壊しようという特別の衝動がはたらいたことが、この概念上の差異を意味あるものになしうるのである。

（31） Thomas Geve, *Guns and Barbed Wire: A Child Survives the Holocaust* (Chicago, IL: Academy Chicago Publishers, 1987) のスケッチを見られたい。

（32） Primo Levi, *If This Is a Man/The Truce*, trans. Stuart Woolf (London: Abacus, 1987), p. 48〔プリーモ・レーヴィ著、竹山博英訳『アウシュヴィッツは終わらない——あるイタリア人生存者の考察』（朝日新聞社、一九八〇年）、四五頁〕。

（33） Rudolf Reder, "Belzec," *Polin: Studies in Polish Jewry*, 13 (2000), p. 282.

（34） Zalman Gradowski, "Writings," in: Ber Mark (ed.), *The Scrolls of Auschwitz* (Tel Aviv: Am Oved, 1985), p. 175.

（35） Alan Adelson (ed.), *The Diary of Dawid Sierakowiak* (London: Bloomsbury, 1996), p. 170.

（36） Claude Lanzmann, *Shoah: An Oral History of the Holocaust. The Complete Text of the Film* (New York: Pantheon, 1985), p. 174〔クロード・ランズマン著、高橋武智訳『ショアー』（作品社、一九九五年）、三九一頁〕。

（37） Jan Karski, *Story of a Secret State* (Boston, MA: Houghton Mifflin, 1944), p. 330〔ヤン・カルスキ著、吉田恒雄訳『私はホロコーストを見た——黙殺された世紀の証言 1939–43』下（白水社、二〇一二年）二一一頁〕。

（38） Naomi Samson, *Hide: A Child's View of the Holocaust* (Lincoln, NE: University of Nebraska Press, 2000), pp. 74–75.

（39） Adina Blady Szwajger, *I Remember Nothing More: The Warsaw Children's Hospital and the Jewish Resistance* (New York: Pantheon, 1990), p. 45.

（40） Pelagia Lewinska, *Twenty Months at Auschwitz* (1968), cited in: Emil Fackenheim, "The Spectrum of Resistance during the Holocaust: An Essay in Description and Definition," *Modern Judaism*, 2: 2 (1982), p. 123.

(41) Elie Wiesel, *Legends of Our Time* (New York: Holt, Rinehart and Winston, 1968), p. 1; Chaim A. Kaplan, *Scroll of Agony: The Warsaw Diary of Chaim A. Kaplan*, ed. Abraham I. Katsh (New York: The Macmillan Company, 1965), p. 225（一九四〇年十一月十七日の日記）〔ハイム・A・カプラン著、I・キャッチ編、松田直成訳『ワルシャワ・ゲットー日記――ユダヤ人教師の記録』上（風行社、一九九四年）三五頁〕。

(42) Hannah Arendt, "Social Science Techniques and the Study of Concentration Camps," in: *Essays in Understanding* cit., p. 236〔「社会科学のテクニックと強制収容所の研究」（斎藤純一訳）、前掲『アーレント政治思想集成2』、三二頁〕。Robert Eaglestone, *The Holocaust and the Postmodern* (Oxford: Oxford University Press, 2004), pp. 317-338〔ロバート・イーグルストン著、田尻芳樹・太田晋訳『ホロコーストとポストモダン――歴史・文学・哲学はどう応答したか』（みすず書房、二〇一三年）、四二〇―四四一頁〕における議論と、Amos Goldberg, "If This Is a Man: The Image of Man in Autobiographical and Historical Writing during and after the Holocaust," *Yad Vashem Studies*, 33 (2005), pp. 381-429 も見られたい。

(43) ムーゼルマンにかんしては Giorgio Agamben, *Remnants of Auschwitz: The Witness and the Archive*, trans. Daniel Heller-Roazen (New York: Zone Books, 1999)〔ジョルジョ・アガンベン著、上村忠男・廣石正和訳『アウシュヴィッツの残りのもの――アルシーヴと証人』（月曜社、二〇〇一年）〕を見られたい。アガンベンは不適切にもあまりにも小さすぎるテクスト選択にもとづいてムーゼルマンをホロコースト生存者に取って代わる像に仕立てあげている。それでも同書はムーゼルマンの意味の理論的分析を試みた数少ない著作のひとつである。アガンベンについての批評として、Dominick LaCapra, *History in Transit: Experience, Identity, Critical Theory* (Ithaca, NY: Cornell University Press, 2004), pp. 144-194 を見られたい。

(44) Elke Fröhlich (hrsg.), *Die Tagebücher von Joseph Goebbels: Sämtliche Fragmente* (München: Saur, 1987), Bd. 3, p. 628（一九四〇年十一月二日の日記）。ここでは、ナチスのレトリックにおいて、ゲッベルスがここでおこなっているように、ユダヤ人を「動物」として描写することと、ヒトラーが本稿の冒頭に引いた発言のなかでおこなっているように、「反人間」として、すなわち、動物とは異なる存在として描写することとのあいだでしばしば起きている緊張関係に注意しなければならない。同様に、ヒムラーも、スラヴ人を「人間の姿をした動物」と呼んでいるが、ユダヤ人にたいしてはこういった呼び方をしていない。J. Noakes and G. Pridham (eds.), *Nazism 1919-1945* (Exeter:

Exeter University Press, 1988), vol. 3, p. 920 に収録されている彼の一九四三年十月四日のスピーチを見られたい。

(45)「救済」としてのホロコーストにかんしては，Michael Ley, *Genozid als Heilserwartung: Zum nationalsozialistischen Mord am europäischen Judentum*, 2. Aufl. (Wien: Picus Verlag, 1995); Michael Ley, *Holokaust als Menschenopfer: Vom Christentum zur politischen Religion des Nationalsozialismus* (Münster: LIT Verlag, 2002); Klaus Vondung, "National Socialism as a Political Religion: Potentials and Limitations of an Analytical Concept," *Totalitarian Movements and Political Religions*, 6: 1 (2005), pp. 87–95 を見られたい。

(46) Alison Des Forges, *Leave None to Tell the Story: Genocide in Rwanda* (New York: Human Rights Watch, 1999), p. 73 (「ごきぶり」), p. 258 (「仕事」).

(47) Robert Gellately, *Backing Hitler: Coercion and Consent in Nazi Germany* (Oxford: Oxford University Press, 2001); Eric Johnson and Karl-Heinz Reuband, *What We Knew: Terror, Mass Murder and Everyday Life in Nazi Germany* (London: John Murray, 2005); Götz Aly, *Hitlers Volksstaat: Raub, Rassenkrieg und nationaler Sozialismus* (Frankfurt am Main: S. Fischer, 2005).

(48) Darryl Li, "Echos of Violence," in: Nicolaus Mills and Kira Brunner (eds.), *The New Killing Fields: Massacre and the Politics of Intervention* (New York: Basic Books, 2002), pp. 117–128 を見られたい。巻きこまれた員数については，Scott Straus, "How Many Perpetrators Were There in the Rwandan Genocide? An Estimate," *Journal of Genocide Research*, 6: 1 (2004), pp. 85–98 を見られたい。

(49) John A. Berry and Carol Pott Berry, "Introduction: Collecting Memory," in: John A. Berry and Carol Pott Berry (eds.), *Genocide in Rwanda: A Collective Memory* (Washington, DC: Howard University Press, 1999), p. 5.

(50) Faustin Kagame, "The Artificial Racialization at the Root of the Genocide," in: Berry and Berry (eds.), *Genocide in Rwanda* cit., p. 73.

(51) Mark Levene, "Rwanda: The Aftermath," *Patterns of Prejudice*, 35: 2 (2001), pp. 87–94 を見られたい。

(52) Steven E. Aschheim, *In Times of Crisis: Essays on European Culture, Germans, and Jews* (Madison, WI: University of Wisconsin Press, 2001), p. 55. さらなる議論のためには，Jonathan Petropoulos and John K. Roth (eds.), *Gray Zones: Ambiguity and Compromise in the Holocaust and its Aftermath* (New York: Berghahn Books, 2005) を参照のこと。

(53) カンボジアでのジェノサイドも、個々の人間ではなく、「人間」へのこの攻撃の多くの事例を提供している。カンボジアの生存者の証言について十分な分析をおこなうには別個の研究が必要とされるが、出発点として、Jean-Louis Margolin, "L'amémoire du génocide cambodgien, ou comment s'en débarrasser," *Revue d'histoire de la Shoah,* 181 (2004), pp. 317-137 を見られたい。

(54) Christopher C. Taylor, *Sacrifice as Terror: The Rwandan Genocide of 1994* (Oxford: Berg, 1999), pp. 174-175 における議論、および Berry and Berry (eds.), *Genocide in Rwanda* cit., pp. 113-115 を見られたい。

(55) Jean Hatzfeld, *Machete Season: The Killers in Rwanda Speak* (New York: Farrar, Straus and Giroux, 2005), p. 47 におけるイグナチェ・ルキラマクムの発言。

(56) Ibid. , p. 47 におけるピオ・ムトゥンギレーエの発言。

(57) Ibid., p. 144 におけるレオポルド・トゥワギラエズの発言。

(58) Des Forges, *Leave None to Tell the Story* cit., pp. 347-348 に引用されている。

(59) Thomas Kamilindi, "Witness Testimony," in: Berry and Berry (eds.), *Genocide in Rwanda* cit., p. 16. カミリンディはジャーナリストである。国際社会にかんしては、Linda Melvern, *A People Betrayed: The Role of the West in Rwanda's Genocide* (London: Zed Books, 2000); Romeo Dallaire, *Shake Hands with the Devil: The Failure of Humanity in Rwanda* (New York: Carroll & Graf Publishers, 2004) を見られたい。

(60) Hatzfeld, *Machete Season* cit., pp. 21-22 におけるパンクラチェ・ハキザムンギリの発言。

(61) あるいは、セイラ・ベンハビブが指摘しているように、彼女の仕事のなかで「アーレントは人間の条件の平等性についての描写から道徳的・政治的認知に由来する平等性へと導いていく哲学的ステップを検証することをしていない。〔中略〕人間の条件の人間学的複数性から相互承認の共同体における人間たちの道徳的・政治的平等性へと導いていく道は、哲学的に主題化されないままになっている」のである。Seyla Benhabib, "Arendt's Eichmann in Jerusalem," in: Villa (ed.), *The Cambridge Companion to Hannah Arendt* cit., p. 82.

(62) Robert Antelme, *The Human Race*, trans. Jeffrey Haight and Annie Mahler (Marlboro, VT: The Marlboro Press, 1992)〔ロベール・アンテルム著、宇京賴三訳『人類——ブーヘンヴァルトからダッハウ強制収容所へ』(未來社、一九九三年)〕。アンテルムは書いている (pp. 219-220〔宇京訳、二九一—二九二頁〕)——「数種類の人類がいるのではなく、ただ一種類の人類だけがいるのだ。SSが最終的にはわれわれの前で無力になるのは、われわれが彼らと同じ人間だからである。彼らが最後に敗北するのは、この人類の単一性を問いに付そうとしたからである。〔中略〕そしてわれわれは言わざるをえない。この単一性を隠蔽する世界中のあらゆるもの、人間存在を搾取と隷属からなる状態に置き、そのことによってさまざまな種類の人類が存在することを暗々裡に認めるものは、すべて虚偽であり、狂気の沙汰である」。

(63) Arendt, "A Reply to Eric Voegelin," in: *Essays in Understanding* cit., p. 408〔「エリック・フェーゲリンへの返答」（山田正行訳）、前掲『アーレント政治思想集成2』、二五二頁〕。

(64) ここでは議論は、一方ではジョルジュ・バタイユの著作を、そして他方ではエマニュエル・レヴィナスの著作を考察することを必要とするだろう。ここでそのような議論をおこなう紙幅はないが、出発点として、Samuel Moyn, "Judaism Against Paganism: Emmanuel Levinas's Response to Heidegger and Nazism in the 1930s," *History & Memory*, 10: 1 (1998), pp. 25-58 を見られたい。

(65) 人種にかんする一九五〇年度および一九五二年度のユネスコの声明のテクストについては、Ashley Montagu, *Race, Science and Humanity* (Princeton, NJ: D. Van Nostrand Company, 1963), pp. 172-183 を見られたい。Claude Lévi-Strauss, *Race and History: The Race Question in Modern Science* (Paris: UNESCO, 1958)〔クロード・レヴィ＝ストロース著、荒川幾男訳『人種と歴史』（みすず書房、新装版二〇〇八年）〕も参照のこと。

(66) Arendt to Jaspers, 17 August 1946, in: *Arendt/Jaspers Correspondence* cit., p. 54〔大島訳、前掲『アーレント＝ヤスパース往復書簡1』、六一―六二頁〕。のちにアーレントは「人びとは、自分が罰することのできないものは許すことができず、明らかに許すことができないものは罰することができない」と指摘している。Arendt, *The Human Condition* cit., p. 241〔志水訳、三七七頁〕を見られたい。

(67) ここでは、Richard H. King, *Race, Culture, and the Intellectuals, 1940-1970* (Washington, DC/Baltimore, MD: Woodrow Wilson Center Press/Johns Hopkins University Press, 2004), pp. 313-316 に負っている。Gilroy, *Between Camps* cit. および人間の自由の一面としての悪という観念について Jean-Luc Nancy, *The Experience of Freedom*, trans. Bridget McDonald (Stanford, CA: Stanford University Press, 1993)〔ジャン＝リュック・ナンシー著、澤田直訳『自由の経験』未來社、二〇〇〇年〕も見られたい。

(68) Françoise Dastur, "Three Questions to Jacques Derrida," in: Arleen B. Dallery and Charles E. Scott (eds.), *Ethics and Danger: Essays on Heidegger and Continental Thought* (Albany, NY: SUNY Press, 1992), p. 34.

（69） Ibid.

（70） Ibid.

（71） Ibid., pp. 34-35.

（72） Jaspers to Arendt, 19 October 1946, in: *Arendt/Jaspers Correspondence* cit., p. 62〔大島訳、前掲『アーレント＝ヤスパース往復書簡1』、七一頁〕――「わたしにはあなたの見解にはまったく満足できません。なぜなら、あらゆる刑法上の罪を上回るような罪はどうしても「偉大さ」――悪魔的な偉大さ――の気味を帯びてしまうというのは、ヒトラーにおける「デーモン的な」要素等々を喋々するあらゆる話と同様、ナチスの場合には当てはまらないとわたしにはおもわれるからです。これらのことはその完全な陳腐さにおいて、その散文的な些末さにおいてみなければならないようにわたしにはおもわれます。それこそが真にそれらの特徴をなしているものなのですから」。

（73） Hannah Arendt, "Fernsehgespräche mit Thilo Koch," in: Ursula Ludz（hrsg.）, *Ich will verstehen: Selbstauskünfte zu Leben und Werk*（München: Piper, 1996）, p. 40.

（74） Dastur, "Three Questions" cit., p. 35.

（75） この点についてはわたしの "Ontology or Bureaucracy?" cit. で論じた。

（76） Léon Poliakov, *Harvest of Hate: The Nazi Program for the Destruction of the Jews of Europe*, foreword by Reinhold Niebuhr（London: Elek Books, 1956［org. French ed. 1953］）, p. 286.

（77） Giorgio Agamben, *The Open: Man and Animal*, trans. Kevin Attell（Stanford, CA: Stanford University Press, 2004）, pp. 25-26〔ジョルジョ・アガンベン著、岡田温司・多賀健太郎訳『開かれ――人間と動物』（平凡社、二〇〇四年）、四四頁〕。

（78） Ibid., p. 27〔岡田・多賀訳、四六―四七頁〕。p. 37〔岡田・多賀訳、五九―六〇頁〕も参照。アガンベンは書いている。「わたしたちの研究領域を［一八九〇年代にヘッケルが書いていたときから］数十年先に延ばしてみるだけでよい。そうすれば、こうした無害な古生物学の発掘資料［すなわち、ホモ・アラルス（Homo alalus＝人猿）］の代わりに、ユダヤ人を、すなわち、人間のなかで産み出された非人間を、あるいは新死体（néomort）や過剰昏睡状態におちいった人物を、すなわち、同一の人体そのもののうちで分離された動物を見いだすだろう」と。人間の悪を描写するのに「獣」について喋々することの不適切さにかんしては、Mary Midgley, *Beast and Man*, rev. ed.（London: Routledge, 1995）, pp. 35-42 を見られたい。

(79) Arendt, *The Origins of Totalitarianism* cit., p. 459〔アーレント著、大久保・大島訳、前掲『全体主義の起原3 全体主義』、二六六頁〕。あるいは、亡命ドイツ人学者ゼバスティアン・ハフナーがナチス第二世代について書いたように、「これらの存在がなおも人間と呼ばれるべきかどうかという問題があらゆる深刻さをともなって生じてくる。身体的には、見たところではなおも人間であるが、精神的にはもはや人間ではない」のだ。Cf. Sebastian Haffner, *Germany Jekyll and Hyde: An Eyewitness Analysis of Nazi Germany*, trans. Wilfrid David (London: Libris, 2005 [orig. German ed. 1940]), p. 63. ユダヤ人を「人間」の定義から排除することをめぐるナチスによる理論化の例については、Uriel Tal, *Religion, Politics and Ideology in the Third Reich: Selected Essays* (London: Routledge, 2004), pp. 70–71 を見られたい。

第三章　物語理論とホロコースト史学

どのようにすれば証言は物語の牧歌的法則から逃れることができるのか。
サラ・コフマン(1)

世界が存在するのは本が存在するからである。
エドモン・ジャベス(2)

「世界が存在するのは本が存在するからである」。このジャベスの一見したところ逆説めいてみえる言葉は、エクリチュール〔書記行為〕の本性についての驚くべき洞察を提供してくれる。なぜなら、わたしたちは世界についての了解の多くの形式を、科学的分類から宗教的教義にいたるまで、本に負っているからである。しかし、この事実は、本が、いわんやそれが描写する世界が、そこに完全な整序されたかたちで存在すると考えるよう、わたしたちを誤導していくものであってはならない。ジャベス自身、本の本性、ひいてはわたしたちと世界との関係を問題視するようなテクストを生産している。しかも、これをジャベスはホロコーストの諸事件への明示的な回答のなかでおこなっている。アウシュヴィッツが可能となっているような世界のなかにあって、本はどのようにして閉じることができるのだろうか。すなわち、アウシュヴィッツはどのようにして「秩序づけられる」のだろうか。ホロコーストを合理性／近代性の言説の内部に包含しようとするさまざまな定式化の試みがなされているにもかかわらず、本は世界についてのたんなる省察ではなくて、第一義的には、世界についてのわたしたちの秩序づけなのである。ここで問題となっているのは、この秩序づけ機能である。歴史の経験的証拠ではなくて、この証拠を自らの内部に包含する、〈歴史〉という、言表されずにいる概念そのものなのである。

ここでは、近年の物語理論、とくにポール・リクールとヘイドン・ホワイトの物語理論を――それらがホロコースト史学についてのわたしたちの理解にとって寄与する点があるかぎりにおいて――検証する。まずはホワイトとリクールの物語性概念について議論し、それからホロコースト史学を査定するにあたって彼らの立場が理論的に含意するものについて査定する。とりわけ、ホロコーストについての影響力ある歴史叙述が困難をきわめる課題にどのように取り組んでいるかを説明するのに物語理論がどのように役立つか、を検証する。

ホロコーストの表象にかんする論争への遅ればせの関心らしきものは存在したものの、主だった物語理論家たちはこのトピックにまれにしか触れることをしてこなかった。しかし、ホロコーストについて書くということは、物語と現代の人間的経験との結びつき、人間のアイデンティティーの形成とわたしたちの歴史理解にかかわる論争の核心へとまっすぐに分け入っていくことを意味する。わたしは、ホロコーストの諸事件に直面しては、ホワイトの理論もリクールの理論も双方ともに問題含みのものになる、と論じるだろう。リクールは、人の生は物語によって完成されると主張することでもって、ホロコーストが体系的かつ暴力的に生を否定してしまったやり方を説明することに失敗している。さらには、もろもろの事件についての物語はそれらの事件を不適切な補償的枠組みのなかに組み込んでしまいかねないということを説明するのに失敗している。いいかえるなら、彼が信奉する歴史の哲学はホロコーストによって根本から問いに付されざるをえなくなってしまったのである。ホワイトは、物語は過去の偶発性の上に文化的なドグマを押しつけるという仕事を代表していると主張することでもって、どのパラダイムにも演繹主義や決定論におちいることなしにホロコーストの諸事件を描く能力があるということを疑問視している。しかし、ただひとりモダニズム的表象だけがホロコーストという「モダニズム的出来事」を正当に扱うことができると示唆することによって、ナチズムの本性にかかわるもろもろの問題を抱えこむ結果となっている。

それでも、わたしがホワイトとリクールの読解でもって話を終えるのは、両者のあいだにはさまざまな相違が存在するにもかかわらず、彼らの仕事を結びつけて読んでみると、ホロコーストがどのように相異なる仕方でプロット化されているのか、またそれはなぜなのか、を理解するのを手助けしてくれるからである。もし歴史家たちがリクールとホワイトの仕事に注意を払っていたなら、彼らは伝統的な物語構造と連携した歴史哲学にまつわるもろもろの問題を回避するのにもっと十分な武装ができていたことだろう。物語理論がホロコースト史学における整合性（coherence）に向けての衝動をわたしたちが理解するのを助けてくれるように、ホロコーストは伝統的に物語の必然的随伴物をなしてきた整合性への信頼そのものを問いに付すのである。

＊＊＊

歴史哲学は一九六〇年代このかた、物語への分析哲学者たちの関心の高まりに答えるなかで、整合性の問題を真剣に取りあげてきた。モートン・ホワイトやアーサー・ダントーのような著作家にとっては、歴史的物語は歴史の認識論の本質的な一部であった。すなわち、歴史に特有の種類の知識を提供するために歴史的情報は必然的に物語をつうじて伝達されざるをえないのだった。とくに、物語は事件を〈法則包摂モデル(Covering Law Model)〉(CLM)のもとで互いに関連づけるさいの基礎になる構造を提供するものとみられていた。事件を歴史の一般的法則にしたがって説明しようとする実証主義的な試みである。[3] この物語への関心は、とくにダントーの『歴史の分析哲学』(一九六八年)においては、高まりつつあったCLM批判への時宜を得た返答を提供していた。一方では、物語への関心を注意深く設定された境界、すなわち、意図をもって展開される人間的活動という境界の内部で維持しながらである。[4]

議論は過去三十年間にわたってかなりの程度拡大されてきた。ヘイドン・ホワイトとともに、「実証主義の模写的認識論」、すなわち、当初来の歴史哲学者たちが自明のものと受けとめてきた、歴史家の言語には現実と「合致する」能力があるという信念は、正面からの挑戦を受けることとなった。[5] ホワイトは、歴史家の言語の「透明性」なるものは存在しない、と論じた。歴史家が用いる言語は、それ自体が過去を構成する役割を演じているというのだ。「歴史家たちは彼らの主題を彼らがそれらを描写するのに用いる言語そのものによって物語的表象の可能な対象として構成するのである」[6]。

歴史についてのホワイトの批判は、わたしたちをジャベスによって記述された本の身分の問いに差し戻す。なぜなら、それは物語が提供する過去の表象は必然的に未達成であり、実のところ必然的に未完成であると主張しているからである。こうして、歴史の認識論を記述することから、歴史のテクストそのものの本性、テクストの構築ないし「詩学」を探究することへの、近年の歴史哲学における転回が生じることとなる。ホワイトが書いているように、「歴史の構造と過程についてのわたしたちの説明は、わたしたちがわたしたちの表象のなかに置き入れるものによってよりも、そこから排除するものによって規定されている。〔中略〕

歴史的事実のいかなる所与の「系《セリー》」についての「包括的整合性」もストーリーの整合性であるが、この整合性は「事実」をストーリー形式の要求に合うように仕立て上げることによってのみ達成される」のである。(7)

こうしてまたここからは、ロラン・バルトの「現実効果」概念と「物語の機能はわたしたちにとってなおもきわめて謎めいてはいるが模倣的な秩序には属さない光景を「再現」することではなく、構成することである」という主張が巨大な影響を及ぼすことになったのだった。(8)

しかしながら、歴史叙述における「作る」要素のこのような強調、歴史的物語は過去が必ずしももっていなかった秩序を過去に押しあたえるという主張は、過去十年間のうちにしだいに非難を浴びるようになっていった。ポール・リクールの『時間と物語』(一九八三―八六年)の出版は、歴史性を物語との関係のなかで理解しようとする最も真摯な試みの導入であった。そしてデイヴィッド・カーの『時間、物語、歴史』(一九八六年)は、意図的になされる人間的活動の領域と物語の領域とのあいだに相互依存関係があることを証明しようとする試みにおいて、さらにいっそう前進していった。物語をつうじてのアイデンティティーの構築にかんする近年の諸理論も、この議論に一役買うこととなった。

＊＊＊

物語の役割にかんする基本的な問いは、ひとたび歴史家たちが物語をひとつの認識論上の道具としてよりはむしろ歴史それ自体にとっての可能性の条件として考えはじめるようになった場合には、物語が時間および人間の経験にたいしてもっている関係についての問いとなる。時間がなくては歴史は存在しない。しかし、時間にはさまざまな種類がある。物語が確立しようとしているのは、西洋の歴史家たちが特徴づけているようなたんに直線的なクロノロジーにすぎないのだろうか。それとも、物語は〈時間の内にあること〉、人間の歴史性そのものの、普遍的な条件なのだろうか。

　この存在論的な問いこそが、カーやリクールのように、物語が人間の経験に本質的に内在しており、それに意味をあたえているとみる者たちと、ホワイトのように、物語のうちに偶発性の根源的な可能性を否定することによって現状《スタイタス・クオー》と馴れあってしまう結果となっているような整合性の形式の押しつけを見てとる者たちとを分かっているのである。驚くべきことに、双方とも同じ言語、抑圧からの自由という言語を使って、それぞれの立場を正当化しようとしている。そのことによって双方とも自分たちが二十世紀の危機の最大の理論家であると主張している。リクールは、物語を人が歴史的意味の流れのなかにあってひとつの立場をとることを可能にするものとみつつ、主張する。「わたしたちがストーリーを話すのは、究極においては、人生は物語られることを必要としており、物語られることに価値があると感じているからである。〔中略〕自分たちの蒙ってきた苦悩の歴史全体が復讐を求めて叫んでおり、物語を要求しているのである」(9)と。これにたいして、ホワイトは物語を演繹主義および気力を奪い去ってしまう文化的命法に等しいものとみて、「わたしたちは通例はフィクション作家たちの生産物と結びつけている形式的な整合性を現実の世界の上に押しつけることによって現実の世界の意味を理解する」と主張する。ただし、そう主張しながらも、わざわざこう付け加えている。しかし、このことは「けっしてわたしたちが歴史叙述に帰している知識としての身分を減じるものではない」(10)と。

　ホワイトが主張するところによると、物語は歴史の無意味さの上に歴史から偶発性を奪ってしまうような秩序を押しつけており、過去をむりやり現在において受容しうるもろもろのパターンのうちに閉じこめてしまうという。この物語性概念の説得力にはほとんど抗しがたいものがある。模倣の理想はことがらの全体がくまなく見渡せるという夢にほかならず、二千年来西洋の思想を特徴づけてきた統一願望にほかならないのだから、現実の世界の表象のために整合性のある物語を構築するというのは、権力の所産であり、生を居心地がよくて伝来受け継がれてきたパラダイムに見合うように歪曲するものであることにならざるをえない。ジェラール・ジュネットが書いているように、プラトンがあれほど愛したミメーシス（mimesis 模倣）の古くからの理想は、物自体以外のなにものでもありえない。それゆえ、ミメーシスは、ディエゲーシス（diegesis 物語）とは区別されるべきであるどころか、つねにすでにディエゲーシスなのだ。[11] とりわけホロコースト以後の今日では、整合性を要求することは差異にたいする不寛容が思考の世界のなかで連綿と続いていることを示すものと受けとめることができる。[12]

ホワイトはアメリカの歴史哲学者ルイス・ミンクのうちに同盟者を見いだした。ミンクもまた、一九六〇年代に、物語の身分をたんに歴史を知るための援助、あるいはレオン・ゴールドスタインの場合には歴史からの気晴らし以上のものであるとして問題視した。ゴールドスタインは、いかにも実証主義者らしく、「物語こそが歴史的なものの本質的な形式であるとする主張を全面的に攻撃する」ことを欲していた。なぜなら、「物語主義に関与すること」は「歴史の認知機能の第一位性、すなわち、人間の過去を仮説的に再構築することによって歴史的証拠を説明するという仕事を拒否すること」になってしまうからであるというのだった。[13] これにたいして、ミンクは、物語は「第一義的な認知道具」であり、「人間によってなされる理解の還元不可能な一形式、常識の憲法における一条項」であると主張した。[14] しかし、もし物語が過去を再構築するさいに避けられないものであるとして、このことはそれが過去のたんなる反映であるということを意味するものではないのだった。

「わたしたちの生経験は、わたしたちがそれをストーリーの主題に仕立て上げることによってそれに物語の形式をあたえるのでないかぎり、それ自体として必ずしも物語の形式をもっているわけではない」。「もしわたしたちが事件の描写が個々の物語構造のはたす一機能であるということを認めるとしても、同時に過去のアクチュアリティは語られてこなかったストーリーであると想定するわけにはいかないのである」[15]。

ホワイトもミンクも、物語を人間の行動の上に、そして暗々裡には人間の期待の上に、秩序を押しつけるものとみていた。物語は「理想の香気」によって汚染されている、とホワイトは言うのだった[16]。

この物語性概念は、以下のような歴史主義批判を含意していた。逆説的なことにも、歴史主義は変化を表象すると主張しながら、実際には、過去を逃れがたい決定論の要素のなかに枠づけることによって、偶発性を抑圧してしまったというのだ。時間の経験を人間存在によって動揺と変化するテンポと歪曲をともないつつ生きられた経験として捕獲するのではなく、時間から意味を空っぽにしてしまうような規則性を時間の上に押しつけているというわけである。このために、バルトは、物語の脱クロノロジー化した言語学的解釈のための探究を詳述した古典的な論考のなかで、「時間性は物語のひとつの構造的なカテゴリーでしかない。物語のなかでは、時間は存在しない。あるいはひとつの記号学的体系の要素として機能的に存在するにすぎない」と言明したのだった。いいかえるなら、「「真の」時間」なるものは「「リアリズム的な」、指向対象的な錯覚」にほかならないというわけである[17]。

物語についてのこの理解は、歴史的事件について、とくに人間の経験がおよそいっさいの想像しうる（あるいはそれに先立っては想像しえない）限界に到達したホロコーストについて、わたしたちが表象するにあたって、多くの含意を有している。もし世界が物語の集塊として経験されないのだとしたなら、そのときには歴史の物語は、最も基礎的なレヴェルにおいては、暴力の一形態となる。それはそこに巻きこまれた者たち（ここではホロコーストの犠牲者たちのことを考えている）の時間経験における急速な揺らぎを歪曲してしまうだけではない。それはまたホロコーストを既成の文化的命法の内部で把握しうる決まりごとのうちに枠づけることによってホロコースト自体のもつ重要性を削減してしまう。これが、ホワイトが「物語は、文学が「架空の事件」のなかで意識に展示してみせている意味を、ある文化のフィクションが現実の事件に授与する能力があるかどうかをテストする」と主張するときに言おうとしていることなのである。[18]もしホロコーストが現存する物語形式の内部に包摂されうるとしたなら、そのときにはそれはこれらの形式に挑戦するものになることがないまま歴史の連続体のなかに吸収されうるものとなるだろう。もちろん、ホロコーストはまさしくそのようなものとして、それを歴史化しようとしている者たちによってすら、しばしばそれの特徴として育まれてきた、文明と文化についてのもろもろの想定への挑戦である。たとえば、アウシュヴィッツについて書いている建築史家のロバート・ヤン・ファン・ペルトは、ホロコーストを「歴史的時間についてのわたしたちの理解におけるブラック・ホール」を開いたものとみているが、同時に、アリス・エッカルトとロイ・エッカルトに従って、時間を〈最終的解決〉の誘因となった時点から新たに計算し直すことによって答えようとしている。一九九〇年は〈最終的解決〉暦五十年となるだろうといった具合にである。[19]しかし、これではホロコーストをたんに出発点として利用する直線的な時間への立ち戻りを定立しただけである。クロノロジーの計算法を中断させてしまってはいるが、クロノロジー的な思考自体の基礎そのものを問いに付してはいない。こうして、時間についてのわたしたちの理解における「ブラック・ホール」を開いたものとはなっておらず、たんに悲しい現代に似つかわしい暦を産み出したにすぎない。[20]

＊＊＊

ミンクの主張、とりわけホワイトの主張への挑戦が、ここ数年来、勢いを増してきた。デイヴィッド・ウッドは、ポール・リクールにかんするある本への序論で、物語をたんに経験に内在するものとみたり、経験を歪曲するものとみたりするよりもはるかに洗練された、物語語機能の不可能性を承認すると同時にこの不可能性を更新された活動の条件にするような主張を前面に押し出している。「物語は容赦なく突破されることになるようなある種の意味の閉鎖の可能性に関与しているということはないのだろうか」というわけである。[21] リクールによって『時間と物語』のなかで示唆されたような生と物語の概念を総合することを試みたこの読解のなかで、ウッドはホワイトの議論の問題点を明らかにしている。ホワイトの議論は、生は物語をつうじて象徴的なかたちで媒介されており、物語は読解の行為のなかでのみ完成されるという事実を説明することに失敗しているというのだ。[22] いいかえるなら、生と物語のあいだの境界線はホワイトが考えているよりもはるかに不鮮明であるというのである。このようにしてウッドは、過去についてのわたしたちの「最良の」表象は過去のなにか個別的な側面にもとづいて本を閉じさせるのではなく、現にさらなる読みを生じさせているのはなぜなのか、その理由を示唆するところにまで接近している。それら（最良の物語）はもろもろのアポリアを産み出し、それがさらなる物語の生産の条件となる。そのときわたしたちの前に提起されている課題は、ホワイトの抱いている不安を心に留めつつ、その不安を物語を許容するためのウッドの基準と合致させることである。

物語はアポリアを隠蔽するよりは生じさせるのであり、ひいてはより多くの物語が生まれるのを許容するというウッドの主張は、リクールの『時間と物語』以前の仕事なしには考えられない。リクールが初期におこなった聖書解釈学研究は彼に歴史テクストと読者の関係、生と本の関係をあつかうにさいして強力な武装をさせていた。そして『時間と物語』とともに、この関係についての最終的な言明をおこなうにいたったのだった。これは時間性と物語性という二つの項が必然的に相互依存的関係にあることを承認するものであった、と彼は初期の論考のなかで書いていた。「わたしは、時間性とは物語性において言語に到達する存在の構造のことであり、物語性とは時間性を最終的指示対象としてもつ言語の構造のことである、ととらえている。したがって、両者の関係は相互的である」(23)。この議論は一見したかぎりでは循環論法のようであるが、これはひとたび、一方の項がもう一方の項なしには存在しえないこと、そして、個々別々に分離して成立しているようにみえるそれら二つの概念は、その関係があまりにも基礎的なものであるので「歴史の認識論および架空の物語についての文学批評」のなかで見過ごされてきたことの結果として生じたものであることが承認されるなら、解消される(24)。

リクールは、『時間と物語』の第一巻において、この共生関係が歴史叙述のなかで、とりわけアナール学派と戦争以来の歴史哲学の物語への関心のなかで、どのように立ち現われているかをたどっている。そして第二巻では、偉大な文学作品、なかでもマルセル・プルーストの『失われた時を求めて』、ヴァージニア・ウルフの『ダロウェイ夫人』、トーマス・マンの『魔の山』のなかでそれが姿を見せている様子を追跡している。リクールは、現象学的立場から、わたしたちの「世界内存在」、わたしたちが「時間の内にあるということ」そのものが、物語的な時間経験をとおしてのみ完遂されうることを立証しようとする。ウッドが指摘しているように、生は物語のなかで完遂されるのであり、物語は話したり読んだりする行為のなかでのみ完遂されるのである。「物語られる時間がなくては時間についての思考は存在しえない(25)」のだから、この読みにおいては、物語を否認するということは人間のアイデンティティーを否認するということにほかならない。リクールが後年の論考で指摘しているように、人間の経験は「物語以前的な資質」をもっているのであって、ひいては「生成状態にあるストーリーとしての生について、こうしてまた物語を求める活動と情熱としての生について語るなかで、わたしたちは正当化されるのである」[26]。リクールの物語性概念においては、物語はひとつの存在論的な必然性である。歴史叙述は、フィクションと同様、この物語的必然性が形をとるさいの手段以上のなにものでもなく、「時間と空間の連続性に依存する」[27] 分かちもたれた世界にあって他の者たちと一緒にいる状態を可能にする。「歴史叙述というのは、この伝統の原初的な構成が記述へと、ひいては批判的な再記述へと移行したもの以外のなにものでもないのである」[28]。

ここでいまわたしたちが見ているのは、ホワイトとリクールのあいだの衝突である。ホワイトは、リクールのテーゼによると、人間の時間経験を、ひいては人間性自体を否定することでもって終わらざるをえないのであって、ホワイトがとっているのは例外的に破壊的で危険な立場にほかならない。これにたいして、ホワイトの観点からすれば、リクールはアイデンティティーの物語的な構築についての彼自身の発見——物語がなくては生はカオス、ないし出来事の「たんなる継起」になってしまうだろうということを含意している発見——が意味するところを見るのを拒絶してしまっているのである。こうしてリクールは、現在までのところ最も洗練されたものではあるけれども、秩序と整合性にたいする、歴史叙述において驚異的な仕方で提供されている積年の願望の抱懐者なのだった。

それでは、これらの一見したところでは両立不可能な選択肢のうちのどちらがホロコースト史学についての理解を基礎づけてくれるのかを決定するには、どのようにすればよいのだろうか。整合性の創造という観点からは、リクールが生の物語を歴史の物語と等置しているのは、まごうかたなく整合性擁護論であるとみてよい。リクールは、ホワイトと同じく、歴史のテクストを隠喩であるとみているけれども、隠喩は生自体に本質的に内在しているものなのである。「歴史性は、語りの言語ゲームと相関的な関係にある生の形式である」[29]。あるいは、もっと独断的な言い方をして、「もし歴史がストーリーをたどるわたしたちの基礎的な権限と、わたしたちの物語的理解を構成している認知作業へのいっさいの結びつきを切断しなければならないとしたなら、〔中略〕歴史は社会科学のコーラスのなかで占めている独自な場所を失ってしまうだろう。それは歴史的な存在であることをやめてしまうだろう」とも述べている[30]。

たしかに、ナチスのユダヤ人の扱い方においては事実そのとおりであって、ナチスは彼らの理論（ユダヤ人は寄生的存在であるとか、Gegenmenschen〔反人間〕であるとか、害虫であるといった理論）とそれから実践（人格ある存在を抽象的な星のレヴェルないし番号に還元してしまい、収容所においてユダヤ人の人間性を粉砕してしまおうとする欲求）において、ユダヤ人が自らのアイデンティティーの意識をもつことを根底から否定しようと試みてきた。あらかじめの準備なしに口頭でなされた生き残りたちの報告に接して驚かされることはなにかといえば、それらの報告がしばしば整合性を欠いているということである。このため、アモス・フンケンシュタインは正しくも「強制収容所に収容された者たちのアイデンティティーの組織立った破壊は彼らが彼ら自身について語る物語を否定しようとする試みでもあった」と述べているのである[31]。実際にも、ある研究者は、生き残りたちの報告について書いたさい、「経験と利用しうる言葉との両立不可能性は、とくに非職業的な書き手の場合には、出来事がストーリーの形式で自らを提示することはないという事実を簡潔に表現している」とまで言っている[32]。

しかしながら、個人のアイデンティティーを創造するなかで物語の果たす役割についての近年の研究は、生は充足したものであるためには必然的に物語を求めることとなるというリクールの主張を支持するだろう。たとえば、シャルロット・リンデは、物語は「個人のアイデンティティーを創造し維持するための資源」[33]であるということを公理的命題と受けとめている。なにか同意しないことがむずかしいものだというのである。

それから彼女は、この第一のテーゼから立ち上がってくる「自我は整合性を求めて努力している」[34]というテーゼと「通時間的な連続性は物語によって獲得される」というテーゼの証明に乗り出すのだが、彼女が物語もまた自分自身を他の者たちから区別する手助けになると主張するとき[35]、収容所の囚人たちのアイデンティティーの破壊――看守たちが彼らの義務をよりたやすく遂行するのを助けるために、しかもまた積年のナチスの風刺画を事実において実現するためにやるのだ、とトレブリンカ絶滅収容所の所長フランツ・シュタングルは言った[36]――にかんするフンケンシュタインの評言は、わたしたちの耳には反物語的テーゼへの対位法のように響く。そのときには、東欧におけるユダヤ文化が破壊されたのちの今日では「ユダヤ人は自分たちに整合性と希望をあたえるための彼らのストーリー以外にはなにももっていない[37]」とある時事解説者が解説するにいたっているのも、なんら不思議ではない。集団のアイデンティティーは、根本的には、個人のアイデンティティーがそうであるのと同じく、集団が自らについて話すストーリーに結びついているようにみえる。クーゲルマスとボヤーリンが東欧のユダヤ人共同体のイズコル書（Yizker-Bikher〔記憶の書〕）を作りあげている物語について書いているように、「物語は人間が現実に存在することを確証するだけではない。それは人間の文化の核心そのものなのだ。それは個々人のあいだの友好のきずなを確立する。それは血族の結びつきを強固にする。そしてそれは数十年、数百年、さらには一千年にわたってばらばらに切り離されてきた民族を統合する」のである[38]。

しかし、この最後の言明にはホワイトも異議を唱えないだろう。過去についてのストーリーは必然的になんらかのアイデンティティー――個人のアイデンティティーであれ集団のアイデンティティーであれ――の形態を創造する目的のために利用されることとなる。そうであるから、ホワイトが教訓化することとなしに物語ることは可能かどうか問うとき、彼にはそれなりの正当性があるのである。ホワイトとリクールの違いは、この物語を語るというくわだての必然性／必要性についての問い方にある。リクールにとっては、それは人が生きていくうえで欠くことのできないものである。これにたいして、ホワイトにとっては、生の秘めている可能性を十全に解き放つうえではむしろ有害なものなのである。このホワイトの読解のもとにあっては、個人の物語と集団の物語は記憶と歴史に似たような仕方で異なっているということになるだろう。前者は個人にとって欠くことのできないものであり、逃れることのできない一部をなしている。一方、後者は必然的に不在のものについての回顧的な再構築を要求しており、それゆえ新たに形づくられなければならないのである。これら二つの相互に対立するものを調停するためには、さらに細部に立ち入って、物語と時間と人間の経験（歴史性）のあいだの可能な交差点をもっと注意深く検証する必要がある。

＊＊＊

これらの結びつきに関心のあるだれにとっても最初の出発点をなすのは、デイヴィッド・カーの『時間、物語、歴史』であるにちがいない。ミンクとホワイトの理論をはっきりと拒絶した書である。カーは、彼がエトムント・フッサールから継承した現象学的立場、認識対象の起源を経験の世界に求めようとする立場から出発する。フッサールが自然科学にたいして主張したように、カーはわたしたちの歴史的意味は歴史の研究によって産み出されるのではなく、前もって日常的なもののうちに存在していると主張する。この主張の意味するところはすでに明白である。歴史家は物語を利用するのだから、そして歴史的意識は日常生活の一部なのだから、物語は生のなかに前もって形象化されているにちがいなく、それゆえ「芸術」と「生」の関係は、ミンクとホワイトとは反対に、不連続な関係ではないのである。物語は「生と行動とコミュニケーションのなかから生じてくるのであり、それらのいくつかの相貌のうちに前もって形象化されている」[39]。カーは、生はたんなる出来事の継起に還元されるわけにはいかないのであり、経験はすでに形状を帯びていると主張する[40]。ここからは「歴史叙述によって表明される出来事はすでにその性格からして物語であり、〔中略〕それらは物語られる出来事の性格だけではなく、物語行為そのものの諸要素をも展示する」ということが出てくる[41]。カーはこの主張を防衛するにあたって、テニス・ボールを上空に放り上げてサーブする例を挙げる。そこでは、その行動は始まりと中間と終わりの継起のなかでのみ把握されうるのであるが、これは時間のなかで起きる物語の形式にほかならないというのである。この物語の構造は最も基礎的な行動のうちにも内在しているのであるが[42]、それにもまして重要なことには、そのような行動はこの物語構造がなくては存在すらしえないのである[43]。こうして物語はひとつの社会的規範なのではなくて、それ自体が「行動の構成部分」なのだった[44]。

かくて、物語の第一の役割は、どのような文学的ないし美学的役割をその後果たすことになろうとも、その前にまずもっては現実の生活を形にしてみせることなのである[45]。生きるということは時間の物語的整合性を維持しようとする不断の試みなのだ[46]。これはカーをリンデのような物語的アイデンティティーの理論家たちと一致する方向に導いている主張である。

しかし、カーはここで、個人のレヴェルで、立ち止まることをしない。もし彼の理論がホワイトの理論になんらかのインパクトをあたえるべきであるとするなら、それは間主観的なレヴェルおよび集団的アイデンティティーにも同様に適用されるのでなければならない。その結果、カーは個人の時間経験はすでに社会的な経験であると主張する。「なぜなら、個人の、彼または彼女自身の経験は、仕事やそれ以外の個別的なプロジェクトの経験であれ、生活の経験であれ、それ自体がその性格において物語であって他の人びとを先行者と後継者の関係のなかに巻きこんでいる、より大きな時間的コンテクストの内部にあって存在しているからである」[47]。個人の自己理解は「歴史を通過する」。それは必然的に伝統の一部なのだ[48]。

ここから集団アイデンティティーの形成まではほんの一歩である。カーは彼の現象学的原理に忠実に従って言う。共同体が客観的に存在していようといよまいと、「われわれ」と発語することによって、個々人は集団が存在するものと受けとっている、あるいは、フッサールの言葉を借りるなら、集団を構成しているのだ、と[49]。そして集団はそれが存在し続けるためにはストーリーを共有していなければならないのである。「複雑さの規模や程度がどのレヴェルのものであれ、共同体はその経験と活動をつうじて存在し続けているわれわれについての物語的な報告が存在するところではどこでも存在する」[50]。それゆえ、物語は個人と集団双方のアイデンティティーを支える。しかしながら、それにもまして重要なことに、物語はまずもって第一に双方のアイデンティティーを創造する。したがって、時間についてのわたしたちの自覚を産み出すうえで不可欠の道具であるということができる。物語をつうじて構築される社会的時間は歴史的な時間なのである[51]。

カーは、社会的レヴェルと個人的レヴェルの双方において前定立的な歴史的意識を発見した結果として、歴史的物語は「それらが描き出そうとしている現実の構造から逸脱したものでなく〔中略〕その構造の本性そのものの延長とみなさなければならない」と高らかに結論するにいたる[52]。物語は歴史研究の対象に元々内在しているのであって、それらの対象について記述するためのひとつのたんなる方法にすぎないものではないのである[53]。そして最後には、物語は簡単にいって「わたしのために」存在しているのに劣らず、「われわれのために」存在しているのであって、それは「われわれが時間のなかで生活する仕方」にほかならないのである[54]。

ついでカーは、わたしたちが遂行するもろもろの行動はそれらが時間のなかで起こることによって了解可能なものになるということを成功裡に立証する。しかし、これでは物語性を言述と出来事の集合双方の内容に帰着させるのは明らかにひとつのイデオロギー的な操作であるとするホワイトの主要な批判[55]に答えたことにはならない。また、なぜ同一の出来事の集合について競合し合う物語が存在するのかを説明してもいない。歴史家が記述する物語は、たとえ物語性が描写される出来事を組織立てるのだとしても、はたしてそれらの出来事の唯一可能な物語なのだろうか、という疑問は依然として残るのである[56]。それはまた、理解するための枠組みを超え出てしまっており、既成の権威そのものを問い質さざるをえないような出来事でも、現にそれを（再）正当化するために利用しうるという、ジャン＝フランソワ・リオタールの異議にも答えてはいない。カーは、物語は生のなかに前もって形象化されているという事実を力説しているにもかかわらず、わたしたちが物語を語るのはカオスないし出来事のたんなる時間的継起を回避するためであると言っている。「どのレヴェルでも〔中略〕出来事と行動の物語的な整合性はわたしたちにとってたんなる「所与」ではない。むしろ、それはたえざる仕事であり、ときには闘争ですらある。そして成功したときには達成である。〔中略〕経験するということ、行動するということ、最も一般的な意味において生きるということは、時間そのものの物語的整合性を維持し、必要なら修復するということであり、それが内部で構成部分に分解してしまうのにあらがってそれを保存するということである[57]」。

いいかえるなら、カーは整合性への願望はまさしく願望であるという事実を覆い隠すことができないでいる。生自体は、たとえ「物語」が生の一部であるとしても、必ずしも整合的であるわけではない。「物語的整合性は、われわれの経験および行動の多くにおいては、われわれが見つけ出すもの、あるいは遂行するものなのだ[58]」。かくて、生の意味を理解するために物語を選択するというのは、たとえ物語性のエッセンスが時間の経験のなかで前もって形象化されているとしても（これは西洋人による時間の経験に当てはまることであって普遍的なことではないとカーは賢明にも注記している(59)、そのような企図へと導いていく条件が存在することを前提とする。そしてまた、それとは違ったことをしようとするなら(たとえばカオスをカオスとして表象しようとするなら)、それは文明化された生活の諸条件を破壊してしまうだろうということを想定していることになる。しかし、彼は時間的な破断および/ないしカオスにあらがって闘うというこの考えからそそくさと離れてしまって、物語はすでに生活の一部であるという彼の所論を補強するほうを選ぶ。そして、「物語は外部に源を発していてそれまでは互いに繋がりをもたない事実の集塊であったものの上にひとつのストーリーを押しつけるなどといったことをすることからはほど遠く、もともと過程のなかに内在している」のだから、歴史家は過去に暴力をはたらいているわけではないと主張する(60)。近年来彼はこの立場をいっそう力強く再説してきた。「物語的整合性は不整合でたんに継起的な存在の上に自らを押しつけるのではなく、生から引き出される」というわけである(61)。

アメリカの歴史哲学者ウィリアム・ドレイは、歴史研究ないし「発見」を物語形式のかたちで書きあげることから切り離しているといってホワイトを叱責することを選択するとき、このカーの所論を取りあげている。そのような切り離しは「歴史家が発見することの一部は物語が展示してみせることを象ったものにほかならないという事実を暗々裡に、しかしまた誤って否定することになる」というのである(62)。

ドレイもカーも、整合性が物語のゴールであり、歴史を叙述するということはほとんどが世界の内にあること、すなわち、時間の流れのなかで自分にとって居心地のよい場所を見つけてそこに居座ることにかかわることがらであるとの想定を立てている。しかし、これは物語がアイデンティティーを構築するという事実からひとつの可能な道を引き出したものにすぎない。強制収容所では個人のアイデンティティーの破壊はそこでの経験を整合的に物語る能力の破壊でもあったことをわたしたちは見てきたが、このことはその経験が、いま現在、同じく整合性のある物語行為を要求しているということを意味するものではない。わたしたちには贅沢にも選択の自由があたえられているのである。

だが、それはたんに美学的選好の問題ではない。明らかに、ホロコーストの事件の過程では、カーのいう「カオスにあらがっての闘争」は多くの者たちの場合には失敗してしまったのだった。このことはホロコーストが根底からしていかなる整合的な物語行為の形式をも逃れ出ているということを意味してはいないだろうか。もし物「自体」はカオスとして経験されるのだとしたなら、そのときには、ここで象られる唯一の物語のタイプは、カーがそのようなものだと了解しているような物語の本質的特徴や、ドレイが考えているような歴史叙述の本質的特徴とは、たしかに背反するようなものではないのだろうか。たしかにここでは「時間そのものの物語的整合性」なるものについて喋々することはできないのではないだろうか。

サウル・フリードレンダーが「「最終的解決」のような出来事はどのような種類の物語でも許すのだろうか、それとも物語のとる様態のうちいくつかの様態は締め出してしまうのだろうか。それは、そもそももっともらしい物語なるものが捕縛するのをてんから免れてしまっているのではないだろうか」と問うのは、この問題を心に留めてのことなのである[63]。これらの問いに断固然として答えて、イラン・ノヴィサールは主張している。「ホロコーストの表象の上に物語形式を押しつけると、ホロコーストという経験のユニークな特性を裏切り歪曲してしまう致命的な変容を生じさせることになる」と[64]。またリチャード・スタメルマンはエドモン・ジャベスの仕事について話したさい、「ショアーの物語は、そのような企図の不可能性、話すことのできない話を話すという不可能性を指し示すことにならざるをえない」と述べている[65]。

＊＊＊

歴史家たちはこれまでホロコーストを包括的に把握しようと試みて、それにかかわる諸事件を既存のストーリー形式と両立させるような仕方で物語ってきた。しかしながら、このことはたんにホワイトの立場が正しいことを立証するものではない。歴史家ならだれでも知っているように、一般的にいって同一の事件について多種多様な物語を産み出すことはどんな場合でも可能なのである。そうではあるが、それでもリクールの主張はそうそうたやすくは却下することができないとおもわれる。これから明らかにするように、ホロコースト自体がわたしたちにホワイトとリクール双方の物語性理論を再考させるのだ。もし物語が人間の時間経験にとって必要不可欠なものであるとするなら、そのときにはリクールの（存在論的）理論には修正をほどこして、いくつかのプロット化様式の優位性にたいするホワイトの（イデオロギー的）異議を考慮に入れてよいはずである。わたしは、文化的にヘゲモニー的な地位を占めている物語様式にたいして異議を唱えたからといって、物語そのものを非難することを要求していることにはならない、と言いたい。実際にも、ホロコーストは伝統のどちらかといえば居心地のよい決まり文句でもって居心地よく鎮座してはいない経験のために新しい物語を見いだす必要があることの最も明確な事例をわたしたちに提示しているのである。

明らかに、ホロコーストは、何度となく物語られてきたように、物語ることができる。問題は、本当をいうと、出来事が明らかにカオス的な性質のものであるにもかかわらず、依然として大半の場合、それを整合的なものにするような仕方で物語られているのはなぜか、という点にある。この点にかんして、カーはホワイトの異議に答えてはいない。歴史家の実践している仕事は生に背反するものではなく、生から直接生い育ってきたものであるというカーの言明によっては、この問題点に満足のいくかたちで対処したことにはならないのである。[66] 事件が起こってから六十年が経過した現在でも生きている出来事としてのホロコーストは、こうして問題としては不鮮明なものになってしまうのだ。

ここでわたしたちは最重要な時間の問題に立ち戻らされることになる。カーの仕事が自明のことがらであると受けとっているものこそは、まさしく、ホワイトが徹底して考え抜こうとしているものにほかならない。歴史性ということがそれである。カーは歴史性を人間の現実存在を特徴づけている「時間の内にあること」を意味すると受けとめ、それは第一義的には物語をつうじて達成されると考えているのにたいして、ホワイトは人間の経験がそのような「均質で空虚な時間[67]」の不変の直線的な系のなかでのみ意味あるものになるという考えそのものを問いに付そうとするのである。

大半のホロコースト史学は、大半の歴史叙述一般がそうであるのと同じく、カーの立場に追従して、事後的な知識にもとづいて過去の客観的な物語を提供することによってのみ、時間、ひいては人間のアイデンティティーは完全で有意味なものになると考えている。こうして物語は、歴史家たち自身と同様、歴史主義の所産なのである。ジャン＝リュック・ナンシーが書いているように、「歴史を思考されるべきものとして受けとるのではなく、前提にする」ような立場の所産なのだ。[68] 歴史家たちは、歴史はたんに存在しているだけであり、たんに持続しているだけであると考えていて、そう言うためには自分たちは時間的な図式の外に立っているという印象をあたえかねないというパラドクスには気づいていない。ホワイトは、時間の内にいるということは即歴史主義の立場をとることを意味するという思い込み、すなわち、物語件の展開が、年譜の形態をとったものであれストーリーの形態をとったものであれ、歴史をカオスから脱却させ、「脱崇高化する」という思い込みをこそ、問いに付そうとするのである。[69]

それゆえ、もし歴史的物語が生自体から生じるのであってみれば、なぜ歴史家たちは根本的に不整合な出来事について整合的な物語を書くのか、と問うことは依然として重要でありつづけていることになる。歴史主義的な歴史観を問いに付すよりも、ホロコーストをその歴史観の図式のなかに吸収してしまうほうが容易だからというのが、答えである。このように吸収してしまうことはもちろん可能である。しかし、ホロコーストは、他のもろもろの出来事にもまして、そのようにすることの「わざとらしさ」を露わにしてみせる。そして、他のもろもろの出来事の場合にもまして、このわざとらしさを見ようとしないでいることは、ホロコーストのカオスをそれを物語るなかで承認するよりも、人間のアイデンティティーにとって危険であるかもしれないのである。この連続性願望こそは、記述の仕方としてだけでなく(それはそもそもホロコーストを表象するための唯一の書き方なのだろうか)、世界を構成する仕方としても、ここで賭けられている問題にほかならない。それは正統性の問題なのだ。

この問題を考えるにあたっては、ジャン＝フランソワ・リオタールの仕事が有益である。というのも、リオタールは、カシナワ族の物語について(アンドレ・マルセル・ダンの人類学的フィールドワークに依拠して)議論した論考のひとつのなかで、物語の枠組みがどれほど伝統によって、ひいては権威によって規定されているかを証明してみせているからである。その権威というのはカシナワ族の名前のことであって、カシナワ族では名前が伝統というかたちでの連続性を確立するのであり、名づけたり話したりするさいの一定の規則に合致していないようないかなる出来事もカシナワ族の物語に採用されることはないのである。

「こうして、二つの文を原則的に分離し、そのうちの一つの文をひとつの事件に仕立てあげる空虚は、物語によって満たされるのだが、その物語はそれ自体が名前からなる世界の反復ともろもろの審級を経由しての名前の変換とに従属している。このようにして、カシナワ族のアイデンティティー、物語の三つの審級［語り手、聞き手、英雄」を集成した「われわれ」は、偶然性と空虚によってもたらされる眩暈を免れる」。[70]

ついつい「エグゾティックなもの」に魅了されてしまう西洋人のいかがわしい態度に自分自身も巻きこまれていることを認めつつ、リオタールは続いて、このようなしっかりと統制された物語をつうじてのアイデンティティー形成の形式は実際には近代西洋でも支配しており、現に全体主義の土台を構成していると主張する。「アルカイックな正統性獲得の手立てとしての物語の価値を誇大視しようとするこの傾向は、それ自体として興味深いものである。それは本質にかかわってさえいる」。[71] そしてさらに一歩を進めて、ナチズムの神話的な主張——「人類全体をアーリアンにしよう」[72]——を引用することによって自分の所論をうしろから支えつつ、「外国人嫌いと時間恐怖症は正統性獲得装置としてのこの言語使用のうちに必然的に含まれている」[73]とまで主張するにいたる。

リオタールは物語それ自体を告発しているのではない。彼は彼の標的をいわゆる「大きな物語」、すなわち、正統化の機能をもつ物語だけに限定している。彼はそのようなメタ物語への信頼が低落しつつあるのを擁護する。そのようなメタ物語への信頼の低落は「他のストーリーが（マイナーなものもそれほどマイナーでないものも含めて）日常生活の織物を数限りなく織りつづけることをやめさせることはない」のである。[74] 推察するに、リオタールの基準からすれば、ホロコーストについてカーによって提案されている種類の物語はまさしくホロコーストの諸事件が起こるにあたって演じている役割に疑問の余地がないわけではない権威を正統化しつづけているような物語であるという理由で、そしてそれ以外の物語の声を窒息させてしまっているという理由で責められてもおかしくないのではないだろうか。このことがカー批判としてフェノーであろうとなかろうと、それは少なくとも、カーがホロコーストについての整合性のある物語を書く者たちにたいして彼らがそのような物語を書く動機を問題にすることがないまま、支持していることを問題視してはいるのである。

だが、たとえそうだとしても、カーの理論がとても魅力的なのは、それが破局的出来事のうちでも最大の出来事ですら、人間の意識の内部にあってのそれの「前定立的な」状態から歴史を記述する学科のなかにあって十分に意識された歴史的意味を獲得するにいたるまで、時間と歴史の不変の分節作業のなかに組み入れてみせているからにほかならない。これが、彼が物語はカオスにあらがう闘争であるという論筋を追跡することから引き返して、物語は生活世界自体に内属していると言明するにいたっている理由なのだ。ただ、たしかにホロコーストは、実はそうではないことをはっきりさせているのではないのだろうか。疑いもなく、ホロコーストは出来事をあとから物語ることがアイデンティティーを産み出すケースではある。しかし、このことはそれらの出来事が物語として生きられるということを意味しはしない。加えて、出来事は既存の規範に合致するようなかたちで定義され名づけられるまでは伝統のなかに組み入れることができないというリオタールの言が正しいとするなら、そのときには、それらの規範が要求する名前や定義をもっていないケースにおいては、物語が産み出されるのは明らかに回顧的な組み入れのひとつの道具としてでしかないのである。

リクールはより用意周到である。彼は「時間は物語の様式で分節されるのに応じて人間的時間になるのであり、物語は時間的存在の条件になるときにその完全な意味に到達する」[75]という事実を力説する。しかし、彼はまた物語とは「調和のとれた不調和（discordance concordante）」のことであるとも言い続けており、物語の隠喩的性質を強調して、それを「まるで〜であるかのような」ものの王国に置き去りにしてしまう。[76]これはカーがそこにことのほかの混同を見いだす語義矛盾である。[77]しかしながら、この混同はリクールの仕事に本質的に内在するものではなくて、彼が彼自身の発見から後戻りしてしまった結果生じたものなのだ。

リクールは歴史叙述においてもフィクションにおいても時間と物語が相互依存関係にあることを説得力のあるかたちで証明してみせるが、物語が歴史的不可避性の論理を必然的に体現していることも、時間が必然的に継起的なものであることも、個別に立ち入って論じることはしていない。彼が歴史叙述とフィクションの双方において非直線性と時間実験に向かおうとする傾向が増大しつつあるのを嘆くとき、このことが人間性の喪失となって帰結するだろうという怖れから嘆くのである。しかし、彼の理論は物語の多くの形式を包括するのに十分なだけ洗練されているのであって、全体性への彼の個人的な選好がカーの場合のように物語の本性そのものを全面的に制限してしまうようなことはない。実をいうと、物語がなんらかの形状または形式をとって存在しているかぎり、それがどのように見えるかはほとんど問題にはならないのだ。

「今日では、筋も、人物も、識別できる時間組成もない小説だけが、十九世紀の伝統的な小説よりも、それ自体断片的で一貫性をもたない経験にたいして、混じりけなく忠実である、と言われている。しかし、断片的で一貫性をもたないフィクションをこのように弁護することは、以前に自然主義文学が弁護されたのと違った仕方で正当化されるわけではない。真実らしく見えるものを擁護するための論拠がただ置き換えられてしまっただけのことである。かつては、社会が複雑化したことが古典的パラダイムの放棄を要求したのだったが、今日では、現実の不整合性と推定されるものがいっさいのパラダイムの放棄を要求しているのである」(78)。

この洞察によって、リクールは「カオス的な」物語へのいかなる使い古された呼びかけをもどこか「物自体」に近いものがあるとして排撃する。もしホロコーストが整合性にたいする挑戦であるとするなら、そのときには、決まりにはない仕方で記述するのは、現実により接近するためではなく(こんなことはいうまでもなく不可能なのだ)、過去についてのいかなる物語にも技巧がともなっていることを強調するためなのである。このことは、現在の必要を満足させるという観点からして、過去のための、それ以外のものよりもましな代替肢が存在しないということを意味するわけではない。あるいはまた、フリードレンダーの言葉を借りるなら、「破砕された」物語は「素朴な歴史実証主義」に屈することなしには「意味ある歴史的つながり」を提供できないということを意味するわけでもない。[79]

＊＊＊

これらの問題には、歴史のテクストではないけれども、ホロコーストを表象ないし物語ることには多くの問題がつきまとっていることを自覚していながらも、それを表象ないし物語ることを試みてみたいという希望をもっていることを証明しているひとつの作品において、例外的な明晰さをもって照明が当てられている。実際にも、それはこれらの問題をテクスト自体の構成要素としている。サラ・コフマンの『窒息した言葉』（一九八七年）は、ホロコーストの諸事件についてそれらを冷酷非情さの法則に付託することなく語りたいという願望と取り組んでいる。その結果もたらされたのが読者に付き添わせることのない物語である。そして読者が闘わなければならないというのではないが、事件がリアリズム的なフィクションや歴史叙述におけるような仕方で「自らを提示する」ことはないのだ。そこでめぐらされている技巧は明示的に物語の一部にされている。それらの事件を「打ち負かしたり」「包みこんだり」することなしに扱うためにはどのようなタイプの物語をしつらえるのが適切または似合っているのかについて沈思黙考する姿も、明示的に物語の一部になっている。コフマンのテクストはけっしてわたしが歴史を書くということにかんして提起してきた諸問題への「解答」ではないけれども、それらの問題を扱うための可能的な方策への有益な洞察を提供してくれる。彼女の作品は少なくとも、これらの理論的関心事を実地に適用する段になったときにはそれらは乗り越え不可能なものではないことを示唆している。ラカプラは、歴史という学科について考察した重要なくだりで問うている。「歴史家は、探究を進めるなかで、芸術作品――小説、詩、映画、絵画――の拡大された精読に関与することにならざるをえないのではないだろうか。たとえそのような精読が歴史家を歴史叙述の承認しうる諸形式と歴史研究のための確立された枠組みないしプロトコル（大要だけの物語も含めて）の外へ連れ出すことになろうとも（そしておそらくはそうならざるをえないとしても）である」と。[80] わたしがコフマンのテクストに眼を向けたのはこの問いかけの精神においてであって、それが最終的な答えを提供しているからではない。

コフマンをこの本へ、書くことをめぐっての問いと「窒息した言葉」――語りたい、すべての人に話したいと願望していながら、同時に語ることが不可能であることもわかっていて、どうしたらよいのか板挟みになって思い悩んでいる言葉――という概念[81]へと導いているのは、パリのラビだった彼女の父のアウシュヴィッツでの死である。こうして、本を読み進めていくなかで、わたしたちは彼女の父の経験の詳細――彼が移送された日付、彼がシャバト〔安息日〕に仕事をすることを拒んだためにアウシュヴィッツで殺害されたという事実――について知ることとなるが、それは典型的なストーリーの形態においてではない。これらの事実を本当に意味ある仕方で伝達することができないでいるということこそが、コフマンの場合には、彼女にそれらを話すことを許しているのである。言葉は、彼女が名祖となったフレーズを使うなら、窒息しかかっている。言葉は溶解して沈黙へと立ち戻ってしまう。そしてそのことが発話の、書くことの、まさに可能性の条件そのものとなるのである。

「ユダヤ人であったために、わたしの父はアウシュヴィッツで死んだ。そのことについて語らないでいるにはどうすればよいのか。また、そのことについて語るにはどうすればよいのか。それを前にしてはいっさいの語る可能性が途絶えるようなことがらについて語るにはどうすればよいのか。〔中略〕語るには――ひとは語らなければならないのだ――、しかし、どんな力も持つことなしに、すなわち、全能で主権的な言語が、これ以上ないアポリア的状況を、絶対的な無力さと窮状それ自体を統御し、この状況を白日の明るさと幸福のなかに閉じこめてしまうようなことのないように語るには。そして、そのことについて語らないでいるにはどうすればよいのか。そのことを報告すること、まるで「無限の対話」だけが無限の窮境と釣り合うことができるとでもいうかのように、際限なく報告することこそが、戻ってきた人びと全員の願いであったというのにである。そしてわたしの父は戻ってこなかったというのにである(82)」。

統制するのではない発話の形態、それが語るものに、必然的に排除されるものを犠牲にして、永続性の特権、絶対的なものの風采を碑文調であたえるのではない発話の形態を見いだそうとする試みは、コフマンを物語の本性について話すよう導いていく。型にはまった物語は、易々と流れていくなかで、それらの主題を支配し、犠牲者の沈黙に注意を払うという落ち着いた仕事を阻止するようなパターンへとねじ曲げていく。マルティン・ブロシャートがナチズムにかんする歴史的記述に取り戻したいと考えている「物語ることの喜び」〔ドイツにおいて「歴史家論争」が始まる直前の一九八五年五月、『メルクール』誌に発表された論考「国民社会主義を歴史化するための嘆願書」のなかに出てくる言葉〕は、コフマンによると、ここで物語られると想定されているものとは両立しえない。物語の法則は「牧歌風」である。なぜなら、それはもし歴史が違ったふうであったらと想像できないよう歴史に命じるからである。物語は事が起きるのに先立って明晰さを告知する。そしてこのことが物語の幸福であるとともに不幸でもあるのだ(83)。ブランショの著作とロベール・アンテルムの『人類』についての議論をつうじて、コフマンは彼らの物語を彼女自身の物語論のなかに取り入れ、物語構築の過程そのものの検証を経由しつつ、彼女の父について話す仕方をつくり出していく。「もし物語ということで出来事の歴史を報告し、意味かとれるものにすることを考えているのだとしたなら、アウシュヴィッツにかんして、そしてアウシュヴィッツのあとでは、いかなる物語も可能ではない」とコフマンは書いている。(84) コフマンは、一連の出来事を報告して、それらにそれらが必ずしももっていない意味をあたえ、それらを永遠のために摑み出され固定された写真の瞬間のように静止したものにしてしまおうとはしない。それでもなお、彼女はアウシュヴィッツについて、そこでの彼女の父の死について話す。そしてそのことについてはなんの疑いの余地もありえないのである。まこと、彼女の語る物語は物語の不可能性についてのコメントなのだ。

＊＊＊

『窒息した言葉』のような型破りの物語はそこにめぐらされている技巧を暴露するだけではない。それはアウシュヴィッツを誕生させた世界の習俗（進歩とか、決定論とか、黙示録的思考といったような）を体現していた古くからのしきたりとの断絶でもある。かくては、集中砲火を浴びているのは物語性そのものではなくて（ドレイは物語を物語件と取り違えているが、物語性のほうは明々白々な「ストーリー」に限られるものではなく、歴史やフィクションのあらゆる形式にとって必要とされるのである）、ここで問題になっている物語の本性なのである。(85)

ホワイトが異議を唱えているのは、歴史的物語が職業的歴史家によって受け入れうると考えられるために慣例的に要求している形式的整合性にたいしてであって、物語性そのものにたいしてではないと言ったとしても、しばしば「反物語主義的」であるとみなされているホワイトの理論に暴力を働きすぎていることにはならないとわたしはおもう（おそらくは寛大な読みではあるにしてもである）[86]。とどのつまり、型破りの物語も人間の経験と時間の異なった分節化のための道具でありうるのである（たとえば、イダ・フィンク〔ナチス・ドイツ占領下のズバラジ・ゲットーで過ごしたことのあるユダヤ系ポーランド人作家〕のストーリーは「終わる」けれども、なんら救済されたという思いを読者に残さない）[87]。

ここでもまたわたしたちは、物語行為が「合致」機能をもっているとみるカーのような認識論的歴史哲学と、物語の「制作」機能を強調するホワイトのような物語論的歴史哲学とのあいだには相違が存在するのをみる[88]。ホロコーストは物語の合致機能には機能不全が存在することを暴露して、制作機能を強調する必要があることを指摘する。こうして、ホワイトが、リクールの理論は、彼の現象学的立場からして、相異なる歴史家たちによって経験的データの上に押し被された相異なる解釈をめぐる論争よりも、歴史的物語を世界内存在としての、ひいては死の恐怖に対処する存在（死に向かっての存在）としての人間の基本的なあり方に関心をいだいていると指摘するのは正しい。

だが、そうであるかもしれないとしても、リクールの理論とホワイトの理論とのあいだには、最初に一見してそう見えるほどの対立は存在しない。ホワイトが「もともと継起関係にあるものとしてのみ秩序づけられていた出来事のセットは、それらが承認しうるストーリー・タイプの要素ないし機能として再記述されることによって二次的な意味をあたえられる」と書くのももっともだ[89]。これはリクールの発見したことがらに背反するものではなく、歴史記述における伝統的な物語パラダイムの支配に挑戦しようとしたものにすぎない。そしてそれはとくにこれまで受け入れられてきた伝統を問いに付すような出来事が発生したケースのなかで起こされた挑戦なのである。アレックス・カリニコスは、リクールとホワイトに共通しているのは物語の形式的な特徴と「言述外の問題の解決」とのあいだに存在すると目される関係についての説明を提供していることだと書いている。「一方は実存的なもの（時間経験のアポリア的な性格）であり、もう一方は社会的なもの（支配関係の再生産）である」というのだ。[90] 一方では、彼らの提出している解決策は従来のホロコースト史学の慣習的な性質を理解するのを手助けしてくれる。そして他方では、もろもろの出来事の集合としてのホロコーストはそれを上述の選択肢のいずれかに、社会的時間のアポリアを克服する手段か（これは生還者たちが整合性のある物語を読んだあとに起こってきたのではなかったか）、喩法論をつうじてのイデオロギー批判か（おそらくそれはホロコーストを馴染みがないか挑戦的なストーリー・タイプにしたがって物語ることが可能だということを立証することになるのかもしれない）に還元してしまうようなそれらの出来事についての物語に挑戦しているということにわたしたちは気づくのである。

＊＊＊

物語理論はわたしたちがホロコーストの歴史叙述におけるもろもろの発展過程を理解するのを助けてくれる。しかし、ホロコーストは型どおりの物語構造に縛られた歴史哲学によって産み出される歴史的現実の表象を問いに付す。それでは、どのようにすれば歴史家たちはホロコーストを違ったふうに表象できるのだろうか。

第一に、ホロコーストは、理論上は、他のいかなる歴史的出来事とも異なった表象の問題を提示しているわけではないということに注意すべきである。しかし、いまの場合には、その問いを立てることは、文化的・道徳的理由からも、哲学的理由からも、他の場合にもまして適切である。ホロコーストをどう表象するかは現代社会にとって死活問題なのである。したがって、物語の役割を強調することが美学的選好の問題を超えて歴史哲学についてのわたしたちの観念を扱うこととなるのは、時間と物語の関係とはかかわりなく、ホロコーストをある一定の物語のかたちでプロット化することがそれをあるひとつの歴史哲学のなかに埋めこみ、それに道徳的目的をあたえ、こうしてそれが現代文明にとってもっている死活にかかわる重要性を査定することにほかならないからなのである。

物語派のテーゼをホロコースト史学にとってかくも興味深く関心あるものにしているひとつの点に、対象ないし歴史的出来事としての物語自体の身分についての議論がある。これはとりわけリクールが言明し損ねている問題であるが、しかしホワイトも実際には関心を示していない。こうしたなかで、フランク・R・アンカースミットは問題を明確に提起してきた。「物語的実体（narrative substance）」、すなわち、個別的には過去を引き合いに出しつつ、全体としては過去にたいして有利な立場を提供する物語的陳述の集成という言葉で語りつつ、アンカースミットは歴史家が使用する言語、そしてとりわけ歴史家の仕事のテクスト組成を検証する必要性を強調する。なぜなら、テクストこそは、物語的実体として、「歴史家がわたしたちに過去を理解させたいと願うさいに手立てとする言語的対象」だからである。(91) いいかえるなら、物語はそれ自体がひとつの対象なのだ。あるいは、リオタールの言葉を借りるなら、ひとつの「出来事」なのだ。このことは通常は忘れられている。しかし、カーの現象学的な観点からの主体の強調を反転させて、経験の統一にかんする彼の概念に挑戦する事実なのである。

このことが意味しているのは、歴史のテクストはたんに過去の「良き類似物」ではなくて、過去の代用品だということである。「それゆえ、歴史記述の学問的目標は文字どおりの意味においてそれらが代理を務めようとしている過去の代用品として機能できる物語的実体を産出することでなければならない(92)」。アンカースミットはこれらの物語的実体＝代用品のうちに過去の不在にたいする代償の一形態を見てとる。これらの物語的実体は、ひとたび人がそれらの本性に気づいたなら、過去そのものと取り違えることはありえないのだから、そこには「歴史を美学化する」可能性、いや実のところ、まさしく願望があるというのである(93)。推察するに、このことによって言わんとしているのは、受容できる過去の代用品の範囲を拡大することなのだろう。彼がゴンブリッチの言を踏襲して言っているように、「代用品について問われるべき肝要な問いは、それらが良き類似物をあたえているかどうかということではなくて、それらが代理を務めているオリジナルとして「機能する」ことができているかどうかということなのである」(94)。ホロコーストの場合には、代用品の範囲が制限されてきたのはなぜなのか、を問うてみる必要がある。ホロコーストのような出来事が問題になるところで過去の型どおりの／現実主義的な代用品に訴えることによって、どのような願望が満たされるのだろうか、あるいは恐怖が鎮められるのだろうか(95)。

　アンカースミットの主張の重要性は、歴史記述においては代用品が構築されることをわたしたちに気づかせ、こうして支配的な現実主義《リアリズム》的パラダイムへの挑戦を提供しているということ以外にも、彼の主張が物語をたんなる歴史的情報の担い手、すなわち、認識論上の道具とみていた初期の歴史哲学者たちの所論をぶち壊してしまっているということにある。アンカースミットは、物語的実体は、それ自体が一個の物であるので、そのような認識論をいっさい認めないと主張する。なぜなら、「物語言語はひとつの対象であるという存在論的な身分をもっている」からである(96)。今後は、歴史のテクストそれ自体およびその組成が歴史哲学者にとって関心のあることがらとなる。というのも、歴史のテクストこそが現在において過去を構成するからである。

　つぎに、このことは物語性と時間のあいだに存在する相互依存関係についてのリクールの発見とも結びつく。歴史のテクストもフィクションのテクストもこの相互依存関係の宿る場であることを彼が発見したことは、ホロコースト史学におけるいくつかのパラダイムの支配をめぐって、アンカースミットの物語的実体の理論に劣らず執拗に、もろもろの問いを提起する。そして最後に、それはわたしたちが冒頭で引用したジャベスとも結びつく。本によって、わたしたちは世界の内にいること(リクール)の、そして世界をその過去性において現在の必要を充足させるような仕方で構成すること(アンカースミット)のわたしたちの能力を十二分に構築するのである。

そうであるから、ホロコーストの歴史を書くさいの書き方によってどんな必要に、またはだれの必要に奉仕していることになっているのかを確認するために、テクストの組成を分析することが、いかなる批判的ホロコースト史学にとっても課題となる。ホロコーストはそれ自体が本性からして「モダニズム」的なのだから、ホロコーストの唯一それにふさわしい表象は言述における時代遅れとなった現実主義の諸概念に縛られていないモダニズム的なものであるだろうというホワイトの主張にしてからが、いくつかの目的に奉仕しているのである。(97) その主張は、ホルクハイマーとアドルノの『啓蒙の弁証法』の伝統のなかにあって、ホロコーストは文化的モダニズムの派生物にすぎず、社会に青写真を押しつけようとする試みであるということを示唆する。これは近代の「プロジェクト」を問いに付そうとしているかぎりでは真実なのかもしれないが、ナチズムの他の諸側面、ドミニク・ラカプラが「「供犠的」次元をともなったスケープゴート化のような、しばしば抑圧されてきた力の回帰」と名づけている諸側面をたしかに無視してしまっている。(98) 加えて、かりにホワイトの主張していることがホロコーストの本性については正しかったとしても、時代遅れになってしまった言述を、ジェノサイドを認めたような思想戦略を模写した言述と取り替えるのは好ましいことだろうか。T・S・エリオットは、ジェイムズ・ジョイスの『ユリシーズ』における「神話的方法」について、「それは現代史の呈している無限の不毛と無秩序のパノラマを統制し整序し、それに形と意味をあたえるひとつのやり方にほかならない」と書いた[99]。もしユダヤ人のジェノサイドが本当に世界を秩序づけるためのモダニズム的な試みのロクス・クラシクス〔古典的位置を占める場所〕であるとしたなら、それらの思考過程をわたしたち自身の表象のなかで復唱することによってどんな必要に奉仕していることになるのだろうか。

ホロコーストが物語理論のような最近の理論に注意を払うよう要求しているのは、多くの者たちにとってそれが伝統的な思考様式の破産を告げ知らせているからである。それは同時にまた、「境界に位置する出来事」としてのその身分のゆえに、なんらかの新しい理論のための最適の「テスト」の場を提供する。もしそのような理論が少なくとももより多様な「代替肢」の範囲を提供してくれるなら、それらが未来の歴史家にとって価値があるというのももっともなことかもしれない。それらはまた、どの所与の職業的学問コードの要求にも勝って、おそらくは近代《モダニティ》を定義する出来事であるホロコーストに応答する優先権をもっていることをも示しているのかもしれない。

そうであるから、リクールは時間と物語の相互依存関係を証明してきたけれども、歴史家たちがホロコーストを記述するなかで採用してきた個別的な物語が、ホワイトなら言うであろうように、まったく型どおりで容易にそれとわかるストーリー形式をひとつの深くカオス的な経験に、いやむしろ、六百万の深くカオス的な経験に押しあたえているのではないか、という思いはなおも残る。そのような物語が思考と実践のどのような連続性を正当化しているのかは、心配の種であらざるをえない[100]。もし物語行為が、ヨルン・リューセンがそう信じているように、「人間の生を可死的でなくする行為」であるとするなら[101]、ナチスによるジェノサイドの犠牲者たちの生にそのような操作をおこなうことが適切かどうか、熟思してみなければならない。さらには、もし物語が共通の伝統を創造する場であるとするなら、わたしたちはそのような共通の世界——

「連続性の物語としての歴史」[102]――をアウシュヴィッツが可能であったような世界と分かち合いたいとおもっているのかどうか、自問してみなければならない。

こう言ったからといって、リクールの理論を非難しようというのではない。むしろ、信用しようというのである。というのも、彼の理論が認めている物語のもろもろの可能性の幅こそが、この特殊なケースにおいては、押しつけは「芸術」の「人生」への押しつけではなく、おそらくはこの時間経験にとってふさわしくないか力を失わさせてしまう（なぜなら、挑発したり対決したりするのではなく、慰撫したり救済したりするものであるので）物語タイプの押しつけであるとわたしたちが言うのを可能にしてくれるからである。リクールが「カオス的な」物語を要求するのはたんに議論を蓋然性の方向に移動させているにすぎないと指摘するのはたしかに正しい。しかしながら、そのことは時間と物語の相互依存関係についての、ほとんど直線的な時間と整合的な物語だけが存在するとでもいわんばかりの彼の発見にたいしても真実でありつづけるだろう。物語が生きられた時間のアポリアを克服してくれるようにという彼の要求は満たされることがないだろうが、しかし、そのときには、ウッドが指摘しているように、最良の物語が閉止に抵抗してさらなるアポリアを産み出すだろう。そのことは、ホロコースト史学が危機の瞬間に適合した物語を産み出そうとする歴史学的くわだての最前線に立っていることもありうるということを意味しているだろう。

（1） Sarah Kofman, *Paroles suffoquées* (Paris: Galilée, 1987), p. 43〔サラ・コフマン著、大西雅一朗訳『窒息した言葉』（未知谷、一九九五年）、六一頁〕。

（2） Edmond Jabès, *The Book of Questions*, trans. Rosmarie Waldrop (Hanover, NH: Wesleyan University Press, 1991), vol. I, p. 31〔エドモン・ジャベス著、鈴木創士訳『問いの書』（書肆・風の薔薇、一九八八年）、三九頁〕。

（3）CLMをめぐる議論については、Arthur C. Danto, "The Decline and Fall of the Analytical Philosophy of History," in: Frank Ankersmit and Hans Kellner (eds.), *A New Philosophy of History* (London: Reaktion Books, 1995), pp. 70–85 を見られたい。CLMの古典的位置を占める論考としては、Carl G. Hempel, "The Function of General Law in History" [1942], in: Id., *Aspects of Scientific Explanation* (New York: Free Press, 1965), pp. 231–243 を見られたい。

（4）わたしはここでは Frank R. Ankersmit, "The Dilemma of Anglo-Saxon Philosophy of History," *History and Theory*, 25 (1986), pp. 1–27（とくに pp. 14–18）に負っている。

（5）Ibid., p. 20.

（6）Hayden White "Historical Text as Literary Artifact," in: Id., *Tropics of Discourse: Essays in Cultural Criticism* (Baltimore, MD: Johns Hopkins University Press, 1978), p. 95〔「文学的製作物としての歴史的テクスト」、ヘイドン・ホワイト著、上村忠男編訳『歴史の喩法——ホワイト主要論文集成』（作品社、二〇一七年）、七二頁〕; cf. Id., "Response to Arthur Marwick," *Journal of Contemporary History*, 30: 2 (1995), p. 239.

（7）White, *Tropics* cit., pp. 91–92〔上村編訳、前掲『歴史の喩法』、六四—六五頁〕。

（8）Roland Barthes, "Introduction to the Structural Analysis of Narratives," in: Id., *Image Music Text*, trans. Stephen Heath (London: Fontana, 1977), pp. 123–124〔ロラン・バルト著、花輪光訳「物語の構造分析序説」『物語の構造分析』（みすず書房、一九七九年）、五二—五三頁〕。

（9）Paul Ricœur, *Time and Narrative*, trans. Kathleen McLaughlin and David Pellauer (Chicago, IL: University of Chicago Press, 1984), vol. I, p. 75〔ポール・リクール著、久米博訳『時間と物語Ⅰ：物語と時間性の循環　歴史と物語』（新曜社、一九八七年）、一三四頁〕。ここにはリクールのキリスト教徒としての資質がはっきりと表現されている。同じ見解は、ゾフィア・コサックを頭首とするカトリック地下組織「ポーランド再生戦線」によって作成され、ヤン・カルスキによって密かにロンドンのポーランド亡命政府に持ち出された一九四二年の報告の土台をなしている。「自分を「人間」と呼ぶあらゆる被造物は隣人を愛する権利をもつ。よるべなき者の血は天に復讐を求めている。この抗議を支持しない者はだれであれ、カトリックではない」。Cf. Jacob Apenszlak (ed.), *The Black Book of Polish Jewry* (Bodenheim: Syndikat Buchgesellschaft, 1995), p. 134; E. Thomas Wood and Stanisław M. Jankowski, *Karski: How One Man Tried to Stop the Holocaust?* (New York: Wiley, 1994), pp. 131–132.

(10) White, *Tropics* cit., p. 94〔上村編訳、前掲『歴史の喩法』、七八頁〕。

(11) Gérard Genette, "Boundaries of Narrative," *New Literary History*, 8 (1976-1977), p. 5.

(12) エリック・サントナーは、アウシュヴィッツは「差異を絶滅するための一種の近代産業装置とみることができる」と書いている。そして、「歴史家論争(Historikerstreit)」のうちに、ドイツにおける喪の作業はなおも達成されていないという事実、「第二世代は親たちのいまだ喪明けしていないトラウマだけでなく、最初に喪に服することをさまたげた心的構造も受け継いでいる」という事実の証拠を見てとっている。こうして、ホロコーストのもつ歴史的重要性を否定して、ドイツ史のなかに居心地のよい連続性を見いだそうとする国民主義的歴史家たちの願望は、「かつてユダヤ人が近代のトラウマにおちいっているといって咎められたところで、いまではホロコーストがポスト近代のトラウマと方向喪失の、人の神経を苛立たせるようなシニフィアンとして立ち現われているようにみえる」ことを示しているのだった。Cf. Eric Santner, *Stranded Objects: Mourning, Memory, and Film in Postwar Germany* (Ithaca, NY: Cornell University Press, 1990), pp. 9, 37, 51.

(13) Leon J. Goldstein, *Historical Knowing* (Austin, TX: University of Texas Press, 1976), pp. 150, 182.

(14) Louis O. Mink, "Narrative Form as Cognitive Instrument," in: Robert H. Canary and Henry Kosicki (eds.), *The Writing of History: Literary Form and Historical Understanding* (Madison, WI: University of Wisconsin Press, 1978), pp. 131, 132.

(15) Ibid., pp. 133, 147.

(16) Hayden White, "The Value of Narrativity in the Representation of Reality," in: Id., *The Content of the Form: Narrative Discourse and Historical Representation* (Baltimore, MD: Johns Hopkins University Press, 1987), p. 21〔「現実を表象するにあたっての物語性の価値」、上村編訳、前掲『歴史の喩法』、一四八頁〕。

(17) Barthes, "Introduction" cit., p. 99〔花輪訳、二三―二四頁〕。リンダ・オオも同様の意味のことを書いている。「あとから振り返って見ると、歴史はあまりにも正しいようにみえ、自動的に運命になってしまう。わたしたちは歴史をわたしたちが知っている以外の仕方で想像することができないのだ」。Linda Orr, *Headless History* (Ithaca, NY: Cornell University Press, 1990), p. 153.

(18) Hayden White, "The Question of Narrative in Contemporary Historical Theory," in: Id., *The Content* cit., p. 45.

(19) Robert Jan Van Pelt, "After the Walls Have Fallen Down," *Queens Quarterly*, 96: 3 (1989), pp. 651, 659.

(20) リオタールは書いている。「歴史の時代区分は近代的なもの《モデルニテ》に特徴的な固定観念に属することがわかる。時代区分とは出来事を通時態に配置するひとつのやり方であり、そして通時態は革命の原理によって支配されている。近代的なもの《モデルニテ》が自らが乗り越えられるという約束を含んでいるのと同じ仕方で、時代区分はある時代の終わりと次の時代の始まりを印しづけ、日付を入れるよう義務づけられている。まったく新しいとみなされる時代の幕を開けるのだから、時計を新しい時間に合わせ直して、ゼロから再出発させるべきだ、というわけである。キリスト教、デカルト主義、あるいはジャコバン主義において、この同じ身振りによって元年が示されるのである。キリスト教では啓示と贖罪の元年、デカルト主義では再生および更新の元年、ジャコバン主義では革命と自由の再領有の元年である」。Jean-François Lyotard, *The Inhuman: Reflections on Time*, trans. Geoffrey Bennington and Rachel Bowlby (Cambridge: Polity Press, 1991), pp. 25–26〔ジャン＝フランソワ・リオタール著、篠原資明・上村博・平芳幸浩訳『非人間的なもの——時間についての講話』(法政大学出版局、二〇〇一年)、三四頁〕。

(21) David Wood, "Introduction: Interpreting Narrative," in: David Wood (ed.), *On Paul Ricœur* (London: Routledge, 1991), p. 6.

(22) Ibid., p. 11.

(23) Paul Ricœur, "Narrative Time," in: W. J. T. Mitchell (ed.), *On Narrative* (Chicago: IL: University of Chicago Press, 1981), p. 165〔ポール・リクール著、原田大介訳「物語の時間」、W・J・T・ミッチェル編、海老根宏・原田大介・新妻昭彦・野崎次郎・林完枝・虎岩直子訳『物語について』(平凡社、一九八七年)、二六一―二六二頁〕。

(24) Ibid.〔原田訳、二六二頁〕。

(25) Ricœur, *Time and Narrative* cit., vol. III, p. 241〔ポール・リクール著、久米博訳『時間と物語III：物語られる時間』(新曜社、一九九〇年)、四四一頁〕。

(26) Paul Ricœur, "Life in Quest of Narrative," in: Wood (ed.), *On Paul Ricœur* cit., p. 29; cf. Id. "Narrative Identity," in: Wood (ed.), *On Paul Ricœur* cit., pp. 188–199.

(27) Ricœur, *Time and Narrative* cit., vol. III, p. 113〔久米訳、前掲『時間と物語III』、二〇二頁〕。

(28) Ricœur, "Narrative Time" cit., p. 185〔原田訳、二八九頁〕; cf. Id., *Time and Narrative* cit., vol. III, pp. 118–119〔久米訳、二一〇―二一一頁〕; Bayard Dauenhauer, "History's Sources," *Journal of the British Society for Phenomenology*, 20: 3 (1989), pp. 236–247.

(29) Ricœur, "Narrative Identity," in: Wood (ed.), *On Paul Ricœur* cit., p. 188.
(30) Ricœur, *Time and Narrative* cit., vol. I, p. 91〔久米博訳、前掲『時間と物語Ⅰ』、一五九頁〕。
(31) Amos Funkenstein, "History, Counterhistory, and Narrative," in: Saul Friedlander (ed.), *Probing the Limits of Representation: Nazism and the "Final Solution"* (Cambridge, MA: Harvard University Press, 1992), p. 77.
(32) Andrea Reiter, "Narrating the Holocaust," *Patterns of Prejudice*, 29: 2-3 (1995), p. 76.
(33) Charlotte Linde, *Life Stories: The Creation of Coherence* (New York: Oxford University Press, 1993), p. 98.
(34) Ibid., p.101.
(35) Ibid., pp. 101-102.
(36) Cf. Gitta Sereny, *Into That Darkness: From Mercy Killing to Mass Murder* (London: Pimlico, 1995), pp. 101, 232. ユダヤ人をカリカチュアに還元してしまおうとする肖像画をフィクションのなかに挿入することと、それらに出遭う人びとの反応については、Arnošt Lustig, *Darkness Casts No Shadow* (London: Quarter Books, 1989) を見られたい。
(37) Martin E. Marty, "'Storycide' and the Meaning of History," in: Geoffrey H. Hartman (ed.), *Bitburg in Moral and Political Perspective* (Bloomington, IN: Indiana University Press, 1986), p. 225.
(38) Jack Kugelmass and Jonathan Boyarin (eds.), *From a Ruined Garden: The Memorial Books of Polish Jewry*, 2nd edition (Bloomington, IN: Indiana University Press, 1998), p. 35.
(39) David Carr, *Time, Narrative, and History* (Bloomington, IN: Indiana University Press, 1986), p. 16. リクールも「二つの物語様式［歴史とフィクション］に先立って日常生活における物語の使用がある。〔中略〕物語行為のあらゆる術は、なかでも記述行為に属する術は、通常の話のやりとりのなかですでに実践されているような物語を模倣したものである」と書いている。Ricœur, *Time and Narrative* cit., vol. II, p. 156〔ポール・リクール著、久米博訳『時間と物語Ⅱ　フィクション物語における時間の統合形象化』（新曜社、一九八八年）、二九六頁〕。
(40) Carr, *Time, Narrative, and History* cit., p. 44.
(41) Ibid., p. 46.
(42) Ibid., p. 49.
(43) Ibid., p. 52.
(44) Ibid., p. 61.

(45) Ibid., p. 72.
(46) Ibid., p. 96.
(47) Ibid., p. 114.
(48) Ibid., p. 115.
(49) Ibid., p. 133.
(50) Ibid., p. 163.
(51) Ibid., p. 165.
(52) Ibid., p. 169.
(53) Ibid., p. 177.
(54) Ibid.
(55) White, "The Question of Narrative in Contemporary Historical Theory," in: Id., *The Content* cit., p. 30.
(56) ロバート・バークホーファーが指摘するように、もしカーが正しかったとするなら、そのときには、「過去の変化と連続の表象はプロット化を必要としないことになるだろう。〔中略〕過去のプロット、ストーリー、そしてそのストーリーの歴史としての言述は、すべてが同一のことがらだということになるだろう。そのようなパングロス的見方は今日では最も実証主義的で伝統的な歴史家によってすら支持されない」のである。Robert Berkhofer, *Beyond the Great Story: History as Text and Discourse* (Cambridge, MA: Belknap Press, 1995), p. 120.
(57) Carr, *Time, Narrative, and History* cit., p. 56.
(58) Ibid., p. 90.
(59) Ibid., p. 177.
(60) Ibid.
(61) Carr in "Discussion: Ricoeur on Narrative," in: Wood (ed.), *On Paul Ricœur* cit., p. 166. との立場をさらに再説したものとして、彼の "Getting the Story Straight: Narrative and Historical Knowledge," in: Jerzy Topolski (ed.), *Historiography Between Modernism and Postmodernism* (Amsterdam: Rodopi, 1994), pp. 119-133; "White und Ricœur: Die Narrative Erzählform und das Alltägliche," in: Jörn Stückrath und Jürg Zbinden (hrsg.), *Metageschichte: Hayden White und Paul Ricœur* (BadenBaden: Nomos Verlagsgesellschaft, 1997), pp. 169-179 も見られたい。

(62) William Dray, "Narrative and Historical Realism," in: Id., *On History and Philosophy of History* (Leiden: E. J. Brill, 1989), p. 163.

(63) Saul Friedländer, "The 'Final Solution': On the Unease in Historical Interpretation," in: Peter Hayes (ed.), *Lessons and Legacies: The Meaning of the Holocaust in a Changing World* (Evanston, IL: Northwestern University Press, 1991), p. 32.

(64) Iran Avisar, "The Holocaust as Narrative: Story and Character in the Representation of the Concentration Camp Universe," in: Yehuda Bauer (ed.), *Remembering for the Future* (Oxford: Pergamon Press, 1988), vol. 3, p. 2313.

(65) Richard Stamelman, "The Writing of Catastrophe: Jewish Memory and the Politics of the Book in Edmond Jabès," in: Lawrence D. Kritzman (ed.), *Auschwitz and After: Race, Culture, and the "Jewish Question"* (London: Routledge, 1995), p. 269.

(66) ホロコーストは一九四五年に「終わった」わけではないという事実こそが、いうまでもなく、それの歴史化、ひいてはそれについての「完結した」物語行為の可能性をめぐる論争を引き起こしてきたのだった。この点にかんしてはリクールのほうが同時代の論争と調和した主張をおこなっている。小説について語ったなかで、彼は述べている。「初めは、現実主義的表象の安全さが小説を制作するさいの不安を覆い隠していた。今日では、小説の発展の終点にいたって、現実は混沌としていて形がないという確信によって露呈された不安が、秩序ある制作という観念そのものに叛旗をひるがえしている。書く行為がそれ自身にとってひとつの問題となり、それ自身の不可能性になっている」(*Time and Narrative* cit., vol.II, p. 166, nota 37〔久米訳、前掲『時間と物語II』、四九頁、注35〕)。

(67) Walter Benjamin, "Theses on the Philosophy of History," in: Id., *Illuminations*, ed. Hannah Arendt, trans. Harry Zohn (London: Fontana, 1973), p. 252〔ヴァルター・ベンヤミン著、鹿島徹訳・評注『歴史の概念について』(未來社、二〇一五年)、六一頁〕。時間がここで空虚であると描かれているのは、まさしくそれが均質だからである。歴史主義は過去から偶発性を奪い去り、過去の個々の瞬間が現在に立ち戻ってきて現在につきまとい現在をトラウマ化する危険を低減する。ベンヤミンによると、この危険が起こるのを認めるときにのみ、人は純粋に歴史的な心をもった存在になるのである。というのも、そのとき人は「危機の瞬間にひらめく想起をわがものにする」(ibid., p. 247〔鹿島訳、四九頁〕)からである。

(68) Jean-Luc Nancy, "Finite History," in: Id., *The Birth to Presence*, trans. Brian Holmes et al. (Stanford, CA: Stanford

University Press, 1993), p. 146. ナンシーは、「歴史についての近代的な思考のみが時間はなによりもまずもっては時間的継起であるとする理解をわたしたちにあたえる」(p. 161) と指摘するとき、ハンナ・アーレントに従っている。Hannah Arendt, "The Concept of History: Ancient and Modern," in: *Between Past and Future* (Harmondsworth: Penguin, 1977), pp. 41-90 (とくに p. 68)〔「歴史の概念——古代と近代」、ハンナ・アーレント著、引田隆也・斎藤純一訳『過去と未来の間』(みすず書房、一九九四年)、五一—一二二頁(とくに九〇—九一頁)〕を見られたい。「ヘーゲルのように真理は時間の過程そのもののうちに宿ると考えるのは、近代の歴史意識全体の特徴である」。

(69) ホワイトは「歴史のディシプリン化は、歴史研究の本来の対象として算えることができるものについてだけでなく、その対象をある言述のなかで正しく表象したものとして算えることのできるものについての規制を必然的にともなっているかぎりで、ディシプリンは書かれた歴史を「美しいもの」のカテゴリーに従属させ、「崇高なもの」のカテゴリーを抑圧することとのうちに存することになる」と書いている。White, "The Politics of Historical Interpretation: Discipline and De-Sublimation," in: Id., *The Content of the Form* cit., pp. 66-67〔「歴史的解釈の政治——ディシプリンと脱崇高化」、上村編訳、前掲『歴史の喩法』一七一頁〕。

(70) Jean-François Lyotard, *The Postmodern Explained to Children: Correspondence 1982-1985*, trans. Julian Pefanis and Morgan Thomas (London: Turnaround, 1992), p. 57〔ジャン゠フランソワ・リオタール著、管啓次郎訳『こどもたちに語るポストモダン』(ちくま学芸文庫、一九九八年)、七九—八〇頁〕。ほかのところでは、彼は「カシナワの語り手は物語を語るための権威を自分の名のなかから汲みとる。ところが、彼の名は、彼の物語、とりわけいろいろな名の発生を物語るものによって権威づけられているのだ。この循環論法はどこにでも見られる」と書いている。Jean-François Lyotard, "Universal History and Cultural Differences," in: Andrew Benjamin (ed.), *The Lyotard Reader* (Oxford: Basil Blackwell, 1989), p. 321を見られたい〔管訳、前掲『こどもたちに語るポストモダン』、六一頁〕。

(71) Lyotard, *The Postmodern Explained to Children* cit., pp. 57-58〔管訳、八一頁〕。

(72) Ibid., p. 67〔管訳、八九—九〇頁〕。

(73) Ibid., p. 58〔管訳、八二頁〕。

(74) Ibid., p. 31〔管訳、四一頁〕。

(75) Ricœur, *Time and Narrative* cit., vol. I, p. 52〔久米訳、前掲『時間と物語I』、九九頁〕。

(76) Ibid., p. 65〔久米訳、前掲『時間と物語I』、一一七頁〕。

(77) Cf. Carr in "Discussion: Ricœur on Narrative," in: Wood (ed.), *On Paul Ricœur* cit., p. 171.

(78) Ricœur, *Time and Narrative* cit., vol. II, p. 13-14〔久米訳、前掲『時間と物語II』、一九頁〕。

(79) Saul Friedländer, "Trauma, Memory, and Transference," in: Geoffrey H. Hartman (ed.), *Holocaust Remembrance: The Shapes of Memory* (Oxford: Basil Blackwell, 1994), p. 261. このフリードレンダーの言は Dominick LaCapra, *Representing the Holocaust: History, Theory, Trauma* (Ithaca, NY: Cornell University Press, 1994), p. 212 に引用されている。

(80) Dominick LaCapra, *Writing History, Writing Trauma* (Baltimore, MD: Johns Hopkins University Press, 2001), p. 216.

(81) Kofman, *Paroles suffoquées* cit., p. 45〔大西訳、前掲『窒息した言葉』、六四―六五頁〕。

(82) Ibid., pp. 15-16〔大西訳、一八―一九頁〕。

(83) Ibid., pp. 22-23〔大西訳、三〇―三一頁〕。

(84) Ibid., p.21〔大西訳、二九頁〕。

(85) Hans Kellner, "Narrativity in History: Post-Structuralism and Since," *History and Theory*, 26 (1987), pp. 1-29 および Ricœur, *Time and Narrative* cit., vol. I, pp. 214-215〔久米訳、前掲『時間と物語 I』、三四九―三五〇頁〕を見られたい。リクールはまた、「物語派の解釈は、歴史の特殊に歴史的な特性が歴史的説明を物語的理解に結びつけている絆――それがいかにか細く隠されたものであろうとも――によってのみ保持されることにはっきり気づいていた点で正しい」とも書いている (ibid., p. 228〔久米訳、前掲『時間と物語I』、三九四頁〕)。

(86) ここでわたしはケルナーのホワイト解釈と意見を異にする。ケルナーはホワイトをあらゆる物語性が「歴史のカオスを自然の直接性と秩序に転じる」と言っているものと読んでいる (Kellner, "Narrativity" cit., p. 24)。わたしは、ホワイトが同意できないのは型どおりの秩序正当化的特徴を放棄した実験的物語であるよりは空虚な編年体をとって慰撫的な終わり方をする典型的に歴史主義的な説明ではないだろうかとおもう。ホワイトが "'Figuring the Nature of the Times Deceased': Literary Theory and Historical Writing," in: Ralph Cohen (ed.), *The Future of Literary Theory* (New York: Routledge, 1989), p. 39 で書いているように、「歴史的言述はある物語の様式で鋳造されているのだから、それが世界についてわたしたちに語るものは神話的で、虚構的で、実質的に想像的なものであるか、さもなければ「非現実主義的」なものであるにちがいない、とみなすのは馬鹿げている」のである。これらのコメントに照らしてみたなら、歴史には「人間存在を時間との特別の関係に置く」（Kellner, "Narrativity" cit., p. 18）役割があるというリクールの信念は、時間についての型どおりではない理解を排除するものではないことがわかる（リクールは、個人的には、そのような理解の試みを残念におもうかもしれないが）。だから、それは、全面的に新しい思考方法が不在のなかにあっては、時間と物語の関係を変えることが暗々裡に存在が認められている思考と実践の体系を正当化しつづけている物語に挑戦する最善のやり方だと述べているというようにホワイトを読むことと、まったく両立しえないわけではないのである。

（87）　ファン・フラーセンが書いているように、「物語時間の構築は、テクストがテクストの外にある現実に関係づけられることを欲している合図を送っているときですら、つねに本質的にテクストの内部でおこなわれる」のである（Bastiaan C. Van Fraassen, "Time in Physical Narrative Structure," in: John Bender and David E. Wellbery (eds.), *Chronotypes: The Construction of Time* 〔Stanford, CA: Stanford University Press, 1991〕, p. 23）。このことをテクストのなかで明らかにすることが、ホロコーストの物語にとっては、型どおりの歴史主義的アプローチのあたえる幻想的な自然さよりもずっとふさわしいだろう。

（88）　Ankersmit, "The Dilemma" cit., p. 20を見られたい。

（89）　Hayden White, "Historiography as Narration," in: Humphrey Morris and Joseph H. Smith (eds.) *Telling Facts: History and Narration in Psychoanalysis* (Baltimore, MD: Johns Hopkins University Press, 1992), pp. 239–290.

（90）　Alex Callinicos, *Theories and Narratives: Reflections on the Philosophy of History* (Cambridge: Polity Press, 1995), p. 54.

（91）　Frank R. Ankersmit, "Reply to Professor Zagorin," *History and Theory*, 29: 3 (1990), p. 290.

（92）　Ibid., p. 291.

（93）　Ibid., p. 292.

（94）　Ibid., p. 294.

（95）　White, "The Value of Narrativity in the Representation of Reality," in: Id., *The Content* cit., p. 4〔「現実を表象するにあたっての物語性の価値」、上村編訳、前掲『歴史の喩法』、一二一頁〕――「現実界の出来事が正しく表象されるのはそれらがストーリーとしての形式的整合性を有していることが示されるときであるという幻想によって、どのような願望が実現され、どのような欲求が満足させられるのだろうか」。

(96) Ankersmit, "Reply to Professor *Zagorin*" cit., p. 295.

(97) Hayden White, "Historical Emplotment and the Problem of Truth," in: in: Friedländer (ed.), *Probing the Limits of Representation* cit., p. 50〔ヘイドン・ホワイト「歴史のプロット化と真実の問題」、ソール・フリードランダー編、上村忠男・小沢弘明・岩崎稔訳『アウシュヴィッツと表象の限界』(未來社、一九九四年)、八二頁。上村編訳、前掲『歴史の喩法』、二二七―二二八頁〕。Wulf Kansteiner, "Hayden White's Critique of the Writing of History," *History and Theory*, 32: 3 (1993), pp. 285, 293 も見られたい。カンスタイナーが明晰にも指摘しているように、ここでのホワイトの議論は、奇妙にも、歴史的テクストは過去を透明なかたちでは表象していないという彼の従来の主張を掘り崩している。もし「モダニズム」的な(この言葉は通常、ポストモダン的という意味で使われる)テクストが「モダニズム」的出来事を表象するのにふさわしいとするなら、そのときには、ホワイトは暗々裡に、彼の以前の著作であんなにも説得力のあるかたちで嘲罵していた十九世紀の現実主義《リアリズム》は十九世紀の出来事を透明なかたちで表象するのにふさわしい媒体であったと考えていることになる。

(98) LaCapra, *Representing the Holocaust* cit., p. 94.

(99) T. S. Eliot, "Ulysses, Order and Myth," in: Frank Kermode (ed.), *Selected Prose of T. S. Eliot* (New York: Harcourt Brace Jovanovich, 1975), p. 177〔T・S・エリオット著、丸谷才一訳「『ユリシーズ』、秩序、神話」『世界文学大系57 ジョイス ウルフ エリオット』(筑摩書房、一九六〇年)、三二三頁〕。

(100) しかしながら、ホワイトが歴史的崇高を求め、こうして歴史叙述(historia rerum gestarum)から歴史(res gestae)へスリップしてしまっていることにたいしては用心すべきである。ホロコーストを歴史における崇高と同等視することの危険についてはよく知られており、Zachary Braiterman, "Against Holocaust-Sublime," *History & Memory*, 12: 2 (2000), pp. 7-28 のなかでみごとに指摘されている。むしろホワイトが手助けになりうるのは、過去の根源的な異他性、わたしたちには過去を「支配する」能力はないこと、わたしたちはいつまでも過去と共に生きていく必要があることを強調している点にある。これは歴史主義の観点よりもはるかに「歴史的な」観点である。

(101) Jörn Rüsen, "Historical Narration: Foundation, Types, Reason," *History and Theory*, 26 (1987), p. 88. あるいは、リクールが指摘しているように、物語は「不朽の名声を確保してやる」のである(*Time and Narrative* cit., vol. III, p. 321, nota 8〔久米訳、前掲『時間と物語III』、三五二頁、注7〕)。ジョナサン・ボヤーリンは「歴史は本当のところ、死者のためにカディシュ〔神の栄光をたたえる歌〕を歌うひとつの方法なのだ」と主張しているが(Jonathan

Boyarin, *Thinking in Jewish* [Chicago, IL: Chicago University Press, 1996], p. 196）、こう主張するとき、彼は「書くことは埋葬されることなく死んだ者の追憶のために建立されたマツェヴァ、不可視の墓石である」と述べているエリ・ヴィーゼル（Elie Wiesel, *Legends of Our Time* [New York: Holt, Rinehart & Winston, 1968], p. 8）と意見の一致を見ている。Kugelmass and Boyarin, *From a Ruined Garden* cit., p. 27 も見られたい。そこでは彼らもまた『イズコル書』を「墓石の代理になるものを確立した書」であると語っている。

（102）Andrew Benjamin, *Art, Mimesis, and the Avant-Garde: Aspects of a Philosophy of Difference* (London: Routledge, 1991), p. 81.

第四章　ホロコースト史学と文化史

英国における文化史の主唱者であるピーター・バークは、最近の報告のなかで、文化史の成功の結果生じたもろもろの問題について省察している。(1) バークによると、これらの問題は数にして五つあるという。当然それらは重なり合ってはいるにしてもである。

第一は、まさに文化史の成功そのものである。文化史は至るところに顔を見せるようになった結果、独立の学問分野としては解体に向かいつつある。文化史がこんなにも広範囲にわたって実践されているのであってみれば、そのときには、問題はもはや、その主張の有効性を人びとに納得させるにはどうすればよいかとか、それに従事するよう人びとを説得するにはどうすればよいかといったことではなく、「なにが文化史ではないか」という点にあることになる。第二は、文化史は歴史思想におけるひとつの転回をなしているという考えである。すでに言語論的、視覚論的、身体論的、物質論的、物語論的、行為遂行論的転回を経験してきたところに、いま新しく「文化史的転回」をリストに付け加えなければならないのだ。そのことは、推察するに、もし「転回」が生じているのであれば、遅かれ早かれ、「反転回」がおとずれるということを暗に意味しているのだろう。いうまでもなく、バークの眼には、文化史は移り気な知的流行のたぐいに入れられてしまうにはあまりにも価値のあるものと映じている。第三の問題は、これと関連した問題、すなわち、多様性《プルーラリズム》という問題である。このことによってバークが言おうとしているのは、分野を確定するという問題である。多様であるということは良いことであるが、どの地点でそれは統一性の欠如と不整合に転化してしまうのだろうか。第四の問題は、歴史の舞台が文化史によって支配されてしまい、その結果、それ以外の説明の様式が失われてしまうのではないか、という怖れに関係している。もし文化史が歴史家たちにとっての支配的なパラダイムになってしまったなら、過去を説明する経済的ないし政治的様式はどうなるのだろうか。ここでバークがシグナルを送っているのは還元主義の怖れである。文化史の実践者たちは過去にはそのような還元主義という非難をたとえば政治史家たちに浴びせることができたかもしれない。しかし、いまではバークはその非難が文化史家たちにたいして浴びせられるのではないかと怖れているのである。最後に、いささか驚きべきことにも――還元主義の問題と関連しているとはいえ――、バークは文化史に内在する文化構築主義には歴史家たちを極端な主意主義を抱懐して社会的事実のための余地を残さなくしてしまう方向へと導いていく危険がともなっていると示唆している。

これらはいずれも重大な問題であって、ほんとうにいまこそ、文化史がなにを達成してきたのか、そして将来どこに向かおうとしているのか、を吟味してみるべき時であるかもしれないということを示唆している。ここでは、ホロコースト史学における実例を利用して、バークの挑戦に応答し、文化史のいまだ果たされていない約束と限界とにかんするいくばくかの所見を提供してみたい。有意義な仕方で議論を展開するために、まずは文化史をどう定義するかということから始めることにする。

＊＊＊

バークによると、文化史というのはあるひとつの象徴的《シンボリック》な観点に立ったところからの歴史記述のことであって、定義はどちらかというと曖昧であり、それが強みでもあれば弱みにもなっているという。文化史は人間であることのさまざまなあり方に力点を置いた歴史記述を奨励する、とバークは述べている。

このことはなにを意味しているのだろうか。そもそも歴史はすべて、たしかに人間であることのさまざまなあり方を扱っているのではないのか。わたしたちが考察する必要があるのは、明らかに、「あるひとつの象徴的《シンボリック》な観点に立ったところからの歴史記述」ということでバークがなにを言おうとしているのか、ということのほうである。[2]「象徴的《シンボリック》」という語が使われていることは、文化史がその着想の多くを人類学から、なかでも、文化を共有された意味の集合として説明しようとしているアメリカの象徴人類学から採っていることを示唆している。とりわけ、クリフォード・ギアツ、ヴィクター・ターナー、デイヴィッド・シュナイダーの仕事は、科学主義ないし実証主義に抵抗して、文化的個別主義を強調しようとしている。[3]儀礼や象徴を吟味しながら、人類学者はある個別の集団にとって鍵となる象徴を解読し、ひいては詳細な意味を提供する仕事に取りかかる。歴史家たちはここ三十年このかた、このアプローチにことのほか惹きつけられてきたが、それはそのアプローチが過去の社会を従来は使用されることのなかった資料をつうじて解釈するやり方を示唆しているからだけでなく、あるひとつの過去の再解釈の可能性、周知の事実や事件を新しいが歴史的なものであると承認しうる仕方で記述しなおす可能性を示唆しているからなのだった。ギアツのモットーである「厚い記述」は、歴史家にとってただちに了解しうる観念なのだ。[4]

文化史においては、歴史家の物語や分析は、象徴の解釈、すなわち、ある社会のうらでなにか別のものを代理していて、その社会の機能の仕方とひいては理解にとっての焦点を提供する側面の解釈にもとづいている。もっと最近では、人類学者たちは研究者の書く学術的なテクストも象徴的言述の一部であると示唆したり、文化の大部分は言語によっては接近できないと主張したりして、この絵図を込み入ったものにしてきたけれども、象徴的なものに力点を置いたことが、ここ二、三十年間にわたって、歴史における、とりわけ中世と近代初期の歴史における最も革新的な仕事を産み出してきた。

文化史が思想史と異なるのは、たんにテクストをそれらのイデオロギー的ないし社会的コンテクストのなかで解釈しているからだけではない。むしろ、文化史は、どのようにして社会のうちに存在するもろもろの意味が、たとえばジェンダーや人種ないし階級関係というかたちをとって表現されるような権力関係のなかで明らかにされるのかを示そうとしている。ミリ・ルービンが指摘するように、「文化は権力関係がきわめて容易に確認できる場所であった」のだ。(5) このアプローチにはテクストの研究を、しかしまた儀礼や記憶やそれ以外の社会的実践の諸形態の研究も含むことができるし、通常は含んでいる。なかでも意義深いことに、それは身体に焦点を合わせている。さまざまな共同体のなかで国家と関わりながら生活している個人の身体にである。ルビンが指摘するように、文化史は「もろもろの象徴を、テクストとさまざまなジャンルや組成からなる工芸品をつうじて、一群の意味、使用のコンテクスト、有意味的な実践の諸事例のなかで読もうと」しているのである。(6) そのときには、ホロコーストとの関係でも、文化史はナチス・イデオロギーの研究以上の意味をもつことになる。

キャロライン・ディーンは、マイケル・ロスバーグの著書『トラウマ的リアリズム』について、その方法は「歴史認識とその表象との通約不可能性」を「当の歴史の永続的な次元」にしていると書いたことがある。(7)

この言い回しも文化史の狙いをある程度まで捕まえている。すなわち、過去をおよそあらゆる歴史的努力に通有の仕方で理解すること（ここから「リアリズム」という規定が出てくる）、ただし、過去へのアクセスはつねに歴史家自身の「学識を具えた主観性、カテゴリー化のための人間的かつ知的な能力、システム構築、感情移入」と「歴史家が過去に導入する欲求、苦悩、希望、願望」によって媒介されているという自己反省的な自覚をつうじて理解することというのがそれである。[8]

＊＊＊

人間であることのさまざまなあり方を考察するさい、ホロコーストの歴史を書くということはひとつの特別な挑戦をなしている。しばしば使われてきた不適切な決まり文句が言っているような迫害者の「非人間性」（こういう言い方が不適切であるというのは、迫害者たちの行動が恐ろしいものではなかったからではなく、彼らの行動が人間の条件の歓迎すべからざる側面を露わにしてみせているからである）と、犠牲者たちの多様な経験とは、別個の問題なのである。サウル・フリードレンダーによって最近出版された『ナチス・ドイツとユダヤ人』の二巻本のなかで最も完成されたかたちで試みられたように、[9]迫害者の歴史と犠牲者の歴史を結合して単一の物語を作りあげてみることは、残念ながらまれにしか見られないけれども、可能である。しかし、このような試みをやってみても、必ずしも文化史を書くことにはならない。実際にも、大半のホロコースト史家たちは、文化史では政治史に力点が置かれていないのを見て、許しがたいと思うのではないだろうか。たとえば、ゲットーにおける音楽について書いたものですらそうである。犠牲者たちが置かれていた環境を理解しなければならないのであり、このためにはなんらかの種類の政治史が必要となるのである。ここで鍵となる点は、ユダヤ人はかつてのステレオタイプ化した歴史で指摘されていたようなたんに受動的な犠牲者ではなかったけれども、それにもかかわらず、彼らの運命は最終的には彼らの手の及ばぬところにあったということである。ビャウィストクのユダヤ人評議会（Judenrat）の議事録が記録しているところによると、ユダヤ人評議会をヨーロッパ・ユダヤ人殲滅の共犯者とみる者たちにとって重要な意味をもつある会合では、「われわれにはもはや資金も予算もなければ保有していた金も残っていない。〔中略〕もろもろの決定は結局のところ、ユダヤ人評議会によってもなされることはなくなってしまうだろう。ドイツ人が諸事万般を解決するだろう」という発言があったという。[10] ここで問題の核心をなす行為主体性の問題、あるいはそれが欠如していたという事実は、文化史よりは政治史が、権力関係に力点を置くことによって、ナチスの支配下に置かれていたユダヤ人の立場を理解するための最も適切な仕方を提供してくれるということを示唆している。それゆえ、このコンテクストのなかで気づく最初のことは、文化史かすべてを席巻するにいたっているというバークの主張はホロコースト史学の場合には真実ではないということである。ホロコースト史学はもはや二十年ほど前がそうであったようには歴史学の周縁的な部門ではないのだから、文化史がいまだにホロコースト史の研究者たちになんらかの意味ある影響を及ぼすことに失敗してしまっているのはなぜなのかは考察に値するといってよい。

しかしながら、否定的な面を記しつづけるよりも、おそらくは、たとえばロバート・ギルデアその他によって編まれた最近の著作『ヒトラーとムッソリーニを生き延びる』のなかで、[11] 文化史が第二次世界大戦史に与えてきた印象的なインパクトを承認することでもって始めるべきなのだろう。このアプローチは、さもなければ軍事史に支配されたままになっていたかもしれない歴史学への歓迎すべき付加を印しづけている。同じことは戦後史にかんしても言えるのであって、この分野では、いまでは、新たに出現しつつあった冷戦のコンテクストのなかで、戦後の記憶、消費主義、ジェンダー、身体等々に専念する溢れんばかりの数の研究が存在しているのである。[12] わけても意義深いことに、文化史は現代ドイツ史の記述に多大のインパクトを与えてきた。ポール・ベッツとグレッグ・エギジャンによって編まれた『苦痛と繁栄』では、現代ドイツ史は苦痛、記憶、モダニティ、出産、犠牲、繁栄、稀少性、ノスタルジーといった象徴的なもののレンズをとおして再解釈されている。また、アロン・コンフィーノとペーター・フリッチェによって編まれた『記憶の仕事』では、現代ドイツ史は、記憶研究では慣例になってきた記念碑やそれ以外の記憶の場所（lieux de mémoire）をつうじてでなく、社会における権力関係、たとえば企業家の役割や、医学、文学をつうじて分析されている。[13] さらには、ドイツ文化史の急成長を遂げつつある領域に、デイヴィッド・ブラックボーン、トーマス・レカン、フランク・ウェケッターその他の、主として文化地理学出身の研究者による、文化財保存、山林管理、そして景観の象徴的役割にかんする仕事に見られるような、風景史および環境史がある。[14] 戦後の消費主義と、とくにジェンダーにかんする、現在大量に出回っている著作も、大方は文化史が産み出したものである。

アロン・コンフィーノは「目標は国家と自己形成の規律訓練的なテクニックが相互に作用し合っているような二十世紀ドイツの歴史を書くことである」と書いている。[15] これは文化史の長期にわたる発展の最後でのみ発することのできた言明であって、その代表者たちは自分たちの達成したことには自信があると感じていて、文化史を政治史との関係のなかに引き入れたという功績を誇ることができている。コンフィーノはこのジャンルの模範となる実践家であって、地域の、とくにヴュルテンベルクのシンボリズムを分析し、ハイマート（Heimat 故郷）の観念と観光旅行、そしてそれらが国民の物語と作用し合っている仕方を研究してきた。このコンフィーノの研究はたんに感性や感情の歴史を国家の歴史に対置するだけの範囲を超えて歩みを進めていて、文化史を現代ドイツ史の心臓部に導き入れている。こうして、ある意味では、文化史が歴史研究の中心を占めるにいたっているというピーター・バークの主張を裏書きすることとなっている。

＊＊＊

しかし、どの程度まで文化史はホロコーストの歴史を書くことに影響を及ぼしてきたのだろうか。文化史とは厳密には同一物ではないが、ポストモダン的転回はホロコースト史学における発展に深く負っている。そして、サウル・フリードレンダーの編んだ『表象の限界を検証する』のような著作——これにはヘイドン・ホワイトの何度となく議論の的になってきた論考「歴史のプロット化と真実の問題」が収録されている——は、歴史記述の性質についてのより広い論争にも貢献している。このために、キース・ジェンキンスは彼の『ポストモダン・ヒストリー・リーダー』に同書からいくつかの箇所を抜粋して収録しているのである。(16)さらに、とても印象的なことにも、理論をめぐる論争の内部にあって、最終的なテスト・ケースとしてホロコーストに訴えるということがしばしばなされている。

たとえば、ペレス・ザゴリンは、彼がポストモダン歴史哲学のいまや死に絶えんとしている遺産とみるものを攻撃した論考のなかで、ポストモダニストたちは明らかにホロコースト否定論者たちに応答することができないでいると指摘することによって、暗々裡に棺桶に釘を打つようなことをしている。「とくにホロコーストの歴史家たちは、歴史に記述される事実は言説の産物であって、それに先立って存在する現実の真の証拠ではないという主張、そして過去の出来事は歴史家が選択するなんらかの仕方でプロット化されてよいという主張によって、心穏やかではなくされてきた。［ロジェ・］シャルティエが指摘したことがあったように、［ヘイドン・］ホワイトの見方に依拠したこれらの主張は、歴史文書に記録されている諸事実に訴えて、ホロコーストというのはシオニストたちのプロパガンダによって案出されたひとつの神話であって、死の収容所とガス室などというものはけっして存在しなかったと断言する修正主義的物語における歴史の書き換えを拒否するための土台にはならないように思われるのである(17)」。

これとは正反対の観点からは、歴史的相対主義の立場をとっているからといって、必ずしもホロコースト否定論者たちを前にしてなにひとつとして頼るもののない無力な状態におちいるわけではないと主張されてきた。

「単一の最良の解釈の要求への歴史家たちの対応の仕方を示しているもうひとつの重要な例は、ナチスの「最終的解決」計画によって実行されたホロコーストの法外さをテクスト化するにはどうすればよいかをめぐる論争である。〔中略〕ホロコーストの最善の〈大きな物語〉――もろもろの意図に焦点を合わせたものであれ、ゲルマン的なものやヨーロッパ的なものや人間的なものに焦点を合わせたものであれ――を求めてのこれらの探究が証明しているように、だれからも承認されている事実だけでは単一の最良の解釈を保証するには十分ではないのだ。しかしながら、そのようにして解釈の多様性を認めたからといって、承認されている歴史的諸事実のいわゆる修正主義的否定を裏書きすることにはならない。むしろ、それは、これらの事実は認めることはできるが、それでもなお、その言葉［ホロコースト］によって一つにまとめられている出来事の集合の最終的な（コン）テクスト化を提供するものではない、ということを示しているのである(18)」。

これらは歴史哲学の学生たちの大半に馴染みがあるはずの種類の言明のほんの二、三の例であって、いくらでも容易にもっと列挙することができる。しかし、ここではそうした例を列挙するよりも、ホロコーストはしばしばポストモダニズムや表象や文化史をめぐる理論的議論において最後の頼みの綱となってきた一方で、狭い意味におけるホロコーストの歴史はそれらの考えにのっけから抵抗しているようにみえるという奇妙な事実があることを指摘しておきたい。この分裂状態についてここでは説明して、どのようにしてホロコーストの歴史が書かれるのかという問題に文化史が最後に価値ある仕方で侵入しはじめている様子を示してみたいとおもう。

＊＊＊

そこで、最初に立ち止まって、文化史がおこなおうとしているのはなんなのかをあらためて考察してみなければならない。バークが言うように、文化史が歴史学の領域で中心的な位置を占めるようになったということは認めるとしても、文化史と呼んでよいもののどれほど多くが実際にその基本的な前提のいくつかに合致しているのだろうか。アン・ケインは、『歴史と理論』誌に掲載された有益な論考のなかで、文化史についての心に銘記しておくだけの価値のあるいくつかの基礎的な方法論上の言明をおこなっている。「文化（culture）」を専攻する学生たちは、文化は構造とみなされるのか実践とみなされるのかということをめぐっての文化史の理論家たちのあいだでの論争のことはよく知っている。また、「文化」という言葉によって実際になにが意味されているのかということをめぐっての古い論争についても、文化はある社会のより繊細な側面、その美術、音楽、文学を構成しているという、マシュー・アーノルドによって提出された、今日では通常エリート主義的とみなされているとらえ方から、文化は社会をつくりあげているすべてのもののことであるという、ポストモダン的とされているとらえ方――しばしばクリフォード・ギアツならびに自己反照的人類学（self-reflexive anthropology）と結びつけられてきた立場――にいたるまで、よく知っている。ケインは、しかしながら「構造としての文化／実践としての文化」という難問に頭を悩ませるのではなくて、「歴史の変容過程にあっての意味と行為と構造の再帰的なあり方、あるいはより特殊的には、社会構造と社会的行動と文化システムのあいだの相互変容」にもっと力点を置くべきであると書いている。[19] この言明は、レヴィ＝ストロース流の共時的な文化分析をおこなうのではなくて、文化を歴史的に眺め、歴史の変容過程で文化が演じている役割について考えるべきであると言っているようにみえる。これは歴史家にとってはこのうえなくわかりやすい主張ではないだろうか。ここでは、事件と構造の結合したものが歴史であるという、マーシャル・サーリンズの『歴史の島々』[20] における主張のことを考えてみるとよい。これは、文化の変容が起こることを、ただし、文化が理解しうるものとしえないものによって定義された一定のパラメーターの範囲内にあって許容しようというものである。[21] この主張は、「社会的行動と社会の構造化と文化システムの再生産と変容とのあいだの互換性の下に横たわっている基礎は意味の構築であり、もろもろの文化モデルを利用して経験の意味を理解しようとする過程である」とか、「意味の構造と意味の構築とは一緒になって歴史の過程のなかにあっての文化的説明のための土台を形成する」というケインのコメントと合致している。「もろもろの文化モデルのなかに潜む意味を露わにするための最良のやり方は、文化の構造のうちの「能動的な」構成要素、すなわち物語を研究することである」とケインは断言する。なぜなら、物語は文化的な意味が比喩のかたちをとって体現されている場所だからであり、人びとが経験を解釈するために向かう最初の場所であり、「個人および／または共同体が自らを理解するにいたるさいに媒体となる意味の星座」にほかならないからである。[22] したがって、ホロコーストを文化史のレンズをとおして研究するために、わたしたちは、個人や集団が自分たちを理解するのは物語をつうじてであることがわかった今、意味の構築がどのようにしてジェノサイドの事件を形づくるとともにその事件によって変容させられてきたかを検証してみたい。

この土台にかんして人が抱く最初の疑いは、ホロコースト史学のうちほんの二、三の側面しか文化史とはみることができないということだろう。なによりもまず、どこか情動的なレヴェルでの疑問として、もし文化史が意味の変容を説明しようとしているのだとしたなら、どのようにしてそれはしばしば根本的に意味がないと言われている出来事、あるいはハンナ・アーレントとジャン＝フランソワ・リオタールのような立場を異にする思想家たちが一致して示唆してきたように、およそいっさいの既成の方法論を粉砕してしまう出来事に応答できるというのだろうか。しかし、たとえこの議論――これはわたしたちを美学と倫理学の領域に連れて行く――を括弧に入れて考察対象から除外したとしても、もし文化史が――エルンスト・ブライザックがそうと理解しているように――「社会的・経済的構造が記号と象徴の網のなかで完全に可鍛的な実体になるようにさせ」、こうして「生活の物質面への歴史の長年にわたる従属に終止符を打つ」ことができるようになることをめざしているのだとしたなら、(23)ホロコースト史学は文化史であるとみなすことができるのだろうか。どれほど多くのホロコーストの歴史研究がブライザックによると文化史のもうひとつの特徴であるという「直線型の歴史にたいする不信あるいは少なくとも嫌悪を分かちもっている」(24)とみなすことができると言えるのだろうか。それでも、このように文化史がホロコースト史学とは合わないことが明白であるにもかかわらず、以下では、ホロコースト史学は文化史の遍在性にかんするピーター・バークの主張があらゆる場合に通用するわけではないことを示しているけれども、その史学のうちには文化史の方法が申し分なく影響力を及ぼしてきた領域が存在することを示唆するだろう。総じて、この影響力は、ホロコーストの歴史家たちが一九八〇年代と一九九〇年代に支配的だった構造主義的解釈から方向を転じて、さしあたり、手短かに「イデオロギー」という言葉で名指すことにするものに力点を置くようになっていくにつれて、増大してきたのだった。

＊＊＊

しかしながら、さきに進むまえに、とくに構造主義的解釈がヨーロッパやアメリカ合州国で獲得した信奉者をけっして獲得することがなかったイスラエルでは、このようにイデオロギーに力点を置くことは素朴な意図重視主義（intentionalism）への立ち戻りを意味するものではないということに留意しておくことが重要である。ルーシー・ダヴィドヴィチのような歴史家たちによって指摘されてきたように、意図重視主義はたんにホロコーストが反セム主義の論理的帰結であったと述べるにとどまらず、ヒトラーとナチス・エリートたちはユダヤ人を殺害するというプランをそれが実現されるずっと前から――一説では早くも一九一九年か一九二五年から――もっていたと論じている。このことは、必ずしも、たとえばフィリップ・ビューランやジェフリー・ハーフによって代表されるような「修正された意図重視主義」[25]を（それの発見したもろもろの事実と対立するわけではないとしても）支持するものでもない。これらの歴史家たちは、ヨーロッパのユダヤ人を殺害しようというあらかじめ構想されたプランなど事実上存在しなかったこと、その政策の決定過程は場当たり的で反作用的なものであったことを承認していながらも、これらの構造主義的主張を第三帝国内における行き過ぎた反セム主義の枠組みのなかに置いており、こうしてほとんど自らの権限で動く行動主体であるかのように理解された反セム主義的イデオロギーが究極的にはホロコーストの駆動力であったという結論に立ちいたっている。したがって、このいわゆる「修正された意図重視主義」は、じつは少しも修正されていないということになる。文化史が構造主義的アプローチと異なるのは、それが観念、象徴、物語の世界に強い力点を置いているからである。またそれが意図重視主義から異なるのは、それがなによりもまずもっては「最終的解決」のための政策決定過程の年代記を復元することに関心を寄せた議論ではなくて、「最終的解決」という考えが第三帝国のリーダーたちにとってのひとつのオプションとして浮上するのを許した意味の世界を理解するひとつの仕方であるからである。同じように、ホロコーストの犠牲者たちの歴史に関係する場所では、文化史はユダヤ人の経験を復元することではなくて、どのようにして彼らの経験が意味を付与されたのか、あるいは意味生産にとって不透明なままであったのかを理解しようとするひとつの仕方を提供しているのである。

ナチズムの本性ならびにホロコーストの出来事——ケインの言っているとおりだとすれば、ホロコーストの犠牲者たちはなにが起こっているのかを理解するのを可能にしてくれる文化的に受け入れられた物語をもっていなかったので、理解不能であるとみなされてもよかったかもしれない出来事——と格闘しようとしている、いずれもが広い意味で人間学的な感性をもっているとみることのできるいくつかの例を挙げてみよう（逆のことを言っている研究者も何人かいるけれども、研究者の多くは、迫害を受けていたあいだずっと、ユダヤ人犠牲者たちが目の前で起こっていたものに意味を提供しようとして既成の物語を利用していたというのは背理以外のなにものでもないとみなしており、その結果、課題を達成するにいたらずに終わってしまっている。多くの日記作家や年代記作家がナチズムのユダヤ人憎悪にかんしての透徹した洞察を文章にしてきたとしてもである）[26]。

ひとつの良い例は、ナチズムの本性を理解しようとしてなされてきた仕事である。もちろん、このような研究にはリスクがともなう。研究対象と心的空間を共有しなければならないからである。しかし、これは、オーレル・コルナイ、ジョルジュ・バタイユ、R・G・コリングウッドのような何人かの勇敢な——そして互いにきわめて異質な——思想家が一九三〇年代に了解していたように、必要なリスクなのである[27]。文化史の観点からは、「血でもって思考する」というナチスの自己描写は象徴的なもの以上のものではありえないのだった。ここでわたしたちが見ているのは、ケインが象徴的な意味を内包した物語は世界がどのように解釈されるべきかということと関連して変容するということで言おうとしているものなのである。ヴァイマール時代の堕落、唯物論、合理主義を批判するなかで、ナチズムは既成の物語を打ち壊して、人種的同質性と、「ユダヤ人」にたいする闘争と、フォルクスゲマインシャフト（Volksgemeinschaft 民族共同体）の創設にもとづく、真正のチュートン産の神話的物語に取り替えたのだった。第三帝国の歴史学におけるいわゆる「主意主義的転回」に抗議してきた者たち（なかでもリチャード・エヴァンズ）が強調してきたように、大部分のドイツ人はイデオロギー的に関与しておらず、彼らの日常生活は食糧と避難場所の確保といった世事に忙殺されていたというのは、疑いもなく真実である。それでもなお、「道徳的に見て有意義なのは、殺戮も厭わなかった少数の制度であって、社会運営の正常な諸側面ではない」というチャールズ・マイヤーの重要な評言[28]を心に留めておきながら、最近の研究が証明してきたのは、第一には、「殺戮も厭わなかった」制度の数は歴史家たちが長らく考えてきたよりも多かったということであり、第二には、公然たる陰謀理論家たちではなかったにしても、大半のドイツ人はヒトラーが政権の座にあった期間中、多かれ少なかれ自ら進んで体制の命令に賛同していた、すなわち、「強制的に同質化される（gleichgeschaltet）」のを許容していたということであるというのは、想い起こしておいてよいのである。[29]

つぎに、ホロコースト史学における「イデオロギーの復活」は、社会科学的アプローチに信頼した一九八〇年代の構造主義的合意からの離脱の一般的な潮流と、象徴的、人類学的な思考様式に向かっての転回を代表している。すでに指摘したように、「イデオロギーの復活」[30]ということで言おうとしているのは、単純きわまりないゴールドハーゲン型の単一原因的アプローチを復権させようという試みのことではなくて、人類学者から天体物理学者にいたるまでの、そしてさらには遅ればせながら歴史家たちにいたるまでの、もろもろの職業や学問分野によって演じられてきた役割の細部にわたる経験的調査研究のことである。反セム主義研究所、軍事教育プログラム、戦時プロパガンダ、ナチス倫理学、宗教や民族思想等々における「ナチズムのイデオロギー的ルート」、ヒトラー青年団、そしてSD（Sicherheitsdienst ナチスの秘密情報機関）、WVHA（Wirtschaftsverwaltungshauptamt 親衛隊経済管理本部）、RuSHA（Rasse-und Siedlungshauptamt 親衛隊人種および移住本部）のような迫害担当部局の社会的仕立て上げ、等々。[31]

＊＊＊

ここまで議論してきたことの大半はナチズムおよび第三帝国の情報機関や制度についての文化的解釈にかんするものであった。殺戮過程そのものに注意を転じると、仕事はいっそうむずかしくなる。歴史家のアプローチがどれほど洗練されたものであっても、また歴史家の記述がどれほど繊細なものであっても、フリードレンダーが指摘するように、「ある不透明さがなにが起こったのかについての歴史的な理解と解釈のまさに核心には残っている」というのは、[32]いまでは陳腐な決まり文句になってしまった。まさしくそのとおりだと、わたしたちは付け加えても差し支えないのかもしれない。しかし、そう言うのは、エリ・ヴィーゼルとモーリス・ブランショといったさまざまな立場の思想家たちによって使われてきたほとんど神話的な仕方においての意味ではない。そうではなくて、わたしが言っているのは、さきに引いたロスバーグの『トラウマ的リアリズム』へのキャロライン・ディーンの応答（注7参照）が示唆しているように、一つだけの歴史的アプローチでは事態の核心に到達することはありえないだろうということである。それでもなお、ここであえて言わせてもらうが、ホロコースト史への文化史の実際的な貢献がいまになってようやくなされ始めているのである。この現在興りつつあるアプローチへの、巨人の肩の上に乗っかっていながらも、ホロコースト史関係文献の主柱がそこにとどまったままになっている政策決定過程に焦点を合わせた研究から離れようとしている最も注目に値する貢献は、なんら驚くに値しないのだが、すでにドイツ文化史の最先端の実践家の一人としての地歩を固めてきた研究者、アロン・コンフィーノによってなされた貢献である。二〇〇五年に『歴史と記憶』誌に発表された論文のなかで、コンフィーノはなにがホロコーストを下支えしているもろもろの文化的前提にかんする研究の主線になる見込みがあるかを述べている。

コンフィーノの論拠は、つぎの言明とともに始まって、明晰かつ挑発的な仕方で開陳されている。「ナチスがなぜユダヤ人を迫害し殲滅したのかは、ナチスの抱いていた空想、幻想、想像を探査する用意ができていないなら理解できない。反ユダヤ人キャンペーンは、ユダヤ人は人類の永遠にして致命的な敵であるという空想、そしてユダヤ人を殲滅するか根絶やしにしてしまう歴史的な必要があるという空想によって基礎づけられ動機づけられていたのだった」。(33)

これはわたしが輪郭を描いた「イデオロギーの復活」と同種の主張である。そしてまた、コンフィーノが認めているように、ホロコーストについての常識的な理解、すなわち、ホロコーストはユダヤ人にたいする憎悪によって動機づけられたものであったにちがいないという理解とも合致する主張である（力説しておかなければならないが、けっして歴史学において異議申し立てがおこなわれたことがない主張ではない）。それは、多くの機能主義的な研究、とりわけゲッツ・アリー(34)のようにホロコーストを第一義的には経済的要因によって駆り立てられたものとみる者たちの研究のうちに暗々裡に示されている合理的アプローチとは手を切っている。コンフィーノが拠りどころにしているのは、サウル・フリードレンダーの「贖罪的反セム主義」という概念であり、ジョージ・モッセの一九六〇年代以降のパイオニア的仕事である。(35) しかし、彼はまったく正当にも、ドイツ史における文化史の爆発と比較した場合、セクシュアリティ、象徴体系、神話、人種主義についてのモッセの考えの多くはホロコースト史に統合されないままになってきたと注記している。「まるでホロコースト史学内での論争はドイツの社会と文化を対象とした歴史学における方法論上の主流からは孤立しているかのようだ」と彼は書いている。[36] これについては、わたしもすでに『ホロコーストを構築する』（二〇〇三年）のなかで、ユダヤ人の絶滅という事態には合理的計算や政策決定過程や官僚制度のレンズをとおしてではなく、非実用的な、贖罪的空想のレンズをとおしてアプローチすべきであると提言していたとおりである。

「ユダヤ人を殺害するためのプランの存在は必ずしも要求されない。要求されるというのはホロコースト史学が長らく垂れ流してきた流言である。むしろ、殺害をつうじての贖罪という観念で包装された空想の役割がありさえすれば、歴史家たちにそのようなプランを言明した署名入り文書を見つけ出すのを要求することなく、ユダヤ人を殺害したいという願望を説明するのに十分である。〔中略〕これは、伝統的にナチスによって残された文書資料から逸脱することに乗り気でなかった歴史学の領域における注目すべき一歩であって、過去におけるもろもろの観念をまじめに受けとろうとする新しい願望の出現を合図している」。[37]

コンフィーノの指摘している点は、文化史とはなにかをめぐってのケインの所論と合致する。というのも、ナチスのイデオロギーがドイツ文化を変容させたこと、こうして、彼が指摘するように、たとえイデオロギーが現実と経験を直接的な仕方で表象することはないとしても、それでもなお、「ナチスの反セム主義のうちで表象、記憶、象徴的意味を語った歴史として解釈されるべきひとつの要素」がナチス文化がどのように機能したかということへの洞察を提供してくれることを彼が証明しようとしているからである。[38]

コンフィーノはじつに率直に彼の文化史的アプローチが伝統的方法論では提供できなかったことを提供す

ると主張している。

「最終的には、ホロコーストをナチスの統治システムに本来的な制度と政策の決定過程によって、再植民と膨張に向けて舵を切った国民社会主義政策の内的な論理によって、あるいは各地域が抱える切羽詰まった実際的な諸問題（食糧問題）を解決する必要によって引き起こされたと理解しようと試みてきた者たちはすべて――すなわち、迫害者たちの行為のなかに埋め込まれている信念や価値を根本のところではそっと演じているにすぎない試みはすべて――解釈上の袋小路に陥って終わる運命にあるのである」(39)。

わたしの意見では、文化史の恩恵はそれ以外の歴史的アプローチに取って代わるというよりはそれらを補完するところにある。たとえばアダム・トゥーズのおこなっているような分析がなかったとしたなら、歴史学はずっと貧弱なものになっていただろう(40)。しかし、それでもなお、文化史は空想、暴力、ナチスの意味構築物語に力点を置くことによって、日々の決定過程にかんする研究が――どれほど詳細をきわめたものであろうと――おこなっているよりも、どこまで行ってもつかまえどころのない「なぜ」の理解へとわたしたちをよりいっそう近づけてくれる、とコンフィーノが言うのは正しい。

最近ホロコースト史学において前面に出てきたキーワードには、暴力、血の儀式、犠牲、空想が含まれている。優生学と人種科学のあたえたインパクトにかんする研究は依然として重要であるけれども、「冷静で客観的な言語によって表現されるような生物学的人種主義の記述は内なるデーモンと幻覚を本質としていたトピックを説明するには不十分である」とコンフィーノが言うとき、彼は正しい(41)。ナチスお気に入りの人種理論家たち、ハンス・F・K・ギュンター、ホーストン・スチュアート・チェンバレンその他の著作をざっと一瞥してみただけで、このことが真実であることがわかる。そしてこれは最終的に体制が人種科学者たちの多くと仲違いしたという事実が立証しているところでもある。彼らは不器用にも学術上の些末事にこだわっていて、しばしば第三帝国の基礎的な人種プロパガンダ・メッセージと矛盾する事態を招いていたのだった。(42) オイゲン・フィッシャーやオトマール・フォン・フェルシュアーのような科学者の著作ですら、ギュンターとチェンバレンのうちに見いだされる神秘的な陳述を避けていたにもかかわらず、科学的に立証することのできない人種観念を彼らの前提として採用している。人種哲学者のエルンスト・クリークが指摘しているところによると、「本当の精神生活は真空のなかにも教授の書斎のなかにも自然的現実を無視することをとおして存在しているのではなく、まさしく、トーマス・マンが彼の破壊的な作品のなかで精神の政治化（Politisierung des Geistes）と呼んだものをつうじて存在しているのである。〔中略〕体制の、政策の力によって、そしてまた身体の力によって、精神を征服することだけが、精神をその真の場所に置くだろう。その真の場所は文明のうちに存在しているのであって、抽象的な文化のうちに存在しているのではないのだ。精神の目的は人種、国家に奉仕することであって、アルフレート・ボイムラーが言ったように、精神は人種主義の総体のなかに包含されるべきなのである（Arteigenheit〔種に特有なもの〕、Artgleichheit〔同種的なもの〕）。〔中略〕ヒューマニズムとリベラリズムのための時は過ぎ去った。そして〔中略〕いまでは血と人種が人間が自分自身についての意識とひいては自由を獲得する土台となる場所なのである。人種と血は原初的な強制力（Urzwang）を具えた不可避の原初的な勢力である。そしてこれらの勢力のくびきを受け入れることによって、人間は理性、論理、その他の人間精神の不毛な形態への隷従状態から解放されるのである(43)」。

あるいは、さらにはっきりと、「遺伝特性が歴史の原動力とみなされるべきであるというオイゲン・フィッシャーの科学的体系は、個人の価値を理解するための鍵である。そして世界には人種の存在を科学的に立証する可能性に同意しない科学者たちがいる。しかしながら、わたしたちはチェンバレンの教えから、そしてとりわけ総統《フューラー》の教えから、人種の存在の、そしておそらくは存在一般の検証は人為的な科学的道具を要求しないことを学んできた。〔中略〕人種が存在するという事実には疑いの余地がない。なぜなら、人間は彼の心、彼の精神、彼の霊魂のなかにそれを持ち運んでいるからである。あるいは人種が事実になることを欲しているからである」(44)と。

＊＊＊

この一節は、コンフィーノが早い時期の研究者たち、なかでも、ウリエル・タル、ジョージ・モッセ、レオン・ポリアコフ、ノーマン・コーン、ジョシュア・トラクテンバーグの仕事に依拠していることをあらためてわたしたちに想い起こさせる。彼らの著作は、ホロコーストの（もっと良い言葉が見つからないので使わせてもらうが）「深層心理」は迫害者たち自身が自分たちは合理的であって専門的であると強調していることのうちに見いだされるべきではなく、彼らの「ユダヤ人についての空想」のうちに見いだされるべきであるということ、そしてそれらの空想は科学と近代の冷静で技術的で専門的な言語と分かちがたく結びついているということを示そうとしていたのだった(45)。ただ、彼らの仕事はとくにドイツにおける反セム主義イデオロギーのステレオタイプと伝統に焦点を合わせているけれども、それを「文化史」という題目のもとで遂行しているわけではない。そして彼らの仕事と今日の研究との違いは、これら早い時期の仕事は基本的にヒトラーとナチスの世界観についての「意図重視主義」的理解への貢献であるのにたいして、最近の研究は、さきに指摘したように、もっと広くドイツの社会と文化に焦点を合わせているという点にある。

このうちのどれかでも、ミクロ・ストリア〔微視の歴史〕のような、ローカルでユニークなものに力点を置き、包括的で統合的な物語に不信の目を向けている文化史的実践と合致しているとみることができるのだろうか。おそらくはできるのだろうが、しかし、歴史家たちはいまだに本当にはそんな試みに乗り出してこなかった。たぶん、一方では、ナチスの心理構造に深入りしすぎるのを怖れているからであり、他方では、主流から逸脱して、測定不能な要因に焦点を合わせているようにみえるのを怖れているからだろう。文化史的アプローチがきわめて必要とされているホロコースト史学において、それが他の大部分の歴史の領域よりもはるかに伝統的なままにとどまっているというのは驚くべきことである。しかも、この分野で大量の文献が産み出されているにもかかわらず、そうなのだ。

いくつかの例外は存在する。多くのイスラエルの歴史研究は、戦後まもない時期から今日にいたるまで、たとえばキッドゥシュ・ハハイム（kiddush hahaym 生命の聖別）対キッドゥシュ・ハシェム（kiddush hashem 主の聖別）の問題との関連でユダヤ人の宗教的態度に焦点を合わせてきた。またナチスの語彙と言語学や迫害にたいするユダヤ人の反応にも焦点を合わせてきた。さらに、各地域でなされてヨーロッパやそれ以外の言語で公表される、宗教上の争点とともに、抵抗と陰謀、救出と協力にかかわる事案をあつかった研究も大量に出現しつづけている。しかし、これらの研究はロバート・バークホーファーなら「ホロコーストの「大きなストーリー」（あるいは大きな物語）と呼ぶだろうようなもの(46)の主流からはある程度まで孤立している。そしてこれらの研究のどれひとつとして文化史というかたちでは構想されていない。それらの関心事はここで唱道されているアプローチに近いとしてもである。ユダヤ史のコンテクストのなかでのみ、最近、チシェ・ロスマンによって文化史への嘆願がなされたにすぎない(47)。

文化史の出現と結びついているが、文化史に包含されるには規模が大きすぎ、それゆえ別個の扱いを要求している最後の分野は、ホロコースト研究における記憶のテーマである。コンフィーノの場合には、記憶と文化史は多かれ少なかれ同義であり、この意味ではホロコーストの記憶への主要な貢献は、さきに議論した表象の問題をめぐる研究によってなされた貢献と類似する仕方で、より広い論争への貢献でもあった。実際にも、ここでは歴史家たちは、ドイツ史におけるアロン・コンフィーノ、ペーター・フリッチェ、ルディ・コスハー、ガヴリエル・ローゼンフェルド、ポール・ベッツその他の仕事に見られるように、以前から研究の最前線に立ってきた。しかし、ホロコーストの記憶にかんする仕事の多くは、より一般的な意味で記憶研究に影響を及ぼしてきたけれども、歴史家たちではなく、文学研究者や社会学者や哲学者たちによってなされたものであったということは言っておかなければならない。サウル・フリードレンダー、ドミニク・ラカプラ、バービー・ゼリザー、ジェフリー・ハートマン、マリアンネ・ヒルシュらの著作が及ぼした影響力には目覚ましいものがあったが、そのリストに挙がっている二、三の歴史家ですら非標準的な研究関心の持ち主たちであって、珍しいことに理論、とりわけトラウマ理論に開かれた態度をとっている。(48) ドイツでは、経験的なホロコースト史研究に携わっているものと、ショアーのその後と表象に焦点を合わせたものの、二つの異なる研究企画が展開されてきたが、両者が相互に作用し合うことはほとんどないのが現状であると指摘することもできるだろう。

＊＊＊

ゼバスティアン・ハフナーは、一九四〇年に亡命先で出版され、最近再刊された注目すべきナチズム研究、『ドイツ――ジキルとハイド』のなかで、ヒトラーを歴史化し、連合国側のプロパガンダ作成者の多くがしてきたように、彼をドイツ的伝統の一部として理解しようとするだけでは十分ではないと論じていた。「ヒトラーをいわば〈思想史〉のなかで図表化し、一個の歴史上のエピソードに格下げしてしまおうというのは見込みのない企てであって、危険な計算違いに導いていくことにしかならない。その人物の正確な評価に向かってのはるかに多くの前進を果たすことができるのは、まさに反対の進路をとり、ドイツとヨーロッパの歴史をヒトラーの私的な生活の一部とみなす場合である」(49)。

ここには、文化史的アプローチにとって中心的な位置を占めるひとつの洞察が示されている。ホロコーストの展開様態を理解するための意味あるコンテクストを提供する経済的、社会的、軍事的その他の要因を提供しようと努めるよりは、その代わりに、自ら進んでわたしたちの不信を宙づりにし、さしあたっては、ナチスが言ったことは本気で言っていたのであり、現実を彼らの信念体系に合うようにつくり出したのであってその逆ではない、と受け止めるべきなのである。このようにしてのみ、ホロコーストは了解可能なものとなることができるのだ。迫害者たちが世界を理解するための媒体にしていたあるひとつのドイツ物語の結果としてである。これはまた、なぜ犠牲者たちが出来事が起きている最中には事件のことを理解できないでいたのか、そしてなぜ彼らや彼らの子どもたちや最近では共同体全体が起きた出来事をなんとかして理解しようと格闘してきたのか、その理由でもある。

(1)　Peter Burke, "Strengths and Weaknesses of Cultural History"（二〇〇七年三月一日、ロンドン大学歴史研究所主催の歴史哲学セミナーに提出された報告）

(2)　この点をめぐるひとつの議論として、Lynn Hunt, "Introduction: History, Culture, and Text," in: Lynn Hunt (ed.), *The New Cultural History* (Berkeley, CA: University of California Press, 1989), p. 12〔リン・ハント編、筒井清忠訳『文化の新しい歴史学』（岩波書店、一九九三年）、一四―一五頁〕を見られたい。

(3)　ここでは、Jonathan Spencer, "Symbolic Anthropology," in: Alan Barnard and Jonathan Spencer (eds.), *Encyclope-*

dia of Social and Cultural Anthropology (London: Routledge, 2002), pp. 535-539 に大いに負っており、いくつかの定式を借りている。

（4） Clifford Geertz, “Thick Description: Toward an Interpretive Theory of Culture,” in. Id., *The Interpretation of Cultures: Selected Essays* (London: Basic Books, [1973], 1993), pp. 3-30〔「厚い記述――文化の解釈学的理論をめざして」、C・ギアーツ著、吉田禎吾・柳川啓一・中牧弘允・板橋作美訳『文化の解釈学Ⅰ』（岩波書店、一九八七年）、三―五六頁〕。

（5） Miri Rubin, “What is Cultural History Now?” in: David Cannadine (ed.), *What is History Now?* (Basingstoke: Palgrave Macmillan, 2002), p. 84.

（6） Ibid., p. 85.

（7） Carolyn J. Dean, “History and Holocaust Representation,” *History and Theory*, 41 (2002), p. 247. 同論考は Michael Rothberg, *Traumatic Realism: The Demands of Holocaust Representation* (Minneapolis, MN: University of Minnesota Press, 2000) の書評である。

（8） Rubin, “What is Cultural History Now?” cit., p. 81.

（9） Saul Friedländer, *Nazi Germany and the Jews: The Year of Persecution 1933-1939* (London: Weidenfeld & Nicholson, 1997); Id., *Nazi Germany and the Jews: The Year of Extermination 1939-1945* (New York: HarperCollins, 2007).

（10） From the minute book of the Białystok *Judenrat*, 2 November 1941, in: Lucy S. Dawidowicz (ed.), *A Holocaust Reader* (West Orange, NJ: Behman House, 1976), pp. 282-283.

（11） Robert Gildea, Olivier Wieviorka and Annette Waring (eds.), *Surviving Hitler and Mussolini: Daily Life in Occupied Europe* (Oxford: Berg, 2006).

（12） ほかにも多くあるなかで、たとえば、István Deák, Jan T. Gross and Tony Just (eds.), *The Politics of Retribution in Europe: World War II and its Aftermath* (Princeton, NJ: Princeton University Press, 2000); Richard Bessel and Dirk Schumann (eds.), *Life after Death: Approaches to a Cultural and Social History of Europe During the 1940s and 1950s* (Cambridge: Cambridge University Press, 2003); Hannah Schissler (ed.), *The MiracleYears: A Cultural History of West Germany, 1949-1968* (Princeton, NJ: Princeton University Press, 2001); Uli Linke, *German Bodies: Race and Representation after Hitler* (New York: Routledge, 1999) を見られたい。

(13)　Paul Betts and Greg Eghigian (eds.), *Pain and Prosperity: Reconsidering Twentieth-Century German History* (Stanford, CA: Stanford University Press, 2003); Alon Confino, Paul Betts and Dirk Schumann (eds.), *Between Mass Death and Individual Loss: The Place of the Dead in Twentieth-Century Germany* (New York: Berghahn Books, 2008); Alon Confino and Peter Fritzsche (eds.), *The Work of Memory: New Directions in the Study of German Society and Culture* (Urbana, IL: University of Illinois Press, 2002). Konrad H. Jarausch and Michael Geyer, *Shattered Past: Reconstructing German Histories* (Princeton, NJ: Princeton University Press, 2003); Frank Biess, Mark Roseman and Hannah Schissler (eds.), *Conflict, Catastrophe, and Continuity. Essays on Modern German History* (New York: Berghahn Books, 2007) も見られたい。

(14)　Raymond H. Dominick, *The Environmental Movement in Germany: Prophets and Pioneers, 1871–1971* (Bloomington, IN: Indiana University Press, 1992); Axel Goodbody (ed.), *The Culture of German Environmentalism: Anxieties, Visions, Realities* (New York: Berghahn Books, 2002); Thomas Lekan, *Imagining the Nation in Nature: Landscape Preservation and German Identity, 1885–1945* (Cambridge, MA: Harvard University Press, 2004); Franz-Josef Brüggemeier, Mark Cioc and Thomas Zeller (eds.), *How Green were the Nazis? : Nature, Environment and Nation in the Third Reich* (Athens, OH: Ohio University Press, 2005); Thomas Lekan and Thomas Zeller (eds.), *Germany's Nature: Cultural Landscapes and Environmental History* (New Brunswick, NJ: Rutgers University Press, 2005); David Blackbourn, *The Conquest of Nature: Water, Landscape and the Making of Modern Germany* (New York: W. W. Norton, 2006); Frank Uekoetter, *The Green and the Brown: A History of Conservation in Nazi Germany* (Cambridge: Cambridge University Press, 2006). 全体を概観した有益な論考として，David Motadel, "The German Nature Conservation Movement in the Twentieth Century," *Journal of Contemporary History*, 43 (2008), pp. 137–153 を見られたい。カレン・E・ティルの仕事はこの主題にかんする文化地理学者たちの仕事の模範例である。Cf. Karen E. Till, "Reimagining National Identity: 'Chapters of Life' at the German Historical Museum in Berlin," in: Paul C. Adams, Steven Hoelscher and Karen E. Till (eds.), *Textures of Place: Exploring Humanist Geographies* (Minneapolis, MN: University of Minnesota Press, 2003), pp. 273–299; Id., "Construction Sites and Showcases: Mapping 'The New Berlin' through Tourism Practices," in: Stephen P. Hanna and Vincent J. Del Casino Jr. (eds.), *Mapping Tourism* (Minneapolis, MN: University of Minnesota Press, 2001), pp. 51–77; Id., "Places of Memory," in: John Agnew, Katharyne Mitchell and

Gerard Toal (eds.), *A Companion to Political Geography* (Oxford: Wiley-Blackwell, 2003), pp. 289–301; Id., *The New Berlin: Memory, Politics, Place* (Minneapolis, MN: University of Minnesota Press, 2005).

(15) Alon Confino, *Germany as a Culture of Remembrance: Promises and Limits of Writing History* (Chapel Hill, NC: University of North Carolina Press, 2006), p. 212.

(16) Saul Friedlander (ed.), *Probing the Limits of Representation: Nazism and the "Final Solution"* (Cambridge, MA: Harvard University Press, 1992)〔ソール・フリードランダー編、上村忠男・小沢弘明・岩崎稔訳『アウシュヴィッツと表象の限界』（未來社、一九九四年）、抄訳〕; Keith Jenkins (ed.), *The Postmodern History Reader* (London: Routledge, 1997).

(17) Perez Zagorin, "History, the Referent, and Narrative: Reflections on Postmodernism Now," *History and Theory*, 38 (1999), pp. 19–20. 似たような見解を示したものとして、Berel Lang, "Is It Possible to Misrepresent the Holocaust?" *History and Theory*, 34 (1995), pp. 84–89 も見られたい。

(18) Robert J. Berkhofer Jr. *Beyond the Great Story: History as Text and Discourse* (Cambridge, MA: Harvard University Press, 1995), p. 49. この観点は、クリス・ロレンツの観点とは真逆である。ロレンツは「歴史叙述の「断片化」が認識論的懐疑主義に導いていくやいなや――そしてこれによって正当化されるやいなや――、健全なプルーラリズムは不健全な相対主義に席を譲ってしまった」と書いている。Cf. Chris Lorenz, "Comparative Historiography: Problems and Perspectives," *History and Theory*, 38 (1999), p. 25. Chris Lorenz, "Model Murderers: Afterthoughts on the Goldhagen Method and History," *Rethinking History*, 6 (2002), p. 146 も見られたい。ホロコーストとの関連における歴史物語についての最良の考察のいくつかについては、Dan Diner, *Beyond the Conceivable: Studies on Germany, Nazism, and the Holocaust* (Berkeley, CA: University of California Press, 2000) を見られたい。

(19) Anne Kane, "Reconstructing Culture in Historical Explanation: Narrative as Cultural Structure and Practice," *History and Theory*, 39 (2000), p. 311.

(20) Cf. Kamala Visweswaran, "The Intervention of Culture: Claude Lévi-Strauss, Race, and the Critique of Historical Time," in: Bernasconi and Sybol Cook (eds.), *Race and Racism in Continental Philosophy* (Bloomington, IN: Indiana University Press, 2003), pp. 227–248.

(21) Marshall Sahlins, *Islands of History* (Chicago: 1985), p. 155〔マーシャル・サーリンズ著、山本真鳥訳『歴史の

島々』（法政大学出版局、一九九三年）、二〇一頁）——「文化とは正確には現下の状況を過去という用語のもとで組織したもののことである」。

（22）Kane, op. cit., pp. 312, 314, 315.

（23）Ernst Breisach, *On the Future of History: The Postmodernist Challenge and its Aftermath* (Chicago, IL: University of Chicago Press, 2003), p. 144.

（24）Ibid., p. 148.

（25）Philippe Burrin, *Nazi Antisemitism: From Prejudice to the Holocaust*, trans. Janet Lloyd (New York: New Press, 2005); Jeffrey Herf, *The Jewish Enemy: Nazi Propaganda During World War II and the Holocaust* (Cambridge, MA: Belknap Press, 2006).

（26）Cf. David G. Roskies, *Against the Apocalypse: Responses to Catastrophe in Modern Jewish Culture* (Cambridge, MA: Harvard University Press, 1984); Id., *The Jewish Search for a Usable Past* (Bloomington, IN: Indiana University Press, 1999).

（27）Dan Stone, *Responses to Nazism in Britain 1933–1939: Before War and Holocaust* (Basingstoke: Palgrave Macmillan, 2003), pp. 17–44. Id., "Antifascist Europe Comes to Britain: Theorising Fascism as a Contribution to Defeating it," in: Nigel Copsey and Andrzej Olechnowicz (eds.), *Varieties of Anti-Fascism: Britain in the Inter-War Period* (Basingstoke: Palgrave Macmillan, 2010).

（28）Charles S. Maier, *The Unmasterable Past: History, Holocaust, and German National Identity* (Cambridge, MA: Harvard University Press, 1988), p. 96.

（29）多数ある研究のなかでも、Aurel Kolnay, *The War Against the West* (London: Gollancz, 1938) Eric Voegelin, *Hitler and the Germans*, trans. and ed. Detlev Clemens and Brendan Purcell (Columbia, MO: University of Missouri Press, 1999); Sebastian Haffner, *Germany: Jekyll and Hyde* (London: Seeker and Warburg, [1940] Libris 2005); Fred Weinstein, *The Dynamics of Nazism: Leadership, Ideology, and the Holocaust* (New York: Elsevier 1980); Peter Longerich, *"Davon haben wir nichts gewusst!" Die Deutschen und die Judenverfolgung 1933–1945* (München: Siedler, 2006); Peter Fritzsche, *Life and Death in the Third Reich* (Cambridge, MA: Belknap Press, 2008) を見られたい。

（30）Daniel J. Goldhagen, *Hitler's Willing Executioners: Ordinary Germans and the Holocaust* (London: 1996)［ダニエル・

J・ゴールドハーゲン著、望田幸男監訳、北村浩・土井浩・高橋博子訳『普通のドイツ人とホロコースト――ヒトラーの自発的死刑執行人たち』（ミネルヴァ書房、二〇〇七年）」を見られたい。ゴールドハーゲンと論争した者たち（クリストファー・ブラウニング、ルース・ベッティーナ・ビルン、ノーマン・フンケルスタイン）を別として、ゴールドハーゲンの本とそれが生んだ論争についての最良の分析は A. Dirk Moses, "Structure and Agency in the Holocaust: Daniel J. Goldhagen and His Critics," *History and Theory*, 37（1998）, pp. 194–219 である。イスラエルの読者たちには、イスラエルではゴールドハーゲンの本が他のところ、とくにドイツとアメリカ合州国での受け入れ方と比較して、なぜ生ぬるい反応にしか会わなかったのか、指摘する必要もないだろう。

（31） たとえば、Alan Steinweis, *Studying the Jew: Scholarly Antisemitism in Nazi Germany*（Cambridge, MA: Harvard University Press, 2006）; Isabel Heinemann, *Rasse, Siedlung, deutsches Blut: Das Rasse- und Siedlungshauptamt der SS und die rassenpolitische Neuordnung Europas*（Göttingen: Wallstein, 2003）; Michael H. Kater, *Das "Ahnenerbe" der SS 1935–1945: Ein Beitrag zur Kulturpolitik des Dritten Reiches*（Müünchen: De Gruyter Oldenbourg, 2006）; Michael H. Kater, *Doctors Under Hitler*（Chapel Hill, NC: University of North Carolina Press, [1989], 2000）; Michael H. Kater, *Hitler Youth*（Cambridge, MA: Harvard University Press, 2004）; Michael Wildt, *Generation der Unbedingten: Das Führungskorps des Reichssicherheitshauptamtes*（Hamburg: Hamburger Edition, 2002）; Michael Thad Allen, *The Business of Genocide: The SS, Slave Labor, and the Concentration Camps*（Chapel Hill, NC: University of North Carolina Press, 2002）; Ute Deichmann, *Biologists Under Hitler*, trans. Thomas Dunlap（Cambridge, MA: Harvard University Press, 1996）; Margit Szöllösi-Janze（ed.）, *Science in the Third Reich*（Oxford: Bloomsbury, 2001）; Jürgen Matthäus et al., *Ausbildungsziel Judenmord? "Weltanschauliche Erziehung" von SS, Polizei und Waffen-SS im Rahmen der "Endlösung"*（Frankfurt am Main: Fischer, 2003）を見られたい。歴史家については、Nicholas Berg, *Der Holocaust und die westdeutschen Historiker: Erforschung und Erinnerung*（Göttingen: Wallstein, 2003）; Ingo Haar, *Historiker im Nationalsozialismus: Die deutschen Geschichtswissenschaft und der "Volkstumskampf" im Osten*（Göttingen: Vandenhoeck & Ruprecht, 2000）; Winfried Schulze und Otto Gerhard Oexle（hrsg.）, *Deutsche Historiker im Nationalsozialismus*（Frankfurt am Main: Fischer, 1999）; Götz Aly, *Macht Geist Wahn: Kontinuitäten deutschen Denkens*（Berlin: Büchergilde Gutenberg, 1997）; Peter Schöttler（hrsg.）, *Geschichtsschreibung als Legitimationswissenschaft 1918–1945*（Frankfurt am Main: Suhrkamp, 1997）を見られたい。すばらしい議論として、Konrad Jarausch, "Unasked Questions:

The Controversy about Nazi Collaboration among German Historians," in: *Lessons and Legacies, VI: New Currents in Holocaust Research*, ed. Jeffry M. Diefendorf (Evanston, IL: Northwestern University Press, 2004), pp. 190-208 を見られたい。

（32）Saul Friedländer, "The 'Final Solution': On the Unease in Historical Interpretation," in: Id., *History, Memory, and the Extermination of the Jews of Europe* (Bloomington, IN: Indiana University Press, 1993), p. 103.

（33）Alon Confino, "Fantasies about the Jews: Cultural Reflections on the Holocaust," *History and Memory*, 17 (2005), p. 297.

（34）とくに Götz Aly, *Hitlers Volksstaat: Raub, Rassenkrieg, und nationaler Sozialismus* (Frankfurt am Main: Fischer, 2005) を見られたい。ユダヤ人殺害における経済的動機、とりわけ盗みの意義についてのもっと精緻な陳述として、Jonathan Petropoulos, "The Nazi Kleptocracy: Reflections on Avarice and the Holocaust," in: *Lessons and Legacies, VII: The Holocaust in International Perspective*, ed. Dagmar Herzog (Evanston, IL: Northwestern University Press, 2006), pp. 29-38; Frank Bajohr, "Cliques, Corruption, and Organized Self-Pity: The Nazi Movement and the Property of the Jews," in: *Lessons and Legacies, VII: The Holocaust in International Perspective*, ed. Dagmar Herzog (Evanston, IL: Northwestern University Press, 2006), pp. 39-49; Frank Bajohr, "Robbery, Ideology, and Realpolitik: Some Critical Remarks," *Yad Vashem Studies*, 35 (2007), pp. 179-191 を見られたい。

（35）Friedländer, *Nazi Germany and the Jews* cit.; George L. Mosse, *The Crisis of German Ideology: Intellectual Origins of the Third Reich* (New York: Grosset and Dunlap, 1964)〔ジョージ・L・モッセ著、植村和秀・大川清丈・城達也・野村耕一訳『フェルキッシュ革命——ドイツ民族主義から反ユダヤ主義へ』（柏書房、一九九八年）〕; Id., *Nazi Culture: Intellectual, Cultural and Social Life in the Third Reich* (New York: Grosset and Dunlap, 1966); Id., *Germans and Jews: The Right, the Left, and the Search for a "Third Force" in Pre-Nazi Germany* (London: Howard Fertig, 1971); Id., *Masses and Man: Nationalist and Fascist Perceptions of Reality* (Detroit, MI: Wayne State University Press, 1987)

（36）Confino, "Fantasies" cit., p. 297.

（37）Dan Stone, *Constructing the Holocaust: A Study in Historiography* (London: Vallentine Mitchell, 2003), p. 164. Confino, "Fantasies" cit., p. 307 に引用されている。

（38）Confino, "Fantasies" cit., p. 309.

(39) Ibid., p. 302.

(40) Adam Tooze, *Wages of Destruction: The Making and Breaking of Nazi Economy* (London: Penguin Allen Lane, 2006)〔アダム・トゥーズ著、山形浩生・森本正史訳『ナチス 破壊の経済 1923-1945』上・下(みすず書房、二〇一九年)〕。

(41) Confino, "Fantasies" cit., p. 310.

(42) Christopher M. Hutton, *Race and the Third Reich: Linguistics, Racial Anthropology and Genetics in the Dialectic of Volk* (Cambridge: Polity, 2005), p.139を見られたい。「党と国家がそのような純粋に学問的な基準にかんすることがらに自分たちの最終的な権威を授与するといった問題は一度として存在したことがなかった。〔中略〕体制はしだいに人種についてのアカデミックな議論を公共の領域における人種プロパガンダから切り離そうとするようになった」。

(43) Ernst Krieck, "Die Intellektuellen und das Dritte Reich"(一九三八年の講義)――Uriel Tal, "Violence and the Jew in Nazi Ideology," in: Id., *Religion, Politics and Ideology in the Third Reich: Selected Essays* (London: Routledge, 2004), pp. 6-7に引用されている。

(44) Ibid., p. 9. フェルシュアーの仕事のなかで「科学的」研究と「反セム主義的」研究が区別されていたことについては、Eric Ehrenreich, "Otmar von Verschuer and the 'Scientific' Legitimization of Nazi Anti-Jewish Policy," *Holocaust and Genocide Studies*, 21 (2007), pp. 55-72を見られたい。

(45) Léon Poliakov, *Harvest of Hate* (London: Elek Books, 1956); Id., *The Aryan Myth: A History of Racist and Nationalist Ideas in Europe*, trans. Edmund Howard (London: Heinemann Educational Publishers, 1974)〔レオン・ポリアコフ著、アーリア主義研究会訳『アーリア神話――ヨーロッパにおける人種主義と民族主義の源泉』(法政大学出版局、一九八五年)〕; Norman Cohn, *Warrant for Genocide: The Myth of the Jewish World Conspiracy and the Protocols of the Elders of Zion* (New York: Harper & Row, 1966)〔ノーマン・コーン著、内田樹訳『ユダヤ人世界征服陰謀の神話――シオン賢者の議定書《プロトコル》』(ダイナミックセラーズ、一九九一年)〕; Id., *The Pursuit for Millennium: Revolutionary Millenarians and Mythical Anarchists of the Middle Ages* (London: Oxford University Press [1957], 1970)〔ノーマン・コーン著、江河徹訳『千年王国の追求』(紀伊國屋書店、一九七八年)〕; Id., *Europe's Inner Demons* (London: Chatt and Heinemann, 1975)〔ノーマン・コーン著、山本通訳『魔女狩りの歴史――ヨーロッパの内なる悪霊』(岩波書店、一九八三年)〕; Joshua Trachtenberg, *The Devil and the Jews: The Medieval Conception of the Jew and its Relation to Modern Anti-semitism* (Philadelphia, PA: Jewish Publication Society of America, [1943], 1983).

(46) Berkhofer, *Beyond the Great Story* cit.

(47) Moshe Rosman, *How Jewish is Jewish History?* (Oxford: Littman Library of Jewish Civilization, 2007) (とくに chapter 5).

(48) この文献についての大まかな議論として、Dan Stone, "Beyond the Mnemosyne Institute: The Future of Memory after the Age of Commemoration," in: *The Future of Memory*, ed. Richard Crownshaw, Jane Kilby and Antony Rowland (New York/ Oxford: Berghahn, 2010), pp. 17-36 を見られたい。トラウマ理論をホロコースト史学に導入しようとしている興味深い論文に Amos Goldberg, "Trauma, Narrative, and Two Forms of Death," *Literature and Medicine*, 25 (2006), pp. 122-141 がある。

(49) Haffner, *Germany: Jekyll and Hyde* cit., p. 5.

第五章　ダン・ストーン編『ホロコーストと歴史の方法論』序論(1)

「独裁、戦争、残虐行為がすべての国々を狂気へ駆り立てている。ぼくの理論は、人類はそもそもの最初から狂っていたということであり、文明や文化はただただ人間の狂気を増大させるのに役立っているだけだということなんだ。なるほど、でもきみは事実を欲しがっているんだね」
アイザック・バシェヴィス・シンガー「二人の姉妹の話」

二十年前、サウル・フリードレンダーは彼の編著『表象の限界を検証する――ナチズムと「最終的解決」』を公刊した。本は、言語の能力ないし表現の技法を凌駕しているかにみえる出来事をどのように表象するかという問題にかんする諸論文の最初のではないが最も刺激に富む集成として、正当にも有名になった。ハンナ・アーレントがホロコーストについて書いたように、「意味の探求と理解にたずさわる者にとって、恐るべきことは、それ〔ホロコースト〕がなにか新しいものであるということではなく、わたしたちの思考のカテゴリーと判断の規準が壊滅してしまったことを明るみに出したということである」(2)。これは、ポストモダニズムとそれが人文科学に与えたインパクトをめぐる論争が頂点に達していた時期（一九八〇年代末と一九九〇年代初めの時期）に多くの研究者たちが取り組んだ問題であった。フリードレンダーの編んだ本は、基本的には、ヘイドン・ホワイトが彼のよく知られた著作、『メタヒストリー』（一九七三年）、『言述の喩法』（一九七八年）、『形式の内容』（一九八七年）でおこなっていた、歴史の記録それ自体のなかには過去の意味をなんらかの仕方で構築するための根拠は見いだされないという主張に向けられたものだった。当時の緊張した雰囲気のなかで、この主張は広く誤解され、ホワイトが――歴史における崇高なものの再発見を、それがファシズムと結びついたものであることを認めながらも唱道したこともあって――ホロコースト否定論にたいするなんらの防護策ももたない極端な相対主義者であることを意味しているものと受け取られた。もし過去についてのあるひとつの物語がそれ以外のどの物語とも同じように是認されるとしたなら、そのときには、真理はとどのつまり支配的な意見の力以上のものではない、と言っても差し支えないことになってしまいかねない。(3) この立場への不可避の攻撃（道理をわきまえた人物でこの立場を攻撃しようとはしない者がだれかいるだろうか）に直面して、ホワイトが少しばかり後退し、『表象の限界を検証する』の彼に割り当てられた章で、ホロコーストの場合には、事実そのものに訴えることによって、出来事についての物語がたとえば喜劇的ないし牧歌的様式で書かれるのを阻止するだろうと示唆しているようにみえたということで、多くの者たちは満足してしまった。(4)

しかしながら、ホワイトは、マーティン・ジェイの言葉を借りるなら、「素朴な歴史的リアリズムにたいする彼の名高い批判において最も強力な根幹部分を切り落とす」ことなど毛頭考えていない。(5) いいかえるなら、歴史の記録に目を向けたからといって過去の意味を露わにするのには役立たないという主張を彼は依然として保持している。(6) 意味は現在において歴史家たちがおこなう美的ならびに道徳的な選択をとおして与えられる。革命や戦争のような大事件に関連してジェイが論じているところによると、「言語に媒介されず、意味をまったく奪われていて、あとからやってくる歴史家が恣意的な仕方でプロット化するのを待っている潜在的な歴史的内容といったようなものは存在しない」という。(7) これはまったくそのとおりなのだが、ホワイトは歴史家たちによって構築される物語的プロット化が恣意的なものであるとは考えていない。歴史家たちが過去について話す物語が証拠によって変更されることがありうることは彼もまた認めている。認めてはいるものの、現在において歴史家たちに利用可能な意味の数のほうがもろもろの出来事の言語的な内容と媒介によって潜在的な物語の上に課される制約の数よりも多いのである。可能な物語――ポール・ヴェーヌの有名な用語を使わせてもらうなら「本当にあった出来事の話」(8)――の範囲は無制限ではないまでも桁外れに広く、歴史家がつくりあげる物語の自由度たるや、なんらかの上からの指令によって資料のうちに閉じ込めておけるものでは断じてないのだ。いずれにしても、ホロコーストにかんしては、可能な物語の範囲はこれまで産み出されてきた物語をはるかに超えている。なぜなら、あとで議論するように、ホロコースト史学は、その規模の大きさと洗練度にもかかわらず、多かれ少なかれ実証主義的な――すなわち理論化されないままの経験主義的な――歴史の方法によって支配されたままになっているからである。(9)

歴史の理論ないし哲学のレヴェルで直接ホワイトと連携してきた歴史家たちはほんの二、三名しかいないけれども、(10) 彼の主張はいまでは広く受け入れられている歴史的実践の特徴を形成するにいたっている。たとえ彼の考えが最も熱い論争の的となってきたのは、ホロコースト史の分野において(あるいはより正確にはホロコースト否定論現象との関連において)であったとしても(あるいは正確にはあったがために)、ホロコースト史学はなにか例外のような存在である。本書『ホロコーストと歴史の方法論』では歴史の記録がかかわることのできる多くの仕方が探求されるが、それは歴史を書く多くの仕方があることを示すためではなく、わたしたちが過去に与える意味は過去自身によってすでに出来上がったかたちでわたしたちに提供されるのではなく、歴史を書くという創造的な行為をつうじて鍛造されることを証明するためである。しかし、このように「創造的」とか「制作的」ということを強調したからといって、証拠への厳格な信頼に背反するわけではない。ホワイト自身、彼の著作の一部の改竄者たちとは違って、たとえ過去をどのようにでっち上げても、それが人びとが聞きたいと思っていることであるならば正当化されるなどとは、一度も示唆したことがなかった。「出来事は発生する」が「事実は言語を用いた記述によって構成される」とホワイトは書いた。[11] しかし、出来事と事実とはホワイトが定義しているようには相互に関係がないわけではないのだ！　アーラン・メギルが説明しているように、もし歴史のテクストがそれ自体ひとつの「架空の創作物」であるとしても、そのことは「そこには実体がない（there is no *there* there）」ということを意味するものではない。「それが主張しようとしているのは、歴史家は自分の著作のなかに登場する個々の歴史的対象を（しかしながら無からではなく）つくり出すということなのである」。[12] この論集はこうしてホワイトの基本的な立場の所在を、哲学的な分析をつうじてではなく、歴史の方法にかんする省察とホロコーストについて書くために採用することのできるさまざまな方法論にかんする議論をつうじて確かめようとする。それぞれの章は、それらの扱う問題が広範囲にわたっており、アプローチもさまざまであることからして、歴史の記録からは数多くの相異なる意味が、「出来事」がまず最初に起こったことを疑う者がだれかいるのではないかと懸念する必要もなしに生じることを示している。ロバート・バークホーファーが歴史一般について論じたなかで書き留めているように、「歴史家たちは本来の歴史それ自体を構成しているものについて、歴史的実践の新しい規則をつくり出すことなしに新しい表象の形態を正当と認めなければならない」のである。[13]

＊＊＊

この論集は思弁的な歴史哲学について扱ったものではない。すなわち、歴史の「力」の問題、あるいは〈歴史〉には人間たちによって与えられる意味とは別個の内的な意味や方向があるのかどうかといった問題にはかかわらない[14]。しかし、歴史理論(わたしはこの語を通常不適切にも「分析的歴史哲学」と呼ばれているものと同義の語として使う[15])には二つのレヴェルでかかわる。第一は歴史の方法についてのどちらかといえば単調で重みのない(軽蔑的な意味で言っているのではない)レヴェルである。すなわち、歴史家たちがまずは資料の獲得と批判に向かい、それから過去の総合的な記述ないし物語を産み出すさいにとる実践的なステップであって、そのステップを踏むなかでこれらの過程が結び合わされて暗々裡に物語を形成するのである。第二は方法論についてのもう少し「ハイ・レヴェル」での考察、すなわち、方法の性質と歴史の諸「学派」(社会的、経済的、知的、文化的、外交的、等々)にかんする理論的考察である。この第二の分析レヴェルにおける目的は、たんに方法についてのどの実践的な問題提起が最もよく歴史的厳格さを保証するかを考察することではなく、一歩後戻りして、歴史の方法それ自体ならびに個々の歴史的アプローチないし学派がどのようにしてホロコーストについてのわたしたちの理解を前進させるかを問うてみることにある。これら二つの分析レヴェルはヨルン・リューセンによってそれぞれ「対象理論(object theory)」および「メタ理論(metatheory)」というように描かれている。それら二つのレヴェルは、過去に起こったもの(時間が経過するなかで人びとが経験する変化のような)についての理論的陳述を歴史研究の性質についての理論的陳述から区別する。リューセンは、歴史家たちが理論的に思考をめぐらせるさいの目的は「彼らの実践している仕事が依拠している原理をありありと目に見えて意識できるものにして、彼らが仕事をより効果的に実行できるようにする」ことでなければならないと指摘している。「それは彼らが彼らの論拠を検証し、防衛し、発展させ、改善することを可能にし、彼らの実践している仕事をこの知識をもたなかった場合よりも決定的に高いレヴェ

ルに置くことになるだろう」というのだった。(16)

ここでは「方法」と「方法論」があまりにもきちんと区別されすぎている。実際には、両者は互いに入り交じっていて違いがはっきりしない。なぜなら、最も実用的な方法案内（たとえば大学院生に資料批判のやり方を教えるといったような）でも、著者や教師が気づいていようといよまいと、あるいははっきり言明することができていようといよまいと、必然的になんらかの理論的概念を含んでいるからである。こうしてこの論集は歴史理論への一寄与として受け取られるべきだろう。それはホロコーストの場合、歴史の方法と方法論が考察に付されている素材の力によって、そしてまたホロコーストが――公平さ、客観性、進歩、意味の明晰さ、学術的厳格さといった歴史学にとって中心的な位置を占める概念を含めて――西洋文明の多くの基礎的な概念装置に攻撃を加えるものであると広く受けとめられてきたさいの理解の仕方の結果として、どれほど手厳しい挑戦に直面しているかを示そうとしている。フリードレンダーが『表象の限界を検証する』への彼の序論で指摘しているように、「まさに「最終的解決」こそは、ポストモダニズム思想が、どのような全体化的歴史観の妥当性、どのような定義可能なメタ・ディスクール〔超越論的地位にある言述〕への参照の妥当性をも問題に付し、かくて平等の妥当性をもつ多様なアプローチへの道を開くことを可能にする」のである。(17)実をいうと、ホロコーストだけが歴史的表象にとって格別の困難を呈しているわけではない。同じ認識理論上の困難はあらゆる歴史記述について指摘できることである。しかし、これらの困難は、ホロコーストの場合には格別の明瞭さをもって立ち現われる。この事実を自覚することは、アロン・コンフィーノが指摘するように、「ホロコーストを理解するさまざまな新しい道を切り開く。そして、これにともなって、ホロコーストをたんに表象の限界というかたちでとらえることからだけでなく、――世代的、職業的、解釈的、文化的な面で変化が生じるために――歴史的表象の可能性と約束というかたちでとらえることからもの、歴史意識における移行が実現される」のである。[18]

だから、一方では、この論集は歴史理論の本であり、歴史の方法と方法論にかんする考察の書である。そして他方では、特殊にホロコーストについて扱った本であり、どのようにこれらの理論的争点がホロコーストの歴史研究に影響を与えているか、また逆に後者が前者に影響を与えているかを検証したものである。奇妙なのは、ホロコースト表象の問題にはじつに多くの関心が寄せられてきたが、これらの研究の大半は視覚芸術やミュージアム研究や映像研究や文学の領域でなされてきたということである。[19] フリードレンダーの論集『表象の限界を検証する――ナチズムと「最終的解決」』によって提起された諸問題を取りあげてきた歴史家はほんのわずかしかいなかった。たとえホロコーストが、リューセンの言葉を借りるなら、「「境界線上の出来事」を代表しており、それのもつ重要性は、それが歴史的思考の主題のレヴェルを逸脱して、歴史的思考それ自体の心的な行程の核心部にまで到達していることにある」としてもである。[20] かくて、この論集は歴史家たちのあいだにホロコースト表象をめぐる理論的争点への関心を、思弁的な歴史哲学のレヴェルにおいてではなく、歴史家たちが彼らの日常的な実践とみなしているものにとって願わくば関連したかたちで甦らせることを狙っている。ここでは明らかに、歴史における真理の身分にかんする諸問題や表象の限界ではなく、さまざまな方法論ならびにアプローチの可能性に焦点が合わせられている。たとえば、文化、記憶、証言、エコロジーといった問題がそれであり、比較ジェノサイド研究によって持ち上がった諸問題がそれである。このことが何を意味するかを説明するために、まず最初に歴史の方法ということで何が意味されているのかを簡単に述べることから始めて、ついでは方法上の理論的議論がホロコースト史という個別領域にどのような効果をもたらすかを示すことにする。

＊＊＊

「方法が歴史家をつくる」とアクトン卿は言った。そして厳格な歴史的探求のための彼の処方箋はいまもなお歴史家のトレーニングの基礎を形成している。アクトン卿によると、ケンブリッジでの一八九五年度の開講講義で述べているように、批判的方法は研究者に克己と時間のかかる作業への専念を要求するが、本質においては、「方法はとどのつまり常識を積み重ねたものでしかなく、あらゆる多種多彩な知的職業において最も有能な人びとがその使用を監視することで最もよく獲得される」のだった。歴史研究における正しい方法は、学識にもまして、「精神を強化し、まっすぐにし、押しひろげる」。今日では歴史家たちはこんなにも白人ブルジョワ男性の臭いがふんぷんとする言葉では論じようとは思わないかもしれないが、しかし現実にはアクトン卿の言明はいまもって歴史学の基礎であり続けているものからさほど懸け離れているわけではない。関係資料の徹底的な渉猟（発見）、資料を歴史的証拠として利用するための厳格な査定作業（資料批判）、この資料を感情に左右されない首尾一貫した物語に総合する正式の記述文書の作成（解釈）という、三つの部分からなる組み合わせは、新進の歴史家たちがマスターすることを期待されている手続きなのである。

しかも、これはまったく理に適った手続きなのだ。資料をどこに探しにいってどのような仕方で見つければよいのかを知ることは、明らかに歴史を書くさいの必須条件である。資料を批判に付すことも基本的な作業である。たとえ資料がある人の仮説の妥当性に脅威を与える場合でも資料を無視しないでいるというのは、それこそ専門家《プロ》としての腕の見せ所である[21]。大衆受けを狙った歴史家たちなら、競合する物語のなかにこの「ある人の仮説の妥当性に脅威を与える」資料を織り込むことができる。しかし、学術的な意味において優れた歴史も、ストーリーを語ることよりも分析に力点を置いた仕方で証拠を議論しようとすることがありうる。たとえロジェ・シャルティエとポール・リクールが「歴史は、たとえ物語から脱却していると主張している場合でも、つねに物語行為である。なぜなら、その了解様式は依然として表象される行為の筋立てを確かなものにする手続きと操作に依存しているからである」と強調するのが正しいとしてもである。[22] さらに、歴史を書くということにはこれ以上のものがあるのかもしれないのである。歴史の方法というのはあくまでも出発点にすぎない。歴史をフィクションから区別して、研究者たちの共同体に全員が同意できる基礎的な作業原則を提供する手続きなのである。それは歴史的テクストの構築作業およびテクストのかたちで構築されたものをどう解釈すべきかについては何も語っていない。なぜジョナサン・リテルの『慈しみの女神たち』のような実質的に歴史的調査にもとづいた小説が、ホロコーストの迫害者たちにかんする歴史的調査の大部分よりも洞察力に優れているとみなすことができるのか、をそれは説明できないでいる。[23]「歴史的表象においては、わたしたちはけっして過去を扱わない。過去に取って代わるもろもろの命題としての歴史的テクストを扱うのである」といったような考え[24]は、アクトン卿の議事日程には入っていなかったものである。さらなる解明を要求しているのは、歴史的方法のこの第三の要素——歴史的テクストの構築作業——である。

方法についてのアクトン卿の定義については、二十世紀をつうじて多くの批判が提出されてきた。一部の歴史家たちは、アクトン卿の後継者で、一九〇二年度の開講講義を「歴史の科学」というタイトルでおこなったJ・B・ベリーから、カール・ヘンペルの「法則包摂モデル」という概念、つまりは過去の人間行動についての一般化可能な因果的モデルを提供しようとする試みにいたるまで、歴史をアクトン卿が可能であると考えていたよりももっと科学的な足場の上に据えようと試みてきた。[25] また、歴史記述に似つかわしい主題を構成していたもののレパートリーが拡大することによって、資料批判をおこなうことが従来よりも難しくなり、統計学や気候学はいうまでもなく、社会学や人類学のような血筋を同じくする領域からやってきたもっと創意工夫に富む方法によって補完される必要があることを示す歴史家たちもいた。とくにフランスの歴史学雑誌『アナール〔年報〕』に結集した歴史家たちは、「長期持続（longue durée）」や「全体史（histoire totale）」に一意専心するなかで、歴史家は文書保管庫の資料に接近するための中立的な導管として振る舞っているという考え方に打撃を与えることとなった。彼らもまた「科学的な」理想の奨励者で、少なくとも『アナール』の初期の成果のなかでは、彼らの書くものから物語やひいては作為をうかがわせるものを除去しようとしていたにしてもである。[26]

もっと時代が下ると、批判はそれに答えるのがますます難しくなっていった。構造主義、ポスト構造主義、脱構築の跡を追って、歴史家たちは彼らが利用している資料がたまたま入手できたものであって、最も信頼できる資料ですらその種の無数にありえた残存物のなかから生き残った一片の痕跡以上のものではないという事実に以前よりも注意を払い始めた。「完全無欠な再構成が可能だという幻想は、わたしたちに答えを提供する記録文書は同時にわたしたちに問いを投げかけるという事実からやってくる。そのようにしてそれらの記録文書はわたしたちを多くの事物についての無知の状態に置いたままにしておくだけでなく、自分たちが無知であるという事実について無知なままにしておく」とポール・ヴェーヌは大袈裟ではあるが教えられるところがないわけではない仕方で書いている。[27]まずは『アナール』の歴史家たちによって、ついでは文化史において「資料」の概念そのものが拡張され、いまでは歴史家たちは身体の歴史や感情の歴史やセクシュアリティの歴史などを書いているということは、ヴェーヌの高度に批判的なスタンスですら更新されなければならないということを意味している。というのも、文書に書きとめられたものだけが歴史的資料ではないからである。そのうえ、ジェノサイドのような出来事については歴史家たちはどう判断すべきなのだろうか。

その法外さは部分的には「アーカイヴを破壊してしまうこと」、すなわち、そうした出来事が起きたこと自体を了解不可能なものにしてしまおうとすることにある。[28] ことによると問題は、コンスタンティン・ファゾルトが書いているように、歴史について求められていることが少なすぎたことではなく、多すぎたことだったのかもしれない。「歴史が過去の現実に到達するのを期待するというのは、過去からではなく、暴れ狂う歴史的想像力から立ちのぼってくる蜃気楼に眩惑されたままになるのを許すことなのだ」[29]。過去をそれが本来あったがままに（wie es eigentlich gewesen ist）〔ランケの言葉〕「書きあげる」という「高貴な夢」は歴史家たちの期待の領域から姿を消しはじめた。[30] 歴史家たちは、彼らの見るところでは無責任な相対主義者たちの猛攻撃から学問としての歴史を「救出する」ための「もろもろの防衛策」に訴え始めたのだった。[31]

そうした相対主義者のなかでも最先端に位置するのがドミニク・ラカプラである。思想史家としてラカプラは、過去に向かって実証主義的な（あるいは「常識」に立脚した）スタンスをとることには思わざる危険が潜んでいることを歴史家たちに警告する責務をみずから率先して引き受けてきた。とりわけ、ホロコーストに焦点を合わせかえて以来、ラカプラは歴史を書くことについて精神分析の術語を用いて議論して、ことにトラウマ的出来事を扱うときには転移と逆転移の問題が発生すると歴史家たちに警告してきた。実際にも、歴史家が過去とのあいだに心情的な親近感にもとづく関係を取り結ぶことがあるかもしれないといったような考えはアクトン卿のまったくあずかり知らぬところで、彼にとっては歴史家は適切なトレーニングを受ければたんなる導管になることができるのであり、その導管となった歴史家の作業をつうじて過去はおのずと自らを露わにするのだった。ラカプラによると、わたしたちは歴史家たちが過去を構築するさいにとっているやり方に注意を払わなければならないだけでなく――このことはいまでは批判的な歴史理論の与件である――、出来事、なかでもホロコーストのような限界に位置する出来事が歴史の構築を妨げるやり方にも用心していなければならないのである。儀礼、象徴、言語、テクスト性、トラウマ、記憶、転移などにラカプラが目を向けていることは、彼が——ヘイドン・ホワイトと並んで——歴史に「文学的挑戦状」を突きつけていることを意味しているが、(32) そのラカプラは歴史学の内部から歴史への反対表明をおこなっており、狭隘な境界線や硬直した方法論を超えた多様で学際的なあり方を推進しているということは強調しておいてよいだろう。(33)

＊＊＊

しかしながら、これらの理論的批判のどれひとつとして、実際に起こったことに歴史家の書く過去がなんらかの仕方で関係していないということを意味しているわけではない。たとえ歴史家の書く過去が過去の全体を表象することはできないとしてもである。また言語は過去に向かって窓を開くというよりも過去を構築するのだとしてもである。そうでないとすれば、歴史とフィクションとのあいだには違いがないことになってしまうだろう。(34) アンカースミットが記しているように、歴史は「言語を用いたたえざる実験」であり、「言語を世界に関係づける実験」である。(35) そして、「言語論的転回」が明らかにしたように、「歴史的現実について語るための相異なる「言語」が存在しうるという事実は、わたしたちが世界を英語やフランス語やドイツ語や日本語で描写することができるという事実に劣らず、歴史的相対主義に有利に作用する論拠なのである」。(36) 同一の過去を表象するのにも多数のやり方がある。方法が重要であり続けているのはここにおいてである。ケヴィン・パスモアが「多くの等しく月並みな歴史家たちによって暗々裡に奨励されている仮説の定式化と試験の方法——仮説＝演繹的方法」として描写しているものは「現に歴史家たちには無限の解釈の可能性が開かれているのを受け入れることをすべての解釈が平等に有効なわけではないということの承認と結びつけている」[37]。歴史家たちが現在達成しようと狙っているのは、一方では、「満足のゆく不完全さ」ないし「過去の代わりになるもの」であり、他方では、他の歴史家たちの解釈の成否を判断するための基準の確立である。方法についてのアクトン卿の格言はいまもって適切さを失ってはいないのである。たとえ「究極的な歴史」の夢は消え失せてしまったにしてもである。すなわち、その方法が設定されたさいの目的はいまでは当時とは異なったふうに捉えられているとしてもである。

それはそうだが、ポストモダニズムというコンテクストのなかで展開された歴史と理論をめぐるあらゆる議論のあとでは、アクトン卿の提唱する歴史的方法がそのままではほとんど受け入れがたいというのも明白である。一部の歴史家たちは、理論についてのいかなる考察も（自然科学を特徴づけている、規則性をもった一般的な現象を説明するのとは反対に）過去を物語るという自分たちの「本来の」仕事から注意を逸らせてしまうと信じて、なおもアクトン卿の据えた土台の上で作業を進めているのかもしれない。しかし、これは歴史を中傷する者たちの書きもののなかで登場する可能性が最も高い戯画にすぎない。歴史家の大多数は今日では、「対象理論」的な種類のものであれ、「メタ理論」的な種類のものであれ、理論的な諸問題に注意を払っている。方法論について積極的に探求したり書いたりする歴史家はほんのわずかしかいないけれども、このことは彼らが方法論上の暗闇の中で作業をしているということを意味するものではない。リューセンが指摘しているように、資料の探索は歴史的＝哲学的理論化をおこなうさいにも前提となっている。というのも、そうでないとしたなら、理論化の対象となるものは何もないことになってしまうだろうからである[38]。「ポストモダニズムと物語理論とは、かくて歴史家が過去の現実を彼の物語のなかで／そして彼の物語によって表象する直感的能力をもっていることが尊重されるような仕方で修正されなければならない」とアンカースミットは書いている[39]。ホロコースト史のコンテクストのなかでは、大半の歴史家たちはホロコーストを表象するにあたってもろもろの困難に直面していることを鋭くも自覚している。彼らは彼らの（やむをえず）使う言語が過去を露わにするのと同じぶんだけ不分明にしたり隠蔽したりすることがあることを知っている[40]。たとえ、「最も厳密に客観的で断固として「明晰」かつ直写的な言語ですら、神話、詩、そして「文学的な」書法に訴えることなしにはホロコーストを正当に評価することはできない」というヘイドン・ホワイトの断言には彼らは不快感を覚えることがあるかもしれないにしてもである[41]。逆説的なことにも、ホロコースト史の分野がアクトン卿が今日の歴史研究のほとんど他のどの地帯よりも自分自身のアプローチに近いとはっきり認めるであろうようなアプローチによって支配されているのは、ことによるとこの理由のためである。ホロコースト史は、おそらく礼儀作法上とどまるべき境界を踏み越えたり、（たぶん、まさしく基礎的な事実にかんする知識がなおも覆いを剥がされないままになっているために）ホロコーストを不適切な実験的物語のための主題として「利用する」ことへの怖れからであろうか、方法論上の整合性と決まりごとを遵守すべく「自己規制」されているのだ[42]。すべてのホロコースト史家たちが承認し経験している方法論上の不安がホロコースト史学にいっそう大きなインパクトを与えるようにするために、もっと多くの鋭い問いが問われることを必要としているのも、同じ理由による。

いうまでもなく、ホロコースト史学を支配していた解釈上の諸問題と分析枠組みは時間が経つとともに変化してきた。最も有名なのは「意図派」と「機能派」の論争で、これは最近十年ほどのあいだに「イデオロギーの復帰」に場を譲ってきた。これらの変化は歴史研究の狙いと目的やそれらを達成するための最も適切な方法にかんするメタ理論的な省察なしには起こらないのであって、その適切さはなんらかの特定の時にかかわる歴史家たちの見通しと狙いによって規定されているのである[43]。方法は歴史叙述と密接に関連しているのである。

たとえば、サウル・フリードレンダーの一九八〇年代と一九九〇年代以来の数多くの理論的著作は彼の二巻からなる『ナチス・ドイツとユダヤ人』の総体的な物語を構築するのに大いに役立った。また、スタラホヴィチ労働キャンプからの証言にかんするクリストファー・ブラウニングの経験的な労作は、生き残りの証言は信用できないということでそれらを利用するのをホロコースト史家たちが伝統的に渋っていたのにたいして、厳密に経験的な観点から異議を申し立てる立場へと彼を導いていった。[44] それにもかかわらず、ホロコーストの歴史は歴史的方法論の伝統的な理解に立ったところから書かれる形勢にあり、その結果、その分野での生産量こそ膨大な量にのぼるものの、方法論的には（さきに描写した方法論の二つのレヴェルのいずれにおいても）まったくもって旧態依然というほかないのが実状である。このことは、裏返せば、何が生産されるかについては予想がつくという意識のようなものが存在していて、その結果、最近十年間の明らかな変化[45]にもかかわらず、全体的な解釈枠組みはほんのわずかしか変わってこなかったということを意味している。コンフィーノが言うように、ホロコースト史学の解釈上のライトモティーフ――イデオロギー、人種、コンテクスト、戦争／急進化――は、かつてとまったく同じ仕方ではもはや歴史叙述における革新の源泉ではなくなってしまっている。「ホロコーストは一世代前ほどわたしたちにショックを与えることがなくなってきたのにともなって、これらの概念を取り立てて演出してみてもさほど挑発的な効果をもたなくなってしまったようにみえる。あらゆる歴史叙述がそうであるように、ホロコーストの歴史叙述も変化するだろう。新しいアプローチが出現するだろう。新しい解釈が提出されるだろう[46]」。いまはホロコースト史学について方法論的観点から顧みるべき時である。わたしたちがホロコーストについて語るストーリーはどのようにすれば新たに語ることができるようになるのだろうか。

＊＊＊

ホロコーストを理論的議論のための土台として使用するときには、フリードレンダーが指摘する「言葉の背後に存在する恐怖」が忘れられてしまう危険がある。『表象の限界を検証する』への寄稿者たちが自分たちの研究の背後に存在する真の理由をけっして無視しなかったように、同じことはこの論集『ホロコーストと歴史の方法論』への寄稿者たち——方法の諸問題（資料を蒐集し査定するやり方）について扱っている論者と、方法論（方法についての理論的分析）について議論している論者の双方——についても言えることを読者たちはわかってくれるだろうとわたしは信じている。加えては、一九九〇年代初めには「ナチズムとその犯罪についての現在の記憶は」フリードレンダーの編んだ論集のなかで「持ちあがった諸問題」（フリードレンダーはポストモダニズムをめぐる論争のことを言っていた）と「本質的に結びついたグローバルな知のシフトによって直接影響されている」というのが真実であったとするなら、今日では、西欧世界の至る所でホロコーストの表象が行き渡り、政府主催の追悼記念式典が執りおこなわれているなかにあって、ホロコーストを表象するということをめぐってわたしたちが何をしているのか、またどんな具合なのかについて理論的に問うてみることも同様に重要である。実際にも、ホロコーストのもつ意義についての自覚が他のヨーロッパ諸国よりもかなり後れていた英国やスペインのような国においてすら「ホロコースト意識」が目立って拡がるようになってきたからではなく、悲しいことに、今日、美術、映画、小説、教育、児童書においてホロコースト表象として通っているものの多くが主題ならびにその消費者たちの陳腐化と幼児化に寄与しているために、それらの理論的問いかけの重要度はそれだけいっそう増しているのである。現代文化におけるナチズムとホロコーストは、サウル・フリードレンダーが一九八〇年代に『ナチズムの省察』を書いたさい、彼に不安を生じさせる原因となっていた限界をはるかに超えるにいたっている。[49]今日では、わたしたちにホロコーストの記憶を維持し続けるよう要求する目的でとのことだが、追悼記念のウェブサイト上での視覚に訴えるキャンドル照明から、死の収容所のイメージがそれの与える「ショック」価値のために採用されている搾取的な芸術作品にいたるまで、ホロコースト・キッチュで溢れかえっている。[50]この論集は、どのようにすれば歴史家たちはホロコーストの恐怖に革新的な、しかしまた責任ある仕方で応答することができるのかを考えてみたいという願いが動機となって編まれたものである。

この問題は今日、ポストモダニズムをめぐる論争が真っ盛りだったころに劣らず、状況と密接に関連している。ひいては、『表象の限界を検証する』はいまではそれ自体が歴史化の対象でありうる。ポストモダニズムをめぐる論争はほぼ鎮静化してしまった。しかし、経験的な仕事が優勢になりつつあることに含意されているらしくみえるように、歴史家たちが論争に「勝利した」と結論するとしたら、それは誤りだろう。事実はといえば、勝利とはほど遠い状態にあるのである。第一に、ひとくちに歴史家といっても多くの種類があって、ポストモダニズム（広い意味に理解された）の理論的想定の多くが歴史家たちの日常的感性の一部となってしまっている。なかでも文化史家と思想史家がそうであって、彼らにとってはテクストの構築と表象に注意を払うというのは第二の天性ないし習い性のようなものなのだ。第二に、何ものかをたんに払いのけてしまうことはそれと真っ正面から向かい合ったことと同じではない。しかし、ホロコースト史学の場合には、事情はもっと込み入っている。ポストモダニズムをめぐる論争がしばしばホロコーストに注意を差し向けたのは、それが「限界に位置する出来事」だったからである。そしてポストモダン的アプローチを好意的に受けとめた者たちも、歴史を「防衛する」必要を見てとった者たちも、双方ともにホロコーストを一種の「切り札」として使ったのだった。[51] それでも、ホロコースト史家たちのあいだでは、歴史理論家たちとは対照的に、理論はかろうじて侵入したにすぎなかった。そして一九九〇年以降になされた調査研究は圧倒的に経験的なものであった。この経験主義を助長したのは、東ヨーロッパの旧共産主義諸国からやってきた、新たにアクセス可能となったアーカイヴ資料の巨大な波であった。それはとくに東ヨーロッパの地域レヴェルにおけるホロコーストの展開と、巨大なRSHA〔国家保安本部〕機構から地域行政のレヴェルにいたるまで、ホロコーストを遂行した迫害者たちのネットワーク間の関係についてのわたしたちの理解を革命的に一新したのだった。[52] しかし、理論がせいぜい暗々裡にしか姿を見せなかったという事実は、フリードレンダーによって提起された諸問題が消え去ってしまったことを告げるサインではなく、歴史家たちは新しいアーカイヴ資料に忙殺されていてそれ以外の案件について考える時間を見いだせないでいたということのサインにすぎなかった。アンカースミットの言葉を借りるなら、彼らは歴史的意味構築（historische Sinnbildung）の第一次的なレヴェル、過去についての真実の言明を記録する作業に忙殺されていて、物語的表象〔知識すなわち過去についての真実の言明の組織化〕と歴史的経験という二つの他のレヴェルを顧慮することをしないできたのだった。[53]

＊＊＊

こうして、ある出来事が「限界」に接近していることと、それに理論的にかかわろうとする歴史家たちの意思のあいだには、逆が真であるべきときには、逆比例の関係が存在するようにみえる。正確にいえば、「限界に位置する出来事」は、歴史家たちは自分たちがおこなっていることをどのようにおこなっているのか、についての議論を産み出すようなものであるべきなのだ。ホロコーストにかんする事実データの異例ともいえる蓄積を見てきた最近二十年の経験的達成の後を受けて、この論集が前提としているのは、ブラウニング、フリードレンダー、ロンゲリヒの手になる頂点をなす大作がいまでは利用できるようになっているなかで、そしてまた展望の面での一大変化がジェノサイド研究、ポストコロニアル研究、グローバル・ヒストリーによって産み出されたなかにあって、ホロコースト史学の性質についての理論的省察に立ち戻る時機が到来したということである。(54) 二十年前、ドミニク・ラカプラは、ホロコースト研究は「歴史叙述一般の要求条件を再考するのに役立つかもしれない」と書いた。(55) この課題はいまもなお取りあげられるべき課題であり続けている。また一世紀以上前、アクトン卿は、歴史の資料にかんしていうなら、「干上がってしまう懼れよりも水浸しになる懼れのほうがはるかに大きい」と言った。したがって、今日の問題は、資料にアクセスするという問題ではなくて、資料によって何をなすべきか、また資料が意味を産み出すようにさせるにはどうすればよいか、という問題である。これは、歴史における意味の概念そのものに根本からの挑戦状を叩きつけているようなトピック――ホロコースト――の場合には、それを経験した者たちにとっても、わたしたちのうちでその歴史を書こうとしている者たちにとっても、解決するのがとりわけ難しい問題なのである。

だれもがこの種の研究の必要性を見てとっているわけではない。

たとえば、ドナルド・ブロクサムは、より広い「ホロコースト・スタディーズ」のなかではここのところ過剰生産が質の面で否定的なインパクトを及ぼしてきたが、ホロコースト史学は「冷静沈着と微妙な色合いの差という基準を維持してきた」と書いている。「クリストファー・ブラウニングのようなベテランの研究者とともに、比較的若年のドイツの研究者たちからなるいまではよく知られている一群に支えられて、ホロコースト史は活気に溢れた領域である」(56) というのだが、この主張は当たっていることが容易に実証される。

というのも、ほかにも引用できる多くの研究のなかから代表的な研究だけを挙げるなら、ゲットーにかんする国別や地域別の研究から、ユダヤ人の所有する財産の収奪にかんする研究にいたるまで、ホロコーストにかんする質の高い歴史研究が矢継ぎ早に出版されつつあるからである。[57]

それでも、これらの研究が厳密さと冷静沈着さにおいて称賛に値するとするなら、このことは大方、それらがあるひとつの共通の方法論を分かちもっていることによっている。[58] それらはなによりもまず、アクトン卿の方法のうちの初めの二つの面（資料の発見と資料批判）に焦点の大部分を合わせて、第三の面（解釈）にはほとんど留意しない経験主義によって駆動させられている。象徴的意味を担った儀礼的暴力とか「集合的記憶」といったような、容易には経験的に立証できない人間の過去の諸側面を探求しようとする歴史的アプローチは、（フィンケルシュタイン、ゴールドバーグ、ノイマンによって書かれた章が議論しているように）ホロコースト史学においては歴史研究の他の分野におけるよりもはるかに共有される度合いが小さい。このことは、フランク・バヨールが若いドイツの歴史家たちの仕事についてコメントしたさいに指摘しているように、アメリカのホロコースト研究よりもドイツのそれに当てはまる。

「明らかに、ドイツでは、この主題に取り組むことはけっしてキャリアアップにはつながらない。「第三帝国」の歴史を書けばいまだにアカデミズムのなかで防衛的な反射作用を引き起こすということだけが理由ではない。それはまた経験的なナチズム研究の方法論的保守主義にも起因している。それは道徳的負荷のかかった、小心翼々とした事実への集中によって特徴づけられている場合が少なくなく、その一方で理論的基礎づけ作業には――最小限ないし中程度のものですら――しばしば不快感が示されるのである[59]」。

これは取り立てて新しい問題ではない。一九四七年、コロンビア大学の文学教授エメリー・ネフはドイツの歴史家たちを事実調査に熱心すぎるといって批判したことがある。事実調査にこだわりすぎた結果、「テオドール・モムゼンは一冊以上の本を書くことを妨げられ、アクトン卿はたった一度だけ書くことすらできないままになってしまった」というのだった。[60] そしてホロコーストにかんして書かれたドイツ人の博士論文やハビリタツィオーン〔大学教授資格〕論文の最も顕著な特徴が――いくつかの特記に値する場合のように、ホロコーストについてのわたしたちの理解に有意義なインパクトを与えてきたと評価されてもよい個所ですら――解釈を犠牲にしてまで事実データの蒐集に最大限の注意を払っている点にあるというのは、たしかに真実である。しかし、かりにドイツ人による研究がこの現象を最も明白なかたちで示しているとして、ホロコースト史一般にも同様の現象が見られないとはとても言えないのである。

いいかえるなら、一九八〇年代と一九九〇年代初めのホロコースト史と歴史理論の交差はホロコーストをポストモダニズムの先触れとみなすよう多くの人びとを導いていった一方で、ポストモダニズム自体は、実際には、人びとの感受性が変化したという感情以外には、ホロコーストの歴史研究にさほどのインパクトを与えてはこなかったのだった。カリン・ボールのいう意味での歴史の「規律」は現在も依然として効力を失っていない。ボールによると、「研究者たちがさまざまな分野において頼りにしている科学的、美学的、道徳的、修辞学的理想の連鎖」を探求することが「彼らがホロコーストへの「適切な」（厳密にして倫理的な）アプローチを擁護するときには」なおも必要なのだ。ボールが「ホロコーストを規律づける」ということを口にするとき、彼女が言及しているのは「ホロコーストが「わたしたち」にとってもつ道徳的ならびに歴史的な意義を時が経つにつれて陳腐化していきかねないことに抗して確保しようとする努力」のことである。ボールのみるところ、「規律」の論理はダニエル・ゴールドハーゲンの『ヒトラーの自発的な死刑執行人たち』（一九九六年）への歴史家たちの「多弁な」反撥のうちにきわめて明確に示されている。ゴールドハーゲンのルサンチマンに異議を唱えるなかで、歴史家たちは彼らの「適切なホロコースト史学を定義するための論理的基準への信頼」にたいするゴールドハーゲンの挑戦を拒絶した。しかし、ポールは「ゴールドハーゲンの「見苦しい」ルサンチマン」を「家族、共同体、そして未来の世代を破壊してしまったジェノサイドへの理解しうる回答」ととらえる。歴史家たちの反撥の激しさは「ひとつの合理的行動様式としての専門的な学術研究を統御している認識論的な厳格さの理念と分かちがたく結びついた自制の作法《プローコル》にアカデミシャンたちがどれほど深くとらわれているか」を曝き出しているというのである。(61) 実際にも彼女は「ゴールドハーゲンの無作法な行為は傷つきやすい集団のメンバーたちのあいだに心的外傷を受けた後の不安が存在することのひとつの兆候であり、殺戮の手助けをしたり知らんぷりを決め込んできた自己中心的な多数者の門前で抗議の声をあげている、裏切られた少数者の怒りなのである。トラウマ的な出来事は歴史家たちに、ジェノサイドを前にしては野蛮な振る舞いでしかない科学的な冷静沈着さを脱ぎ捨ててこれらの門を開けるよう迫っているのだ」とまで主張するにいたっている。(62) 倫理、記憶、経験にかかわる諸問題すべてが、経験主義と並んで、歴史研究を形づくっているのである。とくにホロコーストのように政治的かつ心情的な負荷のかかったトピックにかんしては、正しい「歴史する（doing history）」やり方といったようなものは存在しないのである。

　ポールの発見したもろもろのことがらは取り立てて新しいわけではない。ヘイドン・ホワイト、フランク・アンカースミット、ジャン＝フランソワ・リオタール、ジャック・デリダ、ベレル・ラング、ローレンス・ランガー、ドミニク・ラカプラ、モイシェ・ポストーン、ダン・ディナー、そして他にも多くの者たちの与えたインパクトには深甚なものがあった。しかし、彼らのインパクトは歴史の実践に与えたものというよりは、映画、美術、文学のような媒体におけるホロコーストの表象をめぐっての「ホロコースト・スタディーズ」内での論争に与えたものだった。このようなわけで、その無作法ぶりは別として、ほかにも歴史家たちがゴールドハーゲンの議論を拒絶する多くの理由があったとしても、ボールの新著はホロコースト史と歴史理論との関係をめぐる論争を再活性化しようとした勇敢な試みであるといってよい。歴史哲学の分野においても、論争には一九八〇年代と一九九〇年代のような活気がなくなってしまっている。歴史哲学者のあいだではホワイト、ラカプラ、アンカースミットその他の仕事への関心は続いているとしても、歴史家一般にかんしてはそうではない(63)。そしてホロコースト史家たちのあいだでは、理論上の案件に注意を向けることは歴史を書くという「本来の」仕事からの逸脱であり、ホロコーストについてのいまだ知られていないもろもろの事実を発掘するのに費やすことができたはずの貴重な時間の浪費であるという感情が支配しているようにみえる。けれども、これでは元も子もない。一方がなくてはもう一方も得られないのである。

＊＊＊

理論の件はさておくとしても、ホロコーストに行きあたった場合には、それ以外の大きな出来事と比較して、使うことのできる歴史的方法の在庫は限られている。ことによると、最も重要な例外はホロコーストの犠牲者たちの歴史叙述にかんするものかもしれない。発足した当初から、文化史——過去における象徴的な意味生産の研究というよりは、どちらかといえばマシュー・アーノルド的な意味においての、どの社会にも見られる最も「貴重な」資質および特性としての「文化」の研究として理解された——は、ナチス占領下のユダヤ人の歴史を語ってきた。とりわけイスラエルの歴史書においてはそうである。しかしながら、過去の行為主体たちが象徴、儀礼、物語をつうじて自分たちの人生に意味を与えようとしてきたさいのやり方を発見しようという人類学的意味合いの試みについては、アロン・コンフィーノ、アモス・ゴールドバーグ、そしてわたしがこの論集で論じているように、関係文献はなおも揺籃期にある[64]。過去の人びとが自分たちの人生と彼らを取り巻く出来事に与えていた意味を甦らせようとするこの試みは、現在において意味をつくり出す歴史家についてのホワイトの議論と混同されてはならない。しかしながら、ここにはなんらのパラドクスも存在しない。文化史も他のいかなる歴史記述の分野とも同じ認識理論上の問題をかかえており、歴史のテクストが過去自体の代用品として作動している。そして過去における意味を甦らせることは歴史家たちが同時に現在において意味をつくり出していないということを意味するものではない。同様にまた、まさしく文化史が過去の意味の探索にかかわっているために——資料が見つかっても不透明なものであることが頻繁にあるので、これはけっして簡単な仕事ではない——、「歴史的操作」の根本的な意義はそれが現在における意味創造に役割を果たしていることにあるという主張から文化史を除外するわけにはいかないのである。

文化史の広範囲にわたるエリアの内部には、記憶という、文学において目立つひとつのテーマがある。最近二十年ほどのあいだにおける西欧社会の（しかしまた西欧社会だけではない）かくも驚嘆すべき特徴をなしてきた「記憶ブーム」と符節を合わせて、ホロコースト史学も記憶への転回を支配的なパラダイムとみてきた[65]。アロン・コンフィーノ、ペーター・フリッチェ、ウルフ・カンスタイナーその他の仕事は、記憶をホロコーストの理解にとって中心的な意義をもつテーマとして起ちあげてきた。たとえ、コンフィーノが（ドイツの歴史記述についてのバョールの分析と一致するあるコメントのなかで）強調しているように、これまで第三帝国期のドイツ人の記憶にかんする仕事は皆無で、ナチズムをドイツ人の生き方に結びつけるのを助けてくれるような著作はなにひとつとして存在しなかったとしてもである。もしそのような著作が存在していたなら、ドイツ人の習俗、規範、先入観念と断絶すると同時に連続してもいたナチズムがどのようにしてかくも効果的に支配権を得ることができたのかを理解する一助になったかもしれないのにである[66]。繰り返すが、この仕事の大部分は戦後のヨーロッパやアメリカ合州国におけるホロコーストの記憶にもとづいてなされてきたか——そこには多くのじつにみごとな歴史研究も含まれる(67)——、あるいは文学や文化の研究者たちによっておこなわれていて、追悼記念や記憶の芸術的担い手たちに照準を当てた彼らの作品(68)がホロコーストについての歴史研究自体（すなわち、人びとが一九四五年以降ホロコーストにどのように応答したかを分析するよりも出来事としてのホロコーストを説明することに主眼を置いた研究）のなかに浸透することはついぞなかったのだった。(69)同じことは、ゾーエー・ワックスマンが指摘しているように、証言についても言える。いまでは証言にかんする洗練された理論的文献が存在する。(70)しかし、サウル・フリードレンダーが彼の二巻本『ナチス・ドイツとユダヤ人』で「犠牲者たちの声」を利用したときには、大半のホロコースト史家たちはこれを一大進歩だとみなしたのだった。文化史は歴史研究一般に多大のインパクトを与えてきたが、注目されることに、ホロコースト研究にはほとんどインパクトを与えてこなかったのである。(71)

ホロコースト史にいくばくかのインパクトを与えてきたもうひとつのエリアはジェンダー研究である。女性たちとホロコーストをめぐる問題を問うことには一九八〇年代と一九九〇年代初めには驚くほど強い抵抗があったのだが、その抵抗もしだいに和らいできて、ジェンダーは程度の差こそあれメインストリームの一部を形成するようになった。しかしながら、問われている問題はなにかとみれば依然としてどうも窮屈そうで不自然さが目立ち、論争も「介護者兼共有者」としての女性の役割や女性は男性よりも生き延びる準備ができていたかどうかという点に集中したままであった。「標準から外れた」女としての行動にかかわる問題を提起した者たちは、なかなか彼女らの声を聞いてもらえないできた。もはや、文化的規範に順応しようとしない女性たちによってショックを受けるような場合——女の迫害者たちに出遭った場合のように——ではないにもかかわらずである。

しかし、歴史的に規定された女性の役割を払い落とすというのは有益なことであったとしても、いくつかの点でそれはもっと厄介な問題を生じさせることとなる。「道を踏み外している」とみなされている女性の行動の「仮面を剝ぎ取る」ことによって、わたしたちはひょっとして性的倒錯行為の「それと気づかないでいる共犯者」になってしまってはいないだろうか。ポールが問うているように、「歴史的経験のジェンダー化された性的差異に注意するよう呼びかけるフェミニストたちの学問的アジェンダは、ホロコーストの語られることのない、それゆえ「秘かな」恐怖と結託している」ということもありうるのではないだろうか。(72)この種の問いはまだようやく問われ始めたにすぎない。そしてホロコースト史家たちが家族史を書き始め、ユダヤ人の男性主義と家父長主義がホロコーストにおいて演じている役割について述べるようになるまでは、十分に答えることは不可能だろう。

この論集の関心事に直接触れているホロコースト史における最も顕著な発展はことによるとホロコースト史学への関心が増大したことかもしれない。これは世代間の違いによるものではない。いまでは迫害者と生存者の孫たちも出来事の歴史を書く責任を負いつつあるからである。それはまたホロコーストが法外な出来事であるという感覚を失うことなくそれを歴史化するにはどうすればよいかという――わたしたちをフリードレンダーのマルティン・ブロシャートとの論争に立ち戻らせる――問いでもあり、ホロコーストと関わりがあった諸国で戦後の期間中ずっと沈黙が支配してきたという主張への返答でもある。第二次世界大戦後最初の三十年間と、「ホロコースト意識」がしだいに芽生え始め、ホロコーストの記憶が世界中の公式の追悼記念行事日程のなかに組み込まれるようになっているのがみられる、続く三十年間とのあいだに相違が存在するのを反駁することはできないけれども、相違は絶対的なものではないということもまた正しいのである。ホロコーストの第一世代の歴史家たちも、ほとんどは大学の施設の外にあって独立した存在であったけれども、しばしば戦前と戦争中になされていた仕事にもとづいて作業を進めながら、その分野の研究を発展させるうえで有意義な何歩かを踏み出してきたのだった。しかしながら、歴史叙述の進め方にかんすることがらへのこの関心の復活も、理論と方法論にかかわることがらから出てきたというよりも、大量の文献とその下位分野をうまく操縦したいという願望に駆られてのものである。(73) 歴史叙述の進め方にかんするこれらの研究は、歴史家たちには問題をなんとかして「まとめあげようとする」傾向が、そうすることにたいするはっきりとした警告が歴史のテクストの性質の一部として発せられているときですら、依然として根強く残っていることを曝き出している。ホロコーストはいまもなお歴史の方法論への挑戦であり続けているのである。

フランク・アンカースミットはホワイトにかんする重要な論考のなかで問うている。「歴史学は、全体として考察した場合には、現代の西欧文明がそこから生じた過去についての内的な独白ではないのだろうか。〔中略〕歴史的教養というのは、わたしたちの文明がいわば中動態のスタイルで「自分自身を書く」様式のことではないのだろうか」と。この意味では、歴史を書くことによって「わたしたち自身を書こうとする」わたしたちの試みは、「わたしたちがわたしたち自身の文化的アイデンティティーを認知するさいの起点になりうる根本から異他なるものの鏡として歴史は機能している」ことを意味している。そのときには、歴史的現実は「実証主義的な所与」ではなくて「歴史学全体への永続的な挑戦」である。(74) ホロコーストはそうした挑戦のなかでも範例的な位置を占める挑戦である。それは歴史を書くという行為にたんに事実を記録するということ以上のことをするための方法論的土台を提供してみせるよう挑発しているのであり、わたしたちはわたしたち自身のためにどのような種類の文明について「書きたい」と思っているのかというアンカースミットによって提出された問いかけを、アウシュヴィッツが一個の現実であるような世界に即して具体的に例示してみせているのである。

（1）　この序論の第一稿にコメントしてくださったドナルド・ブロクサム、アロン・コンフィーノ、マーク・ドネリー、ベッキー・ジンクス、ダーク・モーゼスにはとても感謝している。

（2）　Hannah Arendt, "Understanding and Politics (The Difficulties of Understanding)," in: Jerome Kohr (ed.), *Essays in Understanding 1930-1954: Uncollected and Unpublished Works by Hannah Arendt* (New York: Harcourt Brace, 1994), p. 318〔ハンナ・アーレント著、斎藤純一訳「理解と政治（理解することの難しさ）」、J・コーン編、斎藤純一・山田正行・矢野久美子訳『アーレント政治思想集成2　理解と政治』（みすず書房、二〇〇二年）、一三六頁〕。Ravit Reichman, "The Myth of Old Forms: On the Unknowable and Representation," in: Dan Stone (ed.), *The Theoretical Interpretations of the Holocaust* (Amsterdam: Rodopi, 2001), pp. 27-53 も見られたい。

（3）　Robert Eaglestone, *Postmodernism and Holocaust Denial* (Cambridge: Icon Books, 2001) と、もっと全般的に論じたものとして、Barbara Herrnstein Smith, *Belief and Resistance: Dynamics of Contemporary Intellectual Controversy* (Cambridge, MA: Harvard University Press, 1997), pp. 28-31 を見られたい。ヘルンシュタイン・スミスのすばらしい本は、おそらく、「構築主義」的認識論を理解するための最良の手引きである。

（4）　Hayden White, "Historical Emplotment and the Problem of Truth," in: Saul Friedlander (ed.), *Probing the Limits of Representation: Nazism and the "Final Solution"* (Cambridge, MA: Harvard University Press, 1992), pp. 37-53〔ヘイドン・ホワイト「歴史のプロット化と真実の問題」（上村忠男訳）、ソール・フリードランダー編、上村忠男・小沢弘明・岩崎稔訳『アウシュヴィッツと表象の限界』（未來社、一九九四年）、五七―八九頁。ヘイドン・ホワイト著、上村忠男編訳『歴史の喩法――ホワイト主要論文集成』（作品社、二〇一七年）、二〇七―二三七頁〕

（5）　Martin Jay, "Of Plots, Witnesses, and Judgments," in: Friedländer (ed.), *Probing the Limits of Representation* cit., p. 97.

（6）　これは、ホワイトがたとえばダーク・モーゼスとのやりとり以来、ずっと主張し続けてきたとおりである。Cf. A. Dirk Moses, "Hayden White, Traumatic Nationalism, and the Public Role of History"; Hayden White, "The Public Relevance of Historical Studies: A Reply to Dirk Moses," *History and Theory*, 44 (2005), pp. 311-322, 333-338.

（7） Jay, "Of Plots, Witnesses, and Judgments" cit., p. 99.

（8） Paul Veyne, *Writing History: Essays on Epistemology* (Manchester: Manchester University Press, 1984)〔ポール・ヴェーヌ著、大津真作訳『歴史をどう書くか——歴史認識論についての試論』（法政大学出版局、一九八二年）〕。

（9） Cf. Wulf Kansteiner, "Mad History Disease Contained: Postmodern Excess Management Advice from the UK," *History and Theory*, 39: 2 (2000), pp. 218–229.

（10） 例外は Alex Callinicos, *Theories and Narratives: Reflections on the Philosophy of History* (Cambridge: Polity Press, 1995) である。

（11） Hayden White, "'Figuring the Nature of the Times Deceased': Literary Theory and Historical Writing," in: Ralph Cohen (ed.), *The Future of Literary Theory* (New York & London: Routledge, 1989), pp. 34–35.

（12） Allan Megill, *Historical Knowledge, Historical Error: A Contemporary Guide to Practice* (Chicago, IL: University of Chicago Press, 2007), p. 186.

（13） Robert F. Berkhofer, Jr, *Beyond the Great Story: History as Text and Discourse* (Cambridge, MA: Harvard University Press, 1995), p. 283.

（14） Cf. Dan Stone, *Constructing the Holocaust: A Study in Historiography* (London: Vallentine Mitchell, 2003), esp. chap. 1.

（15） Cf. Mark Day, *The Philosophy of History: An Introduction* (London: Continuum, 2008).

（16） Jörn Rüsen, *History: Narration-Interpretation-Orientation* (New York: Berghahn Books, 2005), p. 78.

（17） Friedländer, "Introduction," in: Friedländer (ed.), *Probing the Limits of Representation* cit., p. 5〔フリードランダー「序論」（上村訳）、フリードランダー編、上村・小沢・岩崎訳、前掲『アウシュヴィッツと表象の限界』、二一頁〕。

（18） Alon Confino, "A World without Jews: Interpreting the Holocaust," *German History*, 27: 4 (2009), p. 534.

（19） たとえば、Michael Rothberg, *Traumatic Realism: The Demands of Holocaust Representation* (Minneapolis, MN: University of Minnesota Press, 2000); Michael Bernard-Donals and Richard Glejzer, *Between Witness and Testimony: The Holocaust and the Limits of Representation* (Albany, NY: State University of New York Press, 2001); Paul Eisenstein, *Traumatic Encounters: Holocaust Representation and the Hegelian Subject* (Albany, NY: State University of New York Press, 2003); Gary Weissman, *Fantasies of Witnessing: Postwar Efforts to Experience the Holocaust* (Ithaca, NY: Cornell

University Press, 2004); Robert Eaglestone, *The Holocaust and the Postmodern* (Oxford: Oxford University Press, 2004)〔ロバート・イーグルストン著、田尻芳樹・太田晋訳『ホロコーストとポストモダン――歴史・文学・哲学はどう応答したか』(みすず書房、二〇一三年)〕; Brett Ashley Kaplan, *Unwanted Beauty: Aesthetic Pleasure in Holocaust Representation* (Urbana, IL: University of Illinois Press, 2007) を見られたい。

(20) Rüsen, *History* cit., p. 190. Cf. Moishe Postone and Eric Santner (eds.), *Catastrophe and Meaning: The Holocaust and the Twentieth Century* (Chicago, IL: University of Chicago Press, 2003); Dominick LaCapra, *Representing the Holocaust: History, Theory, Trauma* (Ithaca, NY: Cornell University Press, 1994); LaCapra, *History and Memory after Auschwitz* (Ithaca, NY: Cornell University Press,1998); LaCapra, *Writing History, Writing Trauma* (Baltimore, MD: Johns Hopkins University Press, 2001); Omer Bartov, *Murder in Our Midst: The Holocaust, Industrial Killing, and Representation* (New York: Oxford University Press, 1996); Bartov, *Mirrors of Destruction: War, Genocide, and Modern Identity* (New York: Oxford University Press, 2000); Dan Diner, *Beyond the Conceivable: Studies on Germany, Nazism, and the Holocaust* (Berkeley, CA: University of California Press, 2000).

(21) Martha Howell and Walter Prevenier, *From Reliable Sources: An Introduction to Historical Method* (Ithaca, NY: Cornell University Press, 2001).

(22) Roger Chartier, "On the Relation of Philosophy and History," in: Id., *Cultural History: Between Practices and Representations*, trans. Lydia Cochrane (Cambridge: Polity, 1988), p. 62.

(23) Jonathan Littell, *The Kindly Ones*, trans. Charlotte Mandell (London: Chatto & Windus, 2009).〔ジョナサン・リテル著、菅野昭正・星埜守之・篠田勝英・有田英也訳『慈しみの女神たち』上・下(集英社、二〇一一年)〕――リテルについては、Susan Rubin Suleiman, "When the Perpetrator Becomes a Reliable Witness of the Holocaust: On Jonathan Littell's *Les Bienveillantes*," *New German Critique*, 106 (2009), pp. 1–19; Jonas Grethlein, "Myths, Morals, and Metafiction in Jonathan Littell's *Les Bienveillantes*," *PMLA*, 127: 1 (2012), pp. 77–93 を見られたい。

(24) Robert Braun, "The Banality of Goodness: The Problem of Evil and Good in Representations of the Holocaust," in: Randolph L. Braham and Attila Pók (eds.), *The Holocaust in Hungary: Fifty Years Later* (New York: Rosenthal Institute for Holocaust Studies, Graduate Center of the City University of New York, 1997), p. 623. Cf. F. R. Ankersmit, "Historical Representation," *History and Theory*, 27: 3 (1988), pp. 205–228; Ankersmit, "Reply to Professor Zagorin,"

History and Theory, 29: 3 (1990), p. 291――「あらゆる歴史記述を脅かせている過去の不在は物語的実体の現在によって補われてきたといってよい」。

(25) J. B. Bury, "The Science of History," in: Fritz Stern (ed.), *The Varieties of History: From Voltaire to the Present* (London: Macmillan, 1970), pp. 210–223; Carl G. Hempel, "Reasons and Covering Laws in Historical Explanation," in: Patrick Gardiner (ed.), *The Philosophy of History* (Oxford: Oxford University Press, 1974), pp. 90–105.

(26) François Furet, "Beyond *the Annales*," *Journal of Modern History*, 55 (1983), pp. 389–410; Lynn Hunt, "French History in the Last Twenty Years: The Rise and Fall of the *Annales* Paradigm," *Journal of Contemporary History*, 21 (1986), pp. 209–224; Hans Kellner, "Disorderly Conduct: Braudel's Mediterranean Satire (A Review of Reviews)," in: Id., *Language and Historical Representation: Getting the Story Crooked* (Madison, WI: University of Wisconsin Press, 1989), pp. 153–187; Paul Ricoeur, *Time and Narrative*, trans. Kathleen McLaughlin and David Pellauer, vol. 1 (Chicago, IL: University of Chicago Press, 1984), pp. 207–217〔ポール・リクール著、久米博訳『時間と物語Ⅰ　物語と時間性の循環／歴史と物語』(新曜社、一九八七年)、三五〇―三六五頁〕。リクールは、経済史ですら、ブローデルの『フェリーペ二世の時代の地中海と地中海世界』の第三巻におけるように、「最初の項と最後の項が選択されるときには、プロット〔筋〕に自らを委ねており、そしてこれらの項は変動情勢史以外のカテゴリーによって提供される。変動情勢史それ自体は厳密な意味においては終わりもなければ限界も知らないのである」と注記している (pp. 214–215〔久米訳、三六一頁〕)。

(27) Veyne, *Writing History* cit., p. 13〔大津訳、二六頁〕。

(28) Marc Nichanian, *The Historiographic Perversion*, trans. Gil Anidjar (New York: Columbia University Press, 2009), p. 11 (「ジェノサイドを実行したいと思うことは、いいかえるなら、事実を確立したまさにその行為をつうじて事実を廃止したいと思うことである」); Jean-François Lyotard, *The Differend: Phrases in Dispute*, trans. Georges Van Den Abbeele (Manchester: Manchester University Press, 1988)〔ジャン＝フランソワ・リオタール著、陸井四郎・外山和子・小野康男・森田亜紀訳『文の抗争』(法政大学出版局、一八九八九年)〕。「物語の枠組みを否定するもの」としてのホロコーストにかんしては、Ernst van Alphen, *Caught By History: Holocaust Effects in Contemporary Art, Literature, and Theory* (Stanford, CA: Stanford University Press, 1997), pp. 53–55 を見られたい。

(29) Constantin Fasolt, *The Limits of History* (Chicago, IL: University of Chicago Press, 2004), p. 40.

（30） Peter Novick, *That Noble Dream, The "Objectivity Question" and the American Historical Profession* (Cambridge: Cambridge University Press, 1988).

（31） Richard J. Evans, *In Defence of History* (London: Granta Books, 1997): Joyce Appleby, Lynn Hunt and Margaret Jacob, *Telling the Truth about History* (New York: W. W. Norton & Co., 1994).

（32） Lloyd S. Kramer, "Literature, Criticism, and Historical Imagination: The Literary Challenge of Hayden White and Dominick LaCapra," in: Lynn Hunt (ed.), *The New Cultural History* (Berkeley, CA: University of California Press, 1989), pp. 97-128〔ロイド・S・クレーマー「文学・批評・歴史的想像力――ヘイドン・ホワイトとドミニク・ラカプラの文学的挑戦」、リン・ハント編、筒井清忠訳『文化の新しい歴史学』（岩波書店、一九九三年）、一四九―二〇一頁〕; Paul Ricœur, *Memory, History, Forgetting*, trans. Kathleen Blamey and David Pellauer (Chicago, IL: University of Chicago Press, 2004), pp. 251-254.〔ポール・リクール著、久米博訳『記憶・歴史・忘却』（新曜社、［上］二〇〇四年）、三八七―三九一頁〕。

（33） Michael S. Roth, "Opposition from Within," *Rethinking History*, 8: 4 (2004), pp. 531-535.

（34） Ann Curthoys and John Docker, *Is History Fiction?* (Sydney: UNSW Press, 2006).

（35） Frank R. Ankersmit, "Language and Historical Experience," in: Jörn Rüsen (ed.), *Meaning and Representation in History* (New York: 2006), p. 149.

（36） F. R. Ankersmit, *Historical Representation* (Stanford, CA: Stanford University Press, 2001), p. 36.

（37） Kevin Passmore, "Poststructuralism and History," in: Stefan Berger, Heiko Feldner and Kevin Passmore (eds.), *Writing History: Theory and Practice* (London: Hodder Education, 2003), pp. 132-133.

（38） Rüsen, *History* cit., p. 90.

（39） Frank R. Ankersmit, "The Three Levels of '*Sinnbildung*' in Historical Writing," in: Rüsen (ed.), *Meaning and Representation in History* cit., p. 110.「モダニズムとポストモダニズムの論争」を乗り越えるということの目標を達成するためのアンカースミットの提案は「経験」の概念を使用するということである。

（40） Gabrielle Spiegel, "History and Post-Modernism," *Past and Present*, 135 (1992), pp. 194-208

（41） Hayden White, "Figural Realism in Witness Literature," *Parallax*, 10 (2004): 1, p. 118. White, "Introduction: Historical Fiction, Fictional History, and Historical Reality," *Rethinking History*, 9: 2-3 (2005), p. 149も見られたい。

(42) Cf. Saul Friedländer, "On the Representation of the Shoah in Present-Day Western Culture," in: Yehuda Bauer (ed.), *Remembering for the Future*, vol. 3 (Oxford: Pergamon Press, 1989), p. 3097.

(43) Rüsen, *History* cit., p. 83.

(44) Wulf Kansteiner, "Success, Truth, and Modernism in Holocaust Historiography: Reading Saul Friedländer Thirty-Five Years after the Publication of *Metahistory*," *History and Theory*, Theme Issue 47 (2009), pp. 29–53; Id., "Modernist Holocaust Historiography: A Dialogue between Saul Friedländer and Hayden White," in: Dan Stone (ed.), *The Holocaust and Historical Methodology* (New York: Berghahn Books, 2012), pp. 203–229; Christian Wiese and Paul Betts (eds.), *Years of Persecution, Years of Extermination: Saul Friedländer and the Future of Holocaust Studies* (New York: Continuum, 2010); Christopher R. Browning, *Collected Memories: Holocaust History and Postwar Testimony* (Madison, WI: University of Wisconsin Press, 2003); Id., *Remembering Survival: Inside a Nazi Slave-Labor Camp* (New York: W. W. Norton & Co., 2010).

(45) これがごく大雑把な概括であることはわかっている。もっと詳しい議論については Dan Stone, *Histories of the Holocaust* (New York: Oxford University Press, 2010)〔ダン・ストーン著、武井彩佳訳『ホロコースト・スタディーズ——最新研究への手引き』(白水社、二〇一二年)〕を見られたい。

(46) Confino, "A World without Jews" cit., p. 547.

(47) Ibid., pp. 556–557. Cf. Berkhofer, *Beyond the Great Story* cit., p. 280.

(48) Andy Pearce, "The Development of Holocaust Consciousness in Contemporary Britain, 1979–2001," *Holocaust Studies*, 14: 2 (2008), pp. 71–94.

(49) Saul Friedländer, *Reflections of Nazism: An Essay on Kitsch and Death* (New York: Harper & Row, 1984); Gavriel D. Rosenfeld, "The Normalization of Memory: Saul Friedländer's *Reflections of Nazism* Twenty Years Later," in: Dagmar Herzog (ed.), *Lessons and Legacies, VII: The Holocaust in International Perspective* (Evanston, IL: Northwestern University Press, 2006), pp. 400–410.

(50) しかし、Ankersmit, *Historical Representation* cit., pp. 186–188 を参照のこと。

(51) Michael Dintenfass, "Truth's Other: Ethics, the History of the Holocaust and Historiographical Theory after the Linguistic Turn," *History and Theory*, 39: 1 (2000), pp. 1–20 を見られたい。ディンテンファスは書いている。「歴史

叙述理論のリトマス試験としての資質を明白にするような出来事の理論化の代わりに、歴史が過去の忠実な再建作業であると信じている者たちが言語論的転回の悪魔を払い除けるための呪文としてホロコーストが機能するよう祈願している様子がうかがえる」と（p. 4）。また、「アップルビーイ、エヴァンズ、ヒメルファーブ、バルトーヴは、ホロコーストを歴史研究の抑圧された道徳的次元をゆたかに露わにしてみせているポストモダニズム的歴史叙述理論の試金石として構成している」と（p. 5）。Dan Stone, "Holocaust Historiography and Cultural History," in: Id. (ed.), *The Holocaust and Historical Methodology* cit., pp. 44-60〔本書第四章〕; Richard Carter-White, "Auschwitz, Ethics, and Testimony: Exposure to the Disaster," *Environment and Planning D: Society and Space*, 27 (2009), pp. 682-699も見られたい。

（52）Stone, *Histories of the Holocaust* cit., chaps 2 and 3.〔武井訳、第二、三章〕。現地の市町村の重要性については、Wolf Gruner, "The History of the Holocaust: Multiple Actors, Diverse Motives, Contradictory Developments and Disparate (Re) actions," in: Wiese and Betts (eds.), *Years of Persecution / Years of Extermination* cit., pp. 323-341を見られたい。

（53）Ankersmit, "The Three Levels of '*Sinnbildung*' in Historical Writing" cit.

（54）Christopher R. Browning with contributions by Jürgen Matthäus, *The Origins of the Final Solution: The Evolution of Nazi Jewish Policy, September 1939-March 1942* (London: William Heinemann, 2004); Saul Friedländer, *The Years of Extermination: Nazi Germany and the Jews 1939-1945* (London: HarperCollins, 2007); Peter Longerich, *Holocaust: The Nazi Persecution and Murder of the Jews* (Oxford: Oxford University Press, 2010); A. Dirk Moses (ed.), *Empire, Colony, Genocide: Conquest, Occupation, and Subaltern Resistance in World History* (New York: Berghahn Books, 2007); Dan Stone (ed.), *The Historiography of Genocide* (Houndmills: Palgrave Macmillan, 2008); Donald Bloxham and A. Dirk Moses (eds.), *The Oxford Handbook of Genocide Studies* (Oxford: Oxford University Press, 2010).

（55）Dominick LaCapra, "Representing the Holocaust: Reflections on the Historians' Debate," in: Friedländer (ed.), *Probing the Limits of Representation* cit., p. 110〔ドミニク・ラカプラ「ホロコーストを表象する——歴史家論争の省察」（小沢弘明訳）、前掲『アウシュヴィッツと表象の限界』、一四二頁〕。Jörn Rüsen, "Humanism in Response to the Holocaust — Destruction or Innovation?" *Postcolonial Studies*, 11 (2008): 2, pp. 191-200も見られたい。あるいは、ギル・アニジャールがどちらかといえばより挑発的な口ぶりで指摘しているように、「歴史学を問いに付す代わりに、

ホロコーストは歴史的方法の諸概念を攪乱しないまま補強するのに役立っている」のである。Gil Anidjar, "Against History," afterword to Nichanian, *The Historiographic Perversion* cit., p. 189, nota 80.

（56） Donald Bloxham, "Modernity and Genocide," *European History Quarterly*, 38: 2（2008）, p. 301.

（57） たとえば、つぎのような研究がある。Sara Bender, *The Jews of Białystok During World War II and the Holocaust*, trans. Yaffa Murciano（Waltham, MA: Brandeis University Press, 2008）; Barbara Epstein, *The Minsk Ghetto, 1941–1943: Jewish Resistance and Soviet Internationalism*（Berkeley, CA: University of California Press, 2008）; Samuel D. Kassow, *Who Will Write Our History? Rediscovering a Hidden Archive from the Warsaw Ghetto*（London: Penguin, 2009）; Barbara Engelking and Jacek Leociak, *The Warsaw Ghetto: A Guide to the Perished City*（New Haven, CT: Yale University Press, 2009）; Martin Dean, *Robbing the Jews: The Confiscation of Jewish Property in the Holocaust, 1933–1945*（Cambridge: Cambridge University Press, 2008）; Anton Weiss-Wendt, *Murder Without Hatred: Estonians and the Holocaust*（Syracuse, NY: Syracuse University Press, 2009）; Yitzhak Arad, T*he Holocaust in the Soviet Union*, trans. Ora Cummings（Lincoln, NB: University of Nebraska Press, 2009）; Alan E. Steinweis, *Kristallnacht 1938*（Cambridge, MA: Belknap Press, 2009）.

（58） Cf. Amos Goldberg, "One from Four: On What Jaeckel, Hilberg, and Goldhagen Have in Common and What is Unique about Christopher Browning," *Yalkut Moreshet*, 3（2005）, pp. 55–86; Federico Finchelstein, "The Holocaust Canon: Rereading Raul Hilberg," *New German Critique*, 96（2005）, pp. 1–47.

（59） Frank Bajohr, "Robbery, Ideology, and Realpolitik: Some Critical Remarks," *Yad Vashem Studies*, 35: 1（2007）, pp. 179–180.

（60） Richard T. Vann, "Turning Linguistic: History and Theory and *History and Theory*, 1960–1975," in: Frank Ankersmit and Hans Kellner（eds.）, *A New Philosophy of History*（London: Leaktion Books, 1995）, p. 42（Emery Neff, *The Poetry of History* [New York: Columbia University Press, 1947], p. 193 が引用されている）。

（61） Karyn Ball, *Disciplining the Holocaust*（Albany: 2008）, p. 8.

（62） Ibid., pp. 43–44.

（63） Frank Ankersmit, Ewa Domańska and Hans Kellner（eds.）, *Re-figuring Hayden White*（Stanford, CA: Stanford University Press, 2009）を見られたい。

（64）　この意味における文化史の議論については，Roger Chartier, "Intellectual History and the History of *Mentalité*: A Dual Re-evaluation," in: Id., *Cultural History* cit., pp. 19–52 を見られたい。

（65）　このテーマにかんしては，Dan Stone, "Beyond the Mnemosyne Institute: The Future of Memory after the Age of Commemoration," Rick Crownshaw, Jane Kilby and Antony Rowland（eds.）, *The Future of Memory*（New York: Berghahn Books, 2010）, pp. 17–36; Id., "Genocide and Memory," in: Bloxham and Moses（eds.）, *The Oxford Handbook of Genocide Studies* cit., pp. 102–119; Id., "Memory Wars in the 'New Europe'," in: Dan Stone（ed.）, *The Oxford Handbook of Postwar European History*（Oxford: Oxford University Press, 2012）を見られたい。

（66）　Confino, "A World without Jews" cit.

（67）　Jeffrey Herf, *Divided Memory: The Nazi Past in the Two Germanys*（Cambridge, MA: Harvard University Press, 1997）; Robert Moeller, *War Stories: The Search for a Usable Past in the Federal Republic of Germany*（Berkeley, CA: University of California Press, 2001）; Peter Reichel, *Politik der Erinnerung: Gedächtnisorte im Streit um die nationalsozialistische Vergangenheit*（München: Carl Hanser, 1995）; Habbo Knoch, *Die Tat als Bild: Fotografien des Holocaust in der deutschen Erinnerungskultur*（Hamburg: Hamburger Edition, 2001）; Gavriel D. Rosenfeld, *Munich and Memory: Architecture, Monuments, and the Legacy of the Third Reich*（Berkeley, CA: University of California Press, 2000）; Alon Confino and Peter Fritzsche（eds.）, *The Work of Memory: New Directions in the Study of German Society and Culture*（Urbana, IL: University of Illinois Press, 2002）; Wulf Kansteiner, *In Pursuit of German Memory: History, Television, and Politics after Auschwitz*（Athens, OH: Ohio University Press, 2006）; Jonathan Huener, *Auschwitz, Poland, and the Politics of Commemoration: 1945–1979*（Athens, OH: Ohio University Press, 2003）; Neil Gregor, *Haunted City: Nuremberg and the Nazi Past*（New Haven, CT: Yale University Press, 2008）. アスマン，リューセン，コゼレックのような，とくに喪とトラウマとの関係で記憶の問題に取り組んでいる指導的な理論家の多くがドイツ人であるかドイツ史の仕事をしているのは，驚くべきことではない。Burkhard Liebsch, "Trauer als Gewissen der Geschichte?" in: Burkhard Liebsch und Jörn Rüsen（hrsg.）, *Trauer und Geschichte*（Köln: Böhlau Köln. 2001）, pp. 15–62 も見られたい。

（68）　Eelco Runia, "Burying the Dead, Creating the Past," *History and Theory*, 46（2007）, pp. 313–325; James E. Young, *The Texture of Memory: Holocaust Memorials and Meaning*（New Haven, CT: Yale University Press, 1993）; Andreas Huyssen, *Twilight Memories: Making Time in a Culture of Amnesia*（New York: Routledge 1995）; Ulrich Bauer,

Spectral Evidence: The Photography of Trauma (Cambridge, MA: The MIT Press, 2002); Peter Carrier, *Holocaust Monuments and National Memory: France and Germany since 1989* (New York: Berghahn Books, 2005); Caroline Wiedmer, *The Claims of Memory: Representations of the Holocaust in Contemporary Germany and France* (Ithaca, NY: Cornell University Press, 1999) etc.

(69) たとえば、Marianne Hirsch, *Family Frames: Photography, Narrative, and Postmemory* (Cambridge, MA: Harvard University Press, 1997); Ernst Van Alphen, *Caught By History: Holocaust Effects in Contemporary Art, Literature, and Theory* (Stanford, CA: Stanford University Press, 1997); David Bathrick, Brad Prager and Michael D. Richardson (eds.), *Visualizing the Holocaust: Documents, Aesthetics, Memory* (Rochester, NY: Camden House, 2008)。

(70) Shoshana Felman and Dori Laub, *Testimony: Crises of Witnessing in Literature, Psychoanalysis, and History* (New York: Routledge, 1992)〔部分訳：ショシャナ・フェルマン著、上野成利・崎山政毅・細見和之訳『声の回帰――映画『ショアー』と〈証言〉の時代』(太田出版、一九九五年)〕; Laurence L. Langer, *Holocaust Testimonies: The Ruins of Memory* (New Haven, CT: Yale University Press, 1991); Zoë Vania Waxman, *Writing the Holocaust: Identity, Testimony, Representation* (Oxford: Oxford University Press, 2006); Alexandra Garbarini, *Numbered Days: Diaries and the Holocaust* (New Haven, CT: Yale University Press, 2006); Jane Kilby and Antony Rowland (eds.), *The Future of Memory* (Bloomington, IN: Indiana University Press, forthcoming).

(71) ここで文化史を取りあげるのは、それが政治史のようなもっと馴染みのある方法論と認識論的に異なるからではなく、異ならないからである。

(72) Ball, *Disciplining the Holocaust* cit., p. 195. cf. Carolyn J. Dean, *The Fragility of Empathy after the Holocaust* (Ithaca, NY: Cornell University Press, 2004), esp. chap. 1.

(73) Cf. Dan Stone (ed.), *The Historiography of the Holocaust* (Houndmills: Palgrave Macmillan, 2004); Moshe Zimmermann (ed.), *On Germans and Jews under the Nazi Regime:Essays by Three Generations of Historians* (Jerusalem: Hebrew University Magnes Press, 2006); David Bankier and Dan Michman (eds.), *Holocaust Historiography in Context* (Jerusalem: Yad Vashem Publications, 2009); Peter Hayes and John K. Roth (eds.), *Oxford Handbook of Holocaust Studies* (Oxford: Oxford University Press, 2010). Wiese and Betts (eds.), *Years of Persecution / Years of Extermination* cit. は1部を理論的問題に献げている。Tom Lawson, *Debates on the Holocaust* (Manchester: Manchester Univer-

sity Press, 2010); Jean-Marc Dreyfus and Daniel Langton (eds.), *Writing the Holocaust* (London: Bloomsbury Academic, 2011) も見られたい。

(74) F. R. Ankersmit, "Hayden White's Appeal to the Historians," in: Id., *Historical Representation* cit., pp. 259, 261.

第六章　過去を破門する？

——ホロコースト史学における物語論と合理的構築主義

「過去についてのわたしたちの知識はますます増大するかもしれないが、わたしたちの理解のほうは増大するわけではない。」

ヘイドン・ホワイト(1)

「歴史は無慈悲な女神である。無遠慮にも、彼女の氷のように冷たい中立性と無関心さをこれでもかとばかりに繰り返し記録する。前方へ向きを変え、未来のために尽くし、若者たちを高貴な精神と行動に向けて教育する場合にのみ、人は過去を破門することができる」(2)。これらの言葉を発した人物は専門的な歴史家ではなく、一九六〇年に生存者たちによって書かれた報告を蒐集しようというプログラムの一部としてロンドン大学のウィーナー図書館のために証言したホロコーストの生き残りである(3)。

なぜ人は過去を破門することを願わざるをえないのだろうか。この宗教的な用語は、過去における人間の行動パターンにはなんらかの種類の異端に等しいものがあるということ、そして現在の人間存在を——おそらくは彼らに意味のある未来を確保してやるために——過去に犯された悪から切り離すためには断絶がなされる必要があるということを示唆している。「悪」というのは、破壊主義的であるのが人間の「常態」であることを指すのに、わたしたちがその含意に考慮することなく訴えることのできる言葉なのだ。それは、わたしたちが過去と断絶し、過去を追放することを必要としているということを示唆している。このことは、ホロコーストはほかの過去の出来事と同じようには扱えない、という歴史家たちの感覚を反映しているのだろう。フランク・アンカースミットが問うているように、「わたしたちがホロコーストをそこへと還元したり、それによって解明したりできる、すでに知られた現実は存在するのだろうか。わたしたちがそこからホロコーストを導き出すことのできる、すでによく知られ確立された人間の行動パターンのようなものは存在するのだろうか。いうまでもなく、そんなものは存在しない」のである。(4) あるいは、ダン・ディナーが書いているように、「ホロコーストを歴史の過程に統合すること、その簡潔さと極端さにおいて先例がなく、どうも過去からも未来からも切断されているようにみえる出来事のための適切な歴史的物語を構築することは、なおも乗り越えがたい仕事のままにとどまっている。それを歴史学的に扱おうとする唯一の真面目な試みは、世紀の中核をなす物語とは根本的に和解しえないことを受け入れることであるようなのだ」。(5)

しかしながら、問題はホロコーストについてはこれまで果てしなく書かれてきており、いまもなお書かれ続けていることである。ひょっとして、書くという（そして読むという）行為そのものがぞっとするような過去から距離を置こうとする試みなのだろうか。しかし、どの過去のことなのか、という問いは残る。何をわたしたちは包み込もうとしており、また寄せつけないでおこうとしているのだろうか。過去についての「正しい」ヴァージョンが手に入れば、人間の行動の一部を「破門する」ことができるようになるのだろうか。問題となるのは、どれが正しい物語なのかを知ることである。もしホロコーストがどうも馴染みのある歴史物語には従おうとしないというのであれば、過去のどのヴァージョンなら受け入れられるというのだろうか。

ヘイドン・ホワイトは、よく知られているように、「歴史の記録の理解に向かおうとするとき、歴史の記録それ自体のうちにはその意味を解釈するどの仕方のほうが他の仕方よりも好ましいかを見さだめるための根拠は存在しない」と書いた。[6] そのさい、彼はこう付け加えることもできたはずである。しかし、それにもかかわらず、わたしたちは過去について考えるために歴史の記録を必要としている、と。ほかの場所では彼は「歴史家たちは彼らの主題を彼らが描写するために用いる言語そのものによってそれらを物語的表象の可能な対象として構成する」と書いたことがある。[7] ホワイトを反歴史的で「相対主義」的であるとして告発してきた者たちは、歴史家たちが彼らの主題を構成するとき、過去から現在にやってきて歴史家たちが依拠せざるをえない証拠にもとづいて構成するのだということ、すなわち、歴史のテクストはたしかに構築されるのだが無から構築されるわけではないということをホワイトがもっと詳細に説明していたなら、これほどストレートな言い方はしなかったかもしれない。いうまでもなく、歴史の記録——すなわち、現在に残っている過去の痕跡——自体、確定したものではなく、資料批判に付されて解釈される必要があるというのも、これはこれで真実である。それでもなお、ポール・A・ロスがレオン・ゴールドスタインの仕事について解説するなかで指摘しているように、歴史的調査研究をつうじて歴史を構成するということは「重大な歴史的過去は人間による理論化の結果としてのみ存在する」ということを意味しているだけでなく、「歴史は規律づけられた学問的想像力の製作物になる」ということを意味している。[8] いいかえるなら、詩の一変種としての歴史は、利用できる証拠に厳格に依拠するということと矛盾するものではないのであって、そのような利用できる証拠はすべての歴史家たちに馴染みのあるやり方で選択され解釈され書かれなければならないのである。[9] 解釈によるチェックの対象となる「過去それ自体」といったものは存在しない。わたしたちが過去について語ることができるのは、それが証拠をつうじてわたしたちのところにまでやってきたかぎりにおいてのことである。そしてその証拠には記憶も含まれれば、テクスト、物質的な製作物、目撃証言も含まれる。ロスが述べているように、「わたしたちが過去を作ったり壊したり作り直したりするのはなにも知らないところからではなく、人間の活動のレヴェルにおいては過去はまさしくそのような作ることと作り直すことでできているからなのである(10)」。

本稿では、わたしは歴史の表象と解釈についてのホワイトの主張に、それらがホロコースト史学に適用されるさいのありように即して立ち戻ることにする。その場合、いずれもが多かれ少なかれホワイトに負っている三人の歴史理論家の仕事を取りあげる。カレ・ピヒライネンは歴史の表象と物語にかんする数多くの論考を発表してきたが、そのなかでは歴史は構築されるものだというホワイトの主張を受け入れることから出発して、歴史はそれが作者によって構築されたものであることを露わにすればするほどそれだけいっそう確実にその「真理」を提示するという、歴史のたえざる使用と意義についての議論を展開している。わたしはまた、もう一人のフィンランドの歴史哲学者、ユニ＝マッティ・クーッカネンの議論も検証する。彼は「歴史叙述のポスト物語論的哲学」と呼ぶものを提起している。この見方のなかでは、歴史は構築されたものであり、事物との対応という意味での真理は存在しないとみられているが、同時にまた、ひとつの合理的なくわだてであるともみなされており、確立され研究者たちのあいだで分かちもたれた学問上の諸規則に合致しない解釈は否定される。物語を歴史的説明の第一義的な場所《ロクス》であるとみるよりは、クーッカネンは「中心的な総合化の役割を果たす概念」としての「インフォーマルな議論」の意義を力説する(11)。本稿にとって重要なことにも、クーッカネンは歴史理論における論争のなかでは具体的な事例の提示が欠如していることが説得力を弱める結果になっているとも主張している(12)。彼は例として第一次世界大戦にかんする歴史叙述を挙げているが、これにたいしてここではホロコーストに目を向ける。というのも、ホロコースト史学の規模と多様性、そしてホロコーストがいまもなおさまざまな倫理的・政治的影響を及ぼし続けているということは、それが歴史理論にとって強力なテスト・ケースを提供していることを意味しているからである。[13]

最後には、ポール・A・ロスの近年の仕事にも取り組む。彼もまた何篇かの重要な論考のなかで歴史は構築されたものだという理解を提出してきたが、彼の非現実主義と説明の理論をつうじて、歴史を構築するにあたっては分類の過程が知覚の過程よりも重要であるとしており、この点でクーッカネンとさほど違わない立場を打ち出しながら、しかしまた分類の手続きが実施されるさいには研究者たちによって分かちもたれた諸規則があることを強調している。[14] ある論考のなかでの余談としてロスが記しているところによると、ホロコーストはしばしば、現実主義的な歴史理解に賛同しないのは道徳的な過失であると信じている者たちの「お気に入りのブギーマン〔子どもを脅すのに使うお化け〕」として持ち出されているという。ここではこのホロコーストの問題を歴史の理論化のための一種の鈴付き羊として取りあげる。そして、膨大な規模にのぼるホロコースト史学は、実際には、現実主義的な立場とは逆に、歴史理論において現在浸透しつつある「合理的構築主義」の有効性を示す最良の具体例であると論じる。しかし、同時に、そのアプローチの限界についても指摘するだろう。そして、それが競合する物語のあいだにあって判事役をつとめるための手段を探し求めるとき、そこでは歴史を書く行為の場合には終結の可能性は存在せず、この終結の不可能性こそはポジティヴな事態なのだという点が見落とされていると論じるだろう。

＊＊＊

歴史家は「現実の」過去に触れることができるという意味合いをもつ現前（presence）の概念——過去には接近できないと言っている合理主義に満足できないでいることを合図しているロマン主義への一種の先祖

返り——を近年来推進してきた一部の者を例外とすれば、大半の歴史理論家と大半の歴史家は歴史は避けようもなく構築主義的であるということを受け入れている。[15] 歴史家は何が過去に起きたのかを発見し、そのあとで模倣《ミメーシス》行為を遂行して過去の出来事を鏡のように映し出したテクストを生産するだけであると信じている現実主義者は、もはやほんのわずかしか見当たらない。歴史の記録それ自体のなかには過去が何を意味しているのか、あるいはどの物語的説明が支配するようになるべきであるのかをわたしたちに語ってくれるものはなにひとつ存在しないというホワイトの主張は、広く受け入れられるにいたっているようにみえる。そして受け入れられて当然なのだ。なぜなら、それは非難する者たちが言っているような反現実主義と同じものではないからであり、過去が存在するか否かをめぐっての主張ではないからである。それは、出来事が過去に起きたことは受け入れつつも、歴史が書かれるときには、過去は現在において構築されるのであり、それがあったとおりに「再創造される」のではない、という主張なのである。[16] 歴史家は導管ではなくて、過去が現在においてどう見えているかを形にする人物なのだ。キャロライン・スティードマンは文書館での仕事について「対象（事件、出来事、過去からやってきた話）は、まさにそれを探索しようとするときには、すでに時間が経過してしまっていることによって形を変えている。現に失われてしまったものはけっして見いだすことができないのである」と書いている。[17] そういうわけで、歴史が語る物語は過去と同義ではない。そうではなくて、過去はまさしくそれを記述する行為のなかで、ひいてはそれを記述するたびに、形を変えられるのである。そうではあるが、重要なことに、歴史の記録についてのホワイトの主張は、一部の者たちが示唆してきたようには、歴史とフィクションが区別されないということを意味するものではない。[18]「歴史の記録」という語を使っていること自体が、歴史家たちが彼らの物語を構築するためには一群の資料に依拠しなければならないということを示唆している。歴史は、アラン・マンスローが説明しているように、過去の作為的《フィクティヴ》な構築作業であって、このことは過去が発明されるという意味でつくりあげられていることを意味するものでは断じてなく、歴史家によって「寄せ集められる」という意味でつくりあげられていることを意味している。[19] また――そしてこれがおそらく最も異論の多い点なのだが――、どちらかの解釈を選択するためのいかなる根拠もないということを意味するものでもないのである。[20] この点についてはあとで立ち戻るつもりである。

こうして、ここで問題になっているのは、どのようにして歴史は過去から意味を引き出すのかということではなくて、どのようにして歴史家たちの物語が過去を形成／構築するのかという倫理的な問いなのである。ロスが指摘しているように、「物語構造のためのいかなる形式的な基準も科学的説明の形式的なモデルにおいて導出可能なものの類似物として存立しているわけではない」のだから、構築それ自体の問題、歴史家の資料、文学的選択、包括的な解釈、そして決定的なことにも学問上の対話が浮上してくる。「連結性を説明すること」が依然として問題なのである。[21]

いいかえるなら、歴史的物語における過去の意味が過去の現実とは独立していて（あるいは過去を模倣的《ミメーシス》に復元したものではなくて）過去の現実に照らしてチェックできないとするなら、そのときにはもろもろの解釈のあいだで正当化と裁決をおこなうことが問題となる。これはどのようにすればおこなえるのだろうか。第一には、自分以外の歴史家たちとの議論に参加することによってである。クーッカネンが言うように、「それぞれの歴史的テクストは歴史叙述という言説領域における議論に介入したものとみることができる」のである。[22] 歴史は真空の中で書かれるわけではなく、歴史家たちはただ文書館に出かけてそこで見つけ出したものを書きあげているだけでもない。「ある歴史的テーゼがもっともらしいものであるかどうかはそれが議論の場でどれほどのインパクトを与えるかにかかっている」とクーッカネンは書いている。[23] さらに、それらの歴史叙述上の対話と論争は「さまざまな種類の社会的・政治的利害関心によって形づくられた特殊なセッティングのなかで」起きる。[24] これらは行き当たりばったりのものではなく、たえず変化しながらも、歴史学を定義する共通の実践と手続きのための基礎を提供する。このことはひるがえっては、クーッカネンによると、「歴史叙述上の言説は政治化されたコンテクストのなかで、しかしながら合理的な根拠にもとづいて生じる」ことを意味している。[25] クーッカネンが歴史家たちの対話に焦点を合わせていることは、彼がわたしたちの注意を歴史叙述を定義する特徴としての物語性から離れさせ、その代わりに推論と議論を置いていることを意味している。[26] だから、真理の対応性理論こそ存在しないけれども、歴史叙述は合理性によって支配されていることになるため、わたしたちは歴史家たちの議論に信頼し続けることができるのである。[27]

クーッカネンの立場は歴史家の説明を過去に照らしてチェックすることができるという現実主義者の主張に訴えることとなしに歴史の実践を正当化しており、この点で魅力的である。しかしながら、たとえ「合理的構築主義」の基礎的前提を受け入れるとしても——そして受け入れるべきであるとおもうが——、クーッカネンの説明には歴史的説明のうちのどちらかを選択するにはどうすればよいのかという点が不明瞭なままに残っている。歴史のテクストはその真理機能によってよりは適切さによって評価されるべきであると主張するさい、クーッカネンは歴史のテクストを「適切である」と捉えるための三つの根拠を提供している。認識的、修辞的、言説的の三つである。歴史家のテクストが適切であるのは、それが歴史家たちの「議論のコンテクスト」に変化を与えているか、あるいは与えようとしているかぎりにおいてのことである。[28] 歴史はなによりもまずもっては歴史家たちのあいだでの対話なのだ。

歴史はとりわけ学問上の諸規則に拘束されていると感じている歴史家たちのあいだの対話であるという主張は（とくに専門的な歴史家たちにとっては）魅力的な主張であるが、この主張によってもろもろの解釈のうちのどれが適切かを裁決するという問題が不要になったことにはならない。たしかに歴史家たちの個々の真理主張は資料に当たることによって検証できる。「通常の歴史にかんする誤解にたいするもろもろの構築主義的「訂正」のどれひとつとして歴史的説明が事実にもとづいて反証できないと主張しているわけではない」とピヒライネンは書いている。[29] しかし、資料はあくまで過去の部分的な痕跡にすぎない。そして歴史家たちの発する個々の言明とは同義ではないもうひとつの真理――「意味」――が存在する。どのようにすればストーリーないし物語《ナラティヴ》は真実であることができるのか。ピヒライネンがホワイトに従って述べているように、「歴史記述は（あるいは、その点では、対象を指示した、それ以外のいかなる「真実の」語りも）、提示された事実の意味するところについてのイデオロギー的な評価と査定なしには、あるいは本当のところ、表象的（文学的）形式に属する意味を付け加えて導入することなしには、産み出すことができない」のである。[30]

だから、物語主義が物語的表象をそっくりそのままそれを構成している個々の言明と同一視しているというのは、クーッカネンが言うように、当たってはいないのである。また、物語主義においてはそれらの個々の言明はその真理価（たとえば、ナポレオンはコルシカ島で生まれた）によって査定することができないというのも、当たっていないのだ。[31] 物語主義と合理的構築主義を――現実主義的立場を拒絶するという点では見解を同じくしながらも――競合した関係に置くのではなく、テクストに焦点を合わせている物語主義の洞察と、論証と言説が展開されるコンテクストとに焦点を合わせている合理的構築主義の洞察を接合する必要があるのである。

新しい事実が発見されると古い解釈は無効になる（あるいは部分的にしか妥当しないものになる）かもしれないが、それが唯一「正しい」と言える解釈の存在に導いていくことはけっしてないだろう。たとえ「すべての事実」を手にしたとしても（これはナンセンスな主張である）、そこからは多数の物語が出てくるだろう。ピヒライネンが言うように、「もろもろの解釈は（ストーリーと同様）なにか過去の細部に見いだされるようなものではない。このため、真理の概念は、個々の事実的言明のかたちをとった事実情報に適用されるようには、解釈には適用されない。ひいては、現実と表象とはこのようにしてそれの位置する場所を根本的に異にしているのだから、歴史的事実は表象行為の物語的・形式的側面をコントロールするには十分ではありえないのである[32]」。

あるいは、ホワイトが言うように、「物語は歴史の記憶を誤用してきたとみられていることへの最良の対抗策は、もっとよい物語を提出することなのだ。もっとよい物語ということで言おうとしているのは、もっと多くの歴史的事実を盛り込んだ物語のことではなくて、もっと大きな芸術的完成度と詩的な意味を具備した物語のことである[33]」。このことは「事実をしっかり頭にたたきこんでおく」こととは両立しうるが、だからといって、意味が事実から導き出されるということは依然としてありえないのである[34]。あるいは、ジェンキンスが指摘するように、事実から価値へ相続がなされることはありえないのである[35]。ここにおいて、クーッカネンの立場をピヒライネンの立場と一致させる可能性があるのがわかる。というのも、両者とも、現実主義的観点を拒否しているからであり、力点は異なった場所に置かれている（前者は合理主義的論証、後者は物語的解釈に力点を置いている）けれども、個々の言明は真実でありうる（資料を参照することで経験的に確認できるという意味において）ということ、その一方で解釈は真実ではありえず、合理的に正当化されるか適切でありうるにすぎないということでは見解の一致を見ているからである。

＊＊＊

クーッカネンとピヒライネンの議論が含意しているのは、わたしたちは歴史の構築作業に注意を払う必要があるということである。わたしたちは歴史のテクストを、どのようにしてわたしたちは過去を知るのか、また歴史家たちの物語は真実ないし真正なものであるのかどうかという、認識論上の問題としてではなく、存在論上の対象、それ自体が歴史の痕跡であると同時にどのようにして過去は現在において理解されるのかということの目印となるものとしても考察する必要があるのだ。ピヒライネンは「認識論上の基準は端的にいって物語には適用されえない」と述べている。[36] わたしはこの彼の言葉を、わたしたちが手にしている過去の痕跡（資料）にもとづいては過去の意味を知ることはできないという意味に受け取る。だからといって資料批判が無効になるわけではないが、資料批判は過去の（複数存在する過去の）ありうる意味についてのわたしたちの理解を汲み尽くすことはないということを、このピヒライネンの発言は示唆しているのである。

それでは、意味（価値と同義のものと理解された）はどのようにして産み出されるのだろうか。クーッカネンはつぎのように論じている。

「合理的評価基準を利用しうるということは、なぜ「なんでもあり」になってしまうのではないかという不安が根拠のないものであるのか、を説明してくれる。歴史家の構築物を認識論的に権威あるものとみなすことができるのは、それが修辞的、認識的、言説的という知的正当化のあらゆる次元に照らして適合しているのがみられるならばのことである。すなわち、テクストはあるテーゼのための説得力のある推論形態なのである。それは、非連結的な表現をとる実際の歴史的対象への指示も含めて、認識的価値を範例的なかたちで採用したものなのだ。そしてそれは関連する論証のコンテクストへの成功した干渉である。この種のケースでは、歴史を叙述したテクストはそれが陳述するものに知的な権威を与えるだけの合理的な理由をもっている。さらに、どのテクストも論証のためのひとつの言語行為であって、理想的な場合には、読者は歴史家の推論と歴史家の結論を受け入れるよう合理的に迫られていると感じる」[37]。

クーッカネンの説明では、意味は歴史家によって提供されるテクスト上の〔形式的な〕調整を基礎として魔術かなにかのように出現するのではなくて、歴史家が資料を評価し、それらを整頓してひとつのテクストを仕立てあげるのにつれて、漸次案出される。そしてそのテクストの説明力はたんに美的な根拠にもとづいているだけでなく、歴史家たちのあいだで共有された学問上の枠組みと現存するさまざまな解釈との対話にもとづいているという。こうして、「歴史叙述におけるもろもろの解釈の真理機能的な評価」（クーッカネン）を追求するための根拠はいっさい存在しないものの、そのような評価を有意味で強制力のあるものにする学問上の規則と手続きは存在することとなる。

この議論のもうひとつの含意は、歴史叙述はポール・リクールが「歴史的操作」と呼ぶものを歴史化するということである。たとえ歴史家たちの大半が理論としての構築主義理論には関わらないほうを選んでいるとしても――ピヒライネンは「構築主義理論は現行の歴史的調査研究にはほんのわずかしか支配力をもっていない」と主張している[38]――、その理論はどのように「歴史的操作」が現に作動しているのかをみごとに描写してみせている。すなわち、歴史家たちが書いていることは――自分たちが何をしていると考えているかには関係なく――構築主義的なものであると理解されてもかまわないとしても、それはあくまで合理的な立場から、その個々の検証可能性を確かめることのできる資料にもとづいて、いいかえるなら、それらの同じ資料を何がいつ起こったかを立証するものとしてではなく、資料のなかに何ものかがあることを立証するものとして参照することによって、そうと理解されるかぎりにおいてのことなのである。たとえば、ゲッベルスが彼の日記のなかで一九四三年四月のワルシャワ・ゲットー蜂起について書いたことは、日記のなかに存在することは示すことができるが、彼の言葉を実際に起こったことと受け取るとしたなら、それは危険なことかもしれないのである。あるいは、もっと複雑なケースを一例挙げるなら、どのように二十世紀の諸国家が自分たちをマスメディア（たとえばラジオ）をつうじて描き出す手段を選んだのかは、歴史家たちによって魅力的な素材であるとみなされるのかもしれないが、何が起こったかの証拠としても何が起こったかの説明としてもほとんどみなしえないだろう。[39]

このように事実から価値へ、あるいは資料から解釈へ相続がなされることはないということは、たんに理論的な断言にとどまるものではなく、歴史的操作、すなわち、歴史家たちが現にすでにおこなっていることを描写したものであるので、ロスが注記しているように、「世界が複数存在することを許したからといって、厳密さを犠牲にしてよいということにはならない」ことを意味している。[40] 現実主義的見方を捨てて構築主義的見方を採るからといって、歴史家たちは彼らがすでにおこなっていることを変えるべきであるということを意味しているわけではなく、彼らは自分たちがおこなっていることはそれ自体歴史化しうること、そして――どれほど深く学問上の実践に負っていようとも――彼らのテクストは無数にあるなかのただひとつの解釈を構成したものでしかないことを受け入れるべきであるということを意味しているにすぎないのである。

いいかえるなら、過去は過去それ自体としてはアクセスできないだけでなく（じつは「過去それ自体」という概念そのものが論理的に整合性を欠く）、固定されたものでもないのである。これがそのとおりであるのは、わたしたちは過去の一部の痕跡だけをもっているにすぎず――近代の歴史家たちにかんしていえば、一人の歴史家が使いこなせる以上のものをもっているとはいえ――、これらの痕跡もそれら自体が過去の行為主体たちの意図と行動への透明な窓ではないからだけではない。イアン・ハッキングその他が考察してきたように、過去についてのわたしたちの理解にはしばしば当時の行為主体たちには利用できなかったもろもろの知覚がともなっていて、それらをわたしたちは現在において分析しているために、過去は固定されたものでもないのである。

「ある人生において起こった出来事はいまでは新しい種類の出来事、その出来事が経験されたり、その行為が遂行されたときには概念化されていなかったかもしれない種類の出来事と見ることができる。わたしたちが経験したことは新たに回想し直され、当時は考えることができなかったような仕方で考えられるようになる(41)」。

この主張の古典的な例は、三十年戦争は一六一八年に始まった、という歴史家の言明である。一六一八年にはだれもその言明をおこなうことはできなかったにちがいないのだった(42)。この現象の多くの例はホロコースト史のうちにも存在しており、しばしば人文学におけるさまざまな「転回」と結びつけられてきた。たとえば、「空間論的転回」は目下のところ、人文地理学から採ってきた概念を汎大陸的なホロコースト史へと向かわせる実り多いやり方である。しかし、たとえば、ティム・コールがホロコーストの犠牲者たちがとった行為は彼らの「空間論的戦略」を指し示していると示唆するとき、過去における行為主体たちがそのような絶望の瞬間に自分たちが生き延びる最善の望みはそのような「空間論的戦略」をとることだろうと考えたということを示唆しているわけではないのである(43)。

ホロコースト史も、すべての歴史叙述と同様、そのような例を多く含んでいる。「冷戦」とか「産業革命」のように、「ホロコースト」もひとつの連結的な表現、実際に起きたもろもろのことがらを論理的ないし整合的なものにするような仕方で集成した用語である（ホロコーストは根本的に不整合で非論理的であったという主張についてはさしあたっては無視することにする）。「ホロコースト」という用語自体は、過去に見いだすことのできるあることがらを反映したものではなく、出来事の巨大な集合にそれらを認知作業のもとに置くために与えられた用語なのだ。こうして論争はなによりもまず、どの出来事をその用語に含めるべきかという点をめぐってなされることとなる。ナチスによるユダヤ人の殺戮だけなのか、それとも、ロマやシンティ、ソヴィエト軍の捕虜その他も含めるべきなのか。ナチスのゲットーと強制収容所なのか、それとも、戦時期をソ連邦で過ごしたポーランドのユダヤ人の経験も含めるべきなのか。ナチスの迫害者だけなのか、それとも、彼らの同盟者たちの行動も含めるべきなのだろうか。その一部はベルリンからの統制とはまったく独立に行動していたのだった。論争は「その出来事」の展開をどう概念化すべきかをめぐっても加熱している。ロスなら言うであろうように、連携がどのように起きるのかという問題は、相異なり競合する歴史学上の戦略が存在することの証拠である。

＊＊＊

この論考の残りの部分では、歴史的テクストのいくつかの個別的事例を挙げたなら、歴史の理論家たちが論じていることがよりいっそう理解しやすくなる、というクーッカネンと意見を同じくして、ホロコースト史の広範囲にわたる領域のなかからいくつかの事例を提供することにする。第一〇一警察予備大隊にかんするブラウニング(44)とゴールドハーゲン(45)のいまではカノン的位置を占めるにいたっている例は使用しないだろう。なぜなら、両人が使っている「普通の人びと」および「普通のドイツ人」という競合する概念はすでに馴染みのものになっているからである(46)。代わりに、わたしは歴史家たちのあいだで闘わされているそれ以外のいくつかの鍵となる論争について取りあげる。

ブラウニングは、「最終的解決」の決定過程の時期にかんするホロコースト史学におけるもうひとつの論争への主要な参加者である。一連の大作のなかで、関連する資料について知っている少数の歴史家たちは、この決定過程についての、それなりにもっともらしい、しかし相異なる物語を提出してきた。そしてそれは「意図派対機能派論争」から出てきたものであるが、それのもつ意義は、その論争を超えて、ホロコーストは「植民地におけるジェノサイド」であったとか、イデオロギーによって駆動された〔精神分析学でいう〕「固着」であるといったような、もっと最近の関心事にまで及んでいる。多くの広く共有されているドキュメントにもとづいて、しかしながらそれについて各人が与える説明には際立たせ方に違いを見せながら、ペーター・ロンゲリヒ、クリストファー・ブラウニング、サウル・フリードレンダー、フローラン・ブライヤール、クリスティアン・ゲルラッハといった歴史家たちが「最終的解決の決定過程」の時期のためにさまざまな説明を提出してきた。これらの説明のうちのいくつかはカノン的なものであって、力点の置き方は異なっているにもかかわらず、共通の根拠を分かちもっている。とりわけロンゲリヒとブラウニングの場合がそうであって、彼らの説明は決定がなされた瞬間についての見方にこそ齟齬が見られるものの（ブラウニングによると一九四一年九月から十月、ロンゲリヒによると一九四二年春が決定がなされた瞬間であったという）、互いに結びつけて読んでみると得るところが大きい。彼ら以外のものは歴史学上の外れ値と呼んでもよいものである。たとえば、ゲルラッハはナチスにとっての決定的なターニング・ポイントとしての一九四一年十二月におけるアメリカ合州国の参戦の意義を強調しており、ブライヤールは「最終的解決」をヒムラーによって演出されたプロットとみるよう読者に要請している。その件についてはほかの指導的なナチスですら一九四一年秋には気づいてもいなかったというのだ(47)。このブライヤールの立場は激しい論争を呼ぶことになった。サウル・フリードレンダーの統合されたホロコースト史は、迫害者たちに焦点を合わせている歴史家たちの見方を移動させて、ナチスの行動は犠牲者たちや、教会、中立国家、「自由世界」のユダヤ人共同体のような、それ以外の行為主体も含んだ、もっと全方位的な物語のなかに位置づけられる必要があると主張している。

フリードレンダーの統合されたホロコースト史のなかでは、犠牲者たちは迫害者に焦点を合わせた歴史叙述のなかで登場しているような行為主体性をもたない存在ではないことが示されている。しかしながら、その彼も「最終的解決」の時期をめぐる問題に取り組まなければならなくされていることに変わりはない。時期についての彼の議論が短縮されたかたちでしかなされておらず、決定がなされたときについての見積もり値しか提示していなくて、暗々裡に問題がそれほど重要でないと示唆しているのは、おそらく彼が「統合された歴史」に焦点を合わせていることを示す目印なのであろう。

実際のところ、「最終的解決」の決定がなされた時期にかんする問題は、ホロコースト史家たちが目下ますます熱気を帯びつつあるひとつの論争に注意を向けるようになるにつれて、さほど注目されなくなってしまった。その論争が注目を集めているのは、それがホロコーストのいわゆる「ユニークさ」をめぐってなされたかつての論争を、一九八〇年代の西ドイツにおける「歴史家論争」の場合のように、スターリン体制下のテロルとの比較においてではなく、奴隷制、ジェノサイド、植民地での残虐非道な行為についての見たところいつ終わるともしれない無数のストーリーを携えた世界史のコンテクストにおいて、ある程度まで復活させてきたからである。ナチスの戦争犯罪裁判とアルメニアのジェノサイドの歴史家であるドナルド・ブロクサムは、最近の総合的な報告『最終的解決――あるひとつのジェノサイド』（二〇〇九年）のなかで、ホロコーストはジェノサイドのひとつのケースとみなされるべきであると主張した。これは取り立てて挑発的な主張ではないと思う人がいるかもしれないが、一部の歴史家はユダヤ人の殺戮をヨーロッパ史や世界史のコンテクストのなかに置き入れようとするいかなる試みをもホロコーストにかんしてドイツに特有のものを掘り崩してしまいかねない試みとみなしているのである。これにたいして、ブロクサムと彼の支持者たちのほうは、そうしないとホロコーストを人間史の一部として理解することがほとんどできなくなるような聖なる空間に置いたままにしてしまうと言うだろう。

ダン・ミッチマンやオメール・バルトーヴのような批評家によるブロクサムの本への応答は、事実上、一部の歴史家にとっては、ホロコーストを一九三三年から一九四五年の時期におけるドイツ史を超えてコンテクスト化しようとする試みは、クーッカネンの言葉を借りるなら、不適切であるということを示唆している。同じことはもう一冊の本、アロン・コンフィーノの『ユダヤ人のいない世界』（二〇一四年）についても言えるのかもしれない。このコンフィーノの本も似たような効果をもたらしたが、論拠は多かれ少なかれブロクサムの論拠とは正反対のものであった。コンフィーノはナチスの想像力に力点を置く。そして、ヘブライ語の聖書を焼くという象徴的なかたちで始まって物理的にジェノサイドとなって終わったユダヤ人にたいする攻撃を容易にするために、ナチスがどのようにして長期間にわたるドイツ人の集合的記憶を足場にして事を進めたかを示す。これは反セム主義に支配されたナチス化された公共空間の創造に真っ正面から焦点が合わされているという意味で、とびっきり意図主義的な議論である。戦争や、ナチスが一九三九年以後置かれていた、ユダヤ人政策の展開についてのもっと「機能主義的」ないし「世界史的」な読みを正当化するかもしれない環境については、コンフィーノはほとんどなにも述べていない。両書の批評ということになると、要点はコンフィーノとブロクサムの論拠が真実ではないということではなくて、歴史家たちは一定の状況のもとではその議論を不適切であることを見いだすことがあるということである。クーッカネンの言葉を借りるなら、コンフィーノとブロクサムの本は事物との対応性という意味では真実でないわけではないが、適切な合理的保証ないし議論のコンテクストを欠いているのである。問題は、もし人がたまたまこれらの批評に賛同しないことがあるとしたなら、そのときにはそれらのうちのどちらかを選択するにはどうすればよいのか、ということである。クーッカネンは物語主義者たちが美的および道徳的基準に固執しているのをあまりにも性急に却下してしまっている。というのも、歴史叙述は構築されたものであり、解釈はインフォーマルな合理的議論の一形態であり、そしてわたしたちは「最良の」歴史をそれらが提供する議論の保証にもとづいて選択するのだというのはなるほど歴史叙述のありようについてのみごとな描写であるかもしれないが、それはなおもホロコーストについての歴史叙述のような政治的にセンシティヴで感情的負荷のかかった分野において競合する解釈のうちのどれを選択するかという問題を満足させてはくれない。ここでは「包括的な解釈」が本当に重要になる。たとえば、ブロクサムとコンフィーノの場合に「ホロコースト」という語のもとに集められているものは、ミッチマンやバルトーヴによってその語のもとに集められているものとは異なっているかもしれないのである。(48)

ホロコーストをとりわけ植民地主義およびジェノサイド史との関係においてどうコンテクスト化するかということをめぐる論争は、旧来の考え方が姿を消してしまったということを示唆しているのかもしれない。しかし実際には、かつて「機能主義者」（あるいは「構造主義者」）と「意図主義者」のあいだの論争として議論されていたものが近年ふたたび表面に浮上してきているのである。前者は、ホロコーストは変転する戦争の成り行きと競合するナチスとドイツ国家官僚のあいだの相互作用に応答するなかで、予測しえない段階をへて発展していった、と論じた。これにたいして、後者は、ホロコーストはヒトラーが彼の経歴の早い時期から言明していたユダヤ人を根絶しようとする意図の論理的で予測可能な帰結であった、と主張した。(49)いまは亡きデイヴィッド・チェザラーニは、没後に出版された総合的な仕事『最終的解決』（二〇一六年）のなかで、見たところ彼がそれまでとっていた見解に反して、ホロコーストは組織されておらず、混沌としていて、ナチスのイデオロギーによってよりは戦局によって規定された反応的で場当たり的な基盤の上で展開されたと論じて、彼の同僚たちを驚かせた。(50)この主張自体は新しいものではないが、たとえばマイヤーやヴァインベルク[52]によって提出されたものよりもチェザラーニが具体的に体現してみせたもののほうが多くの人びとを納得させるのに力があったようだった。[53]事物との対応性という意味でより「真実」だからではない。議論のコンテクストをよりしっかり踏まえているという意味でより適切だからでもない。そうではなくて、ほかにもいくつかある理由のなかでも、広く知られた年長の歴史家たち（リチャード・オーヴァリーやニコラウス・ヴァクスマンのような）の裏書きを得ているからである。そして『最終的解決』が没後出版された二〇一六年におけるホロコースト史学のコンテクストのなかでは、チェザラーニは、機能主義者たちのうちでも最も御しがたい者以外の全員を満足させたことにも、第三帝国には反セム主義が行き渡っており、この反セム主義が政策を形づくるにいたった正確なメカニズムはなんであれ、それが存在していたことは否定できないことを数十年間における業績に照らして証明していて、こちらの論拠のほうがはるかに魅力的に見えるからである。[54]一部の批評家はマイヤーの議論は反セム主義よりもナチの反共産主義を強調したいという願望から出てきたものだと考えたが、チェザラーニを同様の理由で非難することはだれにもできなかった。その結果、チェザラーニが自らも同様の立場をとっていることを誇示してみせたことは、その立場が過去を過去として物語的に描写していることへの謝意であるというよりも、その立場が置かれている歴史叙述上および議論上のコンテクストへの言葉巧みな謝意であることが判明するのである。

ホロコーストが軍事史から切り離されていた状況はすでに克服されて久しい。そして単純な「意図主義」的立場の支配はもはや維持されなくなっている。チェザラーニの本が論議を呼びそうな新しいテーゼを携帯した業界向け出版物として売り出されたことは混乱にも寄与している。しかし、『最終的解決』は現実にいっそう迫っているという意味で「より真実」であるわけではない。もしそれを説得力があると受け取る人がいるとしたなら、その人はそれの提出している解釈が他のもろもろの歴史以上に過去のより優れた代替物としての役割を演じているとことができるにすぎない。そしてこれは経験的、言述的、ないし認識的根拠にもとづいてだけでなく、美的および包括的解釈面での根拠にもとづいても言えることなのである。クーッカネンが認めているように、「理念的に正当化しうるテーゼといったようなものは、合理的保証はかくも多くの偶然的で環境的な要因に依存しているために存在しない」のである。(55) これは、「合理的保証」というのはそれ自体、歴史叙述上の操作を認識しうるものにしようとする連結的概念であって、しかしまたそれゆえに異議を申し立てることができる、と言っているに等しい。彼が続けてつぎの文節で「それにもかかわらず、合理性と合理的説得の原則は大部分のケースにおいてもろもろのテーゼの比較評価を可能にする」と述べるとき、少なくともホロコースト史学の基礎にかんしては、これは当たっているとは言いがたいようにみえる。彼のいう「合理的保証」が「歴史叙述においてはなんでもありだ」と主張する、ホロコースト否定論にたいするなんらの防護策にもならない思想潮流を阻止しているというのは本当である。しかし、フリードレンダー、ブロクサム、ゲルラッハ、チェザラーニなどによって産み出されたような、ホロコーストについての互いに競合する合理的に保証された包括的解釈のうち、どれが正しいかを裁定する段になると、それはほとんど助けにならないのである。代わりに、わたしたちは物語間の競争の御しがたさに直面することになる。

＊＊＊

最後の、おそらくはさほど明白ではないとおもわれる例は、ホロコーストのうち、最近になってようやく歴史家たちに注目されはじめた側面に関わっている。ルーマニアにおけるホロコーストがそれである。これがひとつの重要なケースをなしているのは、殺害されたユダヤ人が多数いたからだけでなく、殺害されなかったユダヤ人も多数いたからでもある。これら二つの相反する言明が問題になるのは、ルーマニアやルーマニアの統制下にあった他の諸地域のユダヤ人（一九四〇年にハンガリーに割譲されたトランシルヴァニア北部地方のユダヤ人は含まず、一九四一年六月にルーマニア軍によって占領された、ドニエストル川とブク川に挟まれたウクライナ地域、トランスニストリアに住むユダヤ人を含む）の殺害はどちらかといえばドイツ人の命令による部分が小さかったことをそれらは暴露してみせているからである。ホロコーストはなによりもまずドイツ人の立てたプロジェクトではあったけれども、現地の協力者がいなかったなら殺害されたユダヤ人の数ははるかに少なかっただろう。それにルーマニアの場合には（そしてある程度まではクロアチア、スロヴァキア、フランス、ハンガリー、オランダ、ノルウェーでも）、ホロコーストは大方は土着のプロジェクトであって、そこではユダヤ人から「浄化された」ヨーロッパというナチスのヴィジョンが民族的に等質な国民国家を創設するという長年のナショナルなヴィジョンと容易にかみ合っていたのだった。[56] ルーマニアはユダヤ人を第一次世界大戦後に獲得した諸領土（ベッサラビア、北ブコヴィナ）からトランスニストリアへ移送したことで責任を負っていた。トランスニストリアではユダヤ人はぞっとするほど悲惨な状態に投げ捨てられ、数十万人が、オデッサのユダヤ人を含む現地の数万人のユダヤ人と並んで、ゲットーや強制収容所で死亡したり、大量殺戮に遭ったりしたのである。しかし、ルーマニア人は戦争で風がどちら向きに吹いているのかを見てとって、そ大ルーマニア領土の「東方ユダヤ人」よりも「ルーマニア的」であるとみなしたユダヤ人にかんしては彼らの政策を変更した。その結果、リガト（ブカレストを含むモルダヴィアとワラキアの「旧王国」）のユダヤ人は、バナトのユダヤ人もそうであったが、生き残ることとなったのだった。

歴史家たちはこれらの事実をどう解釈すべきかをめぐって論争してきた。アントネスク元帥は（一九四六年に戦争犯罪人であるということで銃殺されたように）戦争犯罪人だったのか、それとも、「ユダヤ人の救い主」

だったのか。トランスニストリアでユダヤ人に起きたことは純粋にルーマニア人のイニシアティヴによるものと理解すべきなのか、それとも、枢軸側ヨーロッパへのドイツの包括的な支配が決定的な要因だったのか。ルーマニアの歴史家コンスタンティン・ヨルダキは第二次世界大戦中のルーマニア＝ドイツ関係にかんするこの論争について議論している。そして、「ナショナリズム的傾向の強い」歴史家たちはルーマニアのユダヤ人に起きたことにたいしてドイツ人だけが責任があったと主張してきたが、それ以外の歴史家たちは「ルーマニアでは、ユダヤ人問題一般およびとくに反セム主義はドイツのそれらとは異なった特別の歴史をもっていた」と主張してきたと記している。「彼らは、ルーマニアの指導者たちはドイツの戦争プランのたんなる執行人ではなかったのであって、全面的にドイツに統制されていたわけではない、独自の政治的アジェンダの力によって働いていたことを証明してきた」というのだった。(57)

この種の言明は多かれ少なかれ説得力のある仕方で論じられているけれども、「事実」のなかに「見いだす」ことはできない。たしかに、アントネスクがユダヤ人を「救った」というナショナリズム的な主張はもっと多くの事実を持ち出すことによって否認することができる。しかし、それのもつ重みをルーマニア人の行動にドイツ人が及ぼした影響に帰させるというのは、解釈にかかわる問題である。二〇〇四年における歴史学についてのヨルダキの描写は、今日、最近ヴラディーミル・ソロナリによってなされた仕事(58)に照らしてみた場合には異なって見える。ルーマニアにおけるホロコーストについてのソロナリの理解は、単純な意図主義的読みは、どのようにしてジェノサイドがナチス・ドイツと同盟した諸国における長年のエスノ＝ナショナリズム政策から出現したものであったのかを示し、地域レヴェルにおける相互エスニックな関係（ベルリンから発せられる指令ではなくて）を検証し、ジェノサイド政策を地政学的コンテクストのなかに位置づけ、犠牲者たちが場所が異なるのに応じて異なった戦略をとって迫害に対応した仕方を検証することによって訂正される必要があると主張している、ジェノサイド研究のなかの一潮流から教示を得ている。(59) これらの主張のすべては、構築された歴史もさまざまな形態をとることがありうること、資料の使い方が学問上の規範に合わないために「歴史」として算入しないテクストは脇に置き、修辞的、認識的、言説的根拠にもとづいてどのテクストが最も「適切」かを決定するとしても、そもそもそれらの根拠をだれが裁可するのかという問題は残ることを示唆している。

＊＊＊

ホロコースト史学から採ったほんの二、三の例についての議論は、一方では、クーッカネンが正しいことを示している。歴史家たちによって生産される作品について具体的な議論をおこなわないことには、歴史理論は、どのようにして歴史は書かれ、どのようにして競合するもろもろの物語的説明に裁定が下されるのかということについての説明としては不適切なのである。しかし他方では、クーッカネンはどちらかといえば不安定な地盤の上に立っている。ホロコースト史学を検証してみれば、歴史の調査と記述をそれが合理的研究であるということにもとづいて防衛するだけでは、歴史家たちのあいだにとりわけホロコースト史学のような膨大な業績量を誇る分野（ここでは膨大なストックのなかからほんの二、三のケースを選んだにすぎない）において存在するさまざまな不一致の本質を十分に見きわめたことにならないことがわかるのだ。このことは、歴史叙述がさまざまな競合する表われ方をしているにもかかわらず、どれほど一致団結しているか、をある程度まで示すもうひとつのポイントに導いていく。これらの論争のすべてにおいて、そしてそれらについてのわたしの議論において、歴史は構築されたものであるということに気づいている場合でも、歴史は一種の現実主義に専念したままでいるということがわかるのである。

これがそのとおりであるのは、ピヒライネンが言うように、「意味や権威は、この現実主義の考え方のなかで、描写されることがらは「現実に存在する」という同意をつうじてやってくる」からである。「現に起こったものとしては、つねに必然的にファクチュアルなものであるわけではないが、ある特殊にしてアクチュアルな経験ないし社会史的時点の状態を表象したものとしてはたしかにそうなのである」[60]。ホロコースト史家たちは、彼らの読者たちと同じように、自分たちが記述するものが「現実に存在する」という概念を手放したがらないが、それはたんにホロコースト否定論者たちを怖れてのことではなく——ホロコースト否定論者たちは自分たちの戯言を正当化するのに歴史理論における論争に言及する必要があるとは考えていないのだ——、物語られていることがらがある意味では「現実に存在する」ものではないと示唆するのは間違っていると本能的に感じているからである。歴史家たちは「自分たちが現実主義的な仕方で美的にコミットしているということにまつわる問題にまったく気づいていないらしい」とピヒライネンは付言している[61]。そのような場合も時にはあるのかもしれないが、むしろ、これらの解釈が暫定的なものであるということを受け入れることにたいする不快感が広く蔓延しているようなのである。この不快感はよく理解できるし共感もできるが——ホロコーストは今日もなお感じられている深刻な政治的・倫理的・哲学的結果をともなった出来事であったのだ——、同時に、論理的にいうならそのような不快感を抱くのは見当違いであって、あらゆる歴史作品は時間に縛られており、永遠に過ぎ去ってしまった過去の適切な代用品として暫定的に機能しているにすぎないということを承認する必要があるのである。

実のところ、合理的構築主義のアプローチが正しく評価しているようにはみえないのは、競合する物語を美的ないし政治的以外の根拠にもとづいて裁定することができないということはむしろ肯定的に受け入れるべき事情だということである。歴史が完結してほしいと願うのは全体主義の印であって、いまや膨大な量にのぼるホロコースト史学は、――他のトピックとともに――もろもろの歴史的主張の有効性をめぐって論争が繰り広げられていることは自由のサインであり、以前にも論じたことがあるように、歴史は「止むことなく未完のまま」でいるべきだということを指し示しているのである。(62)

こういったことのすべてが示しているのは、過去を破門する必要はないということである。なぜなら、「過去」が存在するのは、あくまで、それがわたしたちに痕跡を残しているかぎりにおいてのことであり、わたしたちが歴史家としてそれらの痕跡に過去を解釈するための合理的なやり方で携わるかぎりにおいてでしかないからである。「歴史」は氷のように冷たい女神ではない。というのも、もろもろの表象の外に「歴史」のようなものは存在しないからである。生存者のトラウマはこの種の主張を説明するのには十分であって、それは事実上、かくも恐ろしい出来事へのむしろどちらかといえば穏やかでよく考えられたうえでの応答なのである。本稿でわたしが言いたかったのは、わたしたちは過去を破門することはしないし、またできないということだった。過去を破門したいと願うのは、事実上、ジェノサイドがもはや選択肢ではないようなふうに人間の行動を秩序づけ直したいと願うことである。もし過去を破門することができないとしても、しかしながら、わたしたちは共有された「規律づけられた学問的想像力」の諸規則に従った歴史を構築することはできる。そのような物語は「歴史」の内なる作業を露わにすることは――そんなものはそもそも存在しないので――できないけれども、現在において、ホロコーストのような出来事がふたたび起こることのありえないような世界を求めて働くよう、わたしたちを鼓舞することはできるし、また鼓舞すべきである。現状では、それは非現実的な希望にみえるかもしれない。が、これは別の話である。

（1） Hayden White, "The Historical Text as Literary Artifact," in: *Tropics of Discourse: Essays in Cultural Criticism* (Baltimore, MD: Johns Hopkins University Press, 1978), p. 89〔ヘイドン・ホワイト著、上村忠男編訳「文学的製作物としての歴史的テクスト」『歴史の喩法――ホワイト主要論文集成』（作品社、二〇一七年）、六二頁〕。

（2） Franz Lebrecht, "Bericht über Erlebnisse während der Zeit des Dritten Reiches: unter anderem aus 4 Konzentrationslagern," Wiener Library, P. III. i (Australia), No. 1194.

（3） インタヴューは一九六〇年四月十日、ドイツのベルリンでおこなわれた。当時ウィーナー図書館の館長をしていたエファ・ライヒマンの主催で起ちあげられた証言プロジェクトについては、Christine Schmidt and Ben Barkow, '*We Are All Witnesses': The Creation of the Wiener Library's Testimony Collection*. Paper presented at Lessons and Legacies XIV conference, Claremont McKenna College, CA, November 5, 2016 を見られたい。

（4） F. R. Ankersmit, *Historical Representation* (Stanford, CA: Stanford University Press, 2001), p. 177. 一部の歴史家は、アンカースミットの問いへのひとつの答えは「ジェノサイド」であると考えるかもしれない。

（5） Dan Diner, "The Destruction of Narrativity: The Holocaust in Historical Discourse," in: Moishe Postone and Eric Santner (eds.), *Catastrophe and Meaning: The Holocaust and the Twentieth Century* (Chicago, IL: University of Chicago Press, 2003), p. 78.

（6） Hayden White, "The Politics of Historical Interpretation: Discipline and De-Sublimation," in: *The Content of the Form: Narrative Discourse and Historical Representation* (Baltimore, MD: Johns Hopkins University Press, 1987), p. 75〔「歴史的解釈の政治――ディシプリンと脱崇高化」、前掲『歴史の喩法』、一八三頁〕。もっと前にもホワイトは「さまざまなイデオロギーがアピールしている、歴史の過程や歴史の知識についての対立するとらえ方を、イデオロギーの外に立って仲裁するための根拠は存在しない」と書いていた。Hayden White, *Metahistory: The Historical Imagination in Nineteenth-Century Europe* (Baltimore, MD: Johns Hopkins University Press, 1973), p. 26〔ヘイドン・ホワイト著、岩崎稔監訳『メタヒストリー――一九世紀ヨーロッパにおける歴史的想像力』（作品社、二〇一七年）、八七頁〕。

（7） White, "The Historical Text as Literary Artifact" cit., p. 95〔前掲『歴史の喩法』、七二頁〕。

（8） Paul A. Roth, "The Pasts," *History and Theory*, 51 (2012), p. 319.

（9） Cf. Jörn Rüsen, *History: Narration - Interpretation - Orientation* (New York: Berghahn Books, 2005); Dan Stone,

"Introduction: The Holocaust and Historical Methodology," in: Dan Stone (ed.), *The Holocaust and Historical Methodology* (New York: Berghahn Books, 2012), pp. 1–19〔本書第五章〕。

(10) Paul A. Roth, "Ways of Pastmaking," *History of the Human Sciences*, 15: 4 (2002), p. 134.

(11) Jouni-Matti Kuukkanen, "Why We Need to Move from Truth-functionality to Performativity in Historiography," *History and Theory*, 54 (2015), p. 227.

(12) Jouni-Matti Kuukkanen, *Postnarrativist Philosophy of Historiography* (Basingstoke: Palgrave Macmillan, 2015), p. 154.

(13) この点についてはすでに Dan Stone, *Constructing the Holocaust: A Study in Historiography* (London: Vallentine Mitchell, 2003) で論じたとおりである。

(14) これら三人の思想家たちの見分けがつかないと言おうとしているのではない。実際には見分けがつかないどころではないのだ。それにもかかわらず、彼らはいくつかの基礎的な想定を分かちもっている。最も明白なのは、歴史は構築されたものだという想定である。そしてそれぞれが、わたしたちはどのようにして、またなぜ歴史を書くのかを理解する、目下のところ最も生産的なやり方であるようにわたしにはみえるものに有益な仕方で寄与しているのである。

(15) 現前については、とりわけ、F. R. Ankersmit, *Sublime Historical Experience* (Stanford, CA: Stanford University Press, 2005)——同書は物語主義にかんするアンカースミットの最初のパイオニア的な仕事との抜本的な断絶を画している本である——と Eelco Runia, "Presence," *History and Theory*, 45 (2006), pp. 1–29 を見られたい。これにたいする批判としては、Kalle Pihlainen, "The Eternal Return of Reality: On Constructivism and Current Historical Desires," *Storia della storiografia*, 65: 1 (2014), pp. 103–115 がある。

(16) Kalle Pihlainen, "On Historical Consciousness and Popular Pasts," *História de historiografia*, 15 (2014), p. 14.

(17) Carolyn Steedman, *Dust* (Manchester: Manchester University Press, 2001), p. 77.

(18) Kalle Pihlainen, "The Moral of the Historical Story: Textual Differences in Fact and Fiction," *New Literary History*, 33: 1 (2002), pp. 39–60.

(19) Alun Munslow, *A History of History* (Abingdon: Routledge, 2012), pp. 8–10.

(20) Kuukkanen, *Postnarrativist Philosophy of Historiography* cit., p. 151.

(21) Paul A. Roth, "Varieties and Vagaries of Historical Explanation," *Journal of the Philosophy of History*, 2 (2008), p.

220.

(22) Kuukkanen, *Postnarrativist Philosophy of Historiography* cit., p. 164.

(23) Ibid., p. 165.

(24) Ibid., p. 165.

(25) Ibid., p. 166.

(26) Ibid., p. 172.

(27) Ibid., pp. 192, 197, 198. ここでは、クーッカネンが「表象主義」と「非表象主義」と呼んで区別しているものによって産み出される諸問題には立ち入らない。Jouni-Matti Kuukkanen, "Representationalism and Non-Representationalism in Historiography," *Journal of the Philosophy of History*, 7: 3 (2013), pp. 453–479; Paul A. Roth, "Back to the Future: Postnarrativist Historiography and Analytic Philosophy of History," *History and Theory*, 55 (2016), pp. 270–281を見られたい。

(28) Jouni-Matti Kuukkanen, "Why We Need to Move from Truth-functionality to Performativity in Historiography?" *History and Theory*, 54 (2015), p. 232. これはジャック・ランシエールの『歴史の名前』へのまえがきにおけるヘイドン・ホワイトの主張を想い起こさせる。そのまえがきでホワイトは書いていたのだった。歴史を研究し書くということは「なによりもまずもっては科学的学問としてよりは「言説」として考えられなければならないのであって、そこでは歴史のありうる研究対象が同定され、それらを研究するためのさまざまな方法や手続きが議論され、そのような対象についての正しい語り方が考案されるのである」と。Hayden White, "Foreword: Rancière's Revisionism," in: Jacques Rancière, *The Names of History: On the Poetics of Knowledge* (Minneapolis: University of Minnesota Press, 1994), pp. vii-xix; Ari Helo, "Letting Go of Narrative History: The Linearity of Time and the Art of Recounting the Past," *European Journal of American Studies*, 11: 1 (2016), https://ejas.revues.org/11648も見られたい。

(29) Kalle Pihlainen, "Narrative Truth," *Metatheoria*, 4: 1 (2013), p. 44.〔その後、Kalle Pihlainen, *The Work of History: Constructivism and a Politics of the Past* (London: Routledge, 2017), chap. 1に収録〕。

(30) Kalle Pihlainen, "Rereading Narrative Constructivism," *Rethinking History*, 17: 4 (2013), p. 510.〔その後、Id., *The Work of History* cit., chap. 2に収録〕。

(31) Kuukkanen, "Why We Need to Move from Truth-functionality to Performativity in Historiography?" cit., pp. 232–

233.

(32) Pihlainen, "Rereading Narrative Constructivism" cit., pp. 511–512.

(33) Hayden White, "The Public Relevance of Historical Studies: A Reply to Dirk Moses," *History and Theory*, 44: 3 (2005), p. 336.

(34) Pihlainen, "Narrative Truth" cit., p. 44.

(35) Keith Jenkins, *At the Limits of History: Essays on Theory and Practice* (London: Routledge, 2009).

(36) Pihlainen, "Rereading Narrative Constructivism" cit., p. 512.

(37) Kuukkanen, *Postnarrativist Philosophy of Historiography* cit., p. 199.

(38) Pihlainen, "Rereading Narrative Constructivism" cit., p. 552.

(39) この点は、Dan Stone, "Romania and the Jews in the BBC Monitoring Service Reports, 1938–1948," *East European Politics and Societies*, doi: 10.1177/0888325417701817 においてルーマニアにかんして示したとおりである。

(40) Paul A. Roth, "Ways of Pastmaking," *History of the Human Sciences*, 15: 4 (2002), p. 125.

(41) Ian Hacking, *The Social Construction of What?* (Cambridge, MA: Harvard University Press, 1999) p. 130, cited in Roth, "Ways of Pastmaking" cit., p. 126.

(42) Arthur Danto "Narrative Sentences," *History and Theory*, 2: 2 (1962), p. 155.

(43) Tim Cole, *Holocaust Landscapes* (London: Bloomsbury, 2016), p. 7.

(44) Christopher R. Browning, *Ordinary Men: Reserve Police Battalion 101 and the Final Solution in Poland* (New York: HarperCollins, 1992)〔クリストファー・R・ブラウニング著、谷喬夫訳『普通の人びと――ホロコーストと第101警察予備大隊』(筑摩書房、一九九七年、増補版、ちくま文庫、二〇一九年)〕。

(45) Daniel Jonah Goldhagen, *Hitler's Willing Executioners: Ordinary Germans and the Holocaust* (London: Little, Brown/New York: A. Knopf, 1996)〔ダニエル・J・ゴールドハーゲン著、望田幸男監訳『普通のドイツ人とホロコースト――ヒトラーの自発的死刑執行人たち』(ミネルヴァ書房、二〇〇七年)〕。

(46) 議論については、Robert Eaglestone, *The Holocaust and the Postmodern* (Oxford: Oxford University Press, 2004), Chap. 7〔ロバート・イーグルストン著、田尻芳樹・太田晋訳『ホロコーストとポストモダン――歴史・文学・哲学はどう応答したか』(みすず書房、二〇一三年)、第七章〕を見られたい。双方の説明に異議を申し立てている、警察予備大隊にかんする最近の研究に、Ian Rich, *Holocaust Perpetrators of the German Police Battalions: The Mass Murder of Jewish Civilians, 1940–1942*（London: Bloomsbury Academic, 2018）がある。

（47） Florent Brayard, *Auschwitz: enquête sur un complot nazi*（Paris: Seuil, 2012）.

（48） Cf. A. Dirk Moses, “Anxieties in Holocaust and Genocide Studies,” in: Claudio Fogu, Wulf Kansteiner and Todd Presner（eds.）, *Probing the Ethics of Holocaust Culture*（Cambridge, MA: Harvard University Press, 2016）, pp. 332–354.

（49） Cf. Dan Stone, *Histories of the Holocaust*（Oxford: Oxford University Press, 2010）, chap. 2〔ダン・ストーン著、武井彩佳訳『ホロコースト・スタディーズ――最新研究への手引き』（白水社、二〇一二年）、第二章〕。

（50） David Cesarani, *Final Solution: The Fate of the Jews 1933–1949*（London: Macmillan, 2016）.

（51） Arno J. Mayer, *Why Did the Heaves Not Darken?: The “Final Solution” in History*（London: Verso, 1988）.

（52） Gerhard L. Weinberg, *Germany, Hitler, and World War II*（New York: Cambridge University Press, 1998）.

（53） Doris L. Bergen, “Holocaust und Besatzungsgeschichte,” in: Frank Bajohr und Andrea Löw（hrsg.）, *Der Holocaust: Ergebnisse und neue Fragen der Forschung*（Frankfurt am Main: Fischer Taschenbuch Verlag, 2015）, pp. 299–320 も見られたい。

（54） Christian Gerlach, *The Extermination of the European Jews*（Cambridge: Cambridge University Press, 2016）, chap. 7 は、反セム主義はホロコーストが起こったことの説明としては不十分であると論じているが、とくに民衆レヴェルにおいて反セム主義がもった意味がさほど大きくなかったと主張しようとしているわけではない。

（55） Kuukkanen, “Why We Need to Move from Truth-functionality to Performativity in Historiography?” cit., p. 242.

（56） Dan Stone, “Race, Science, Race Mysticism, and the Racial State,” in: Devin O. Pendas, Mark Roseman and Richard Wetzell（eds.）, *Beyond the Racial State: Rethinking Nazi Germany*（New York: Cambridge University Press, 2017）.

（57） Constantin Iordachi, “Problema Holocaustului în România şi Transnistria: Dezbateri istoriografice,” in: Viorel Achim and Constantin Iordachi（eds.）, *România şi Transnistria: Problema Holocaustului. Perspective istorice şi comparative*（Bucharest: Curtea Veche, 2004）, pp.35–36.

（58） Vladimir Solonari, “A Conspiracy to Murder: Explaining the Dynamics of Romanian ‘Policy’ Towards Jews in Transnistria," *Journal of Genocide Research*, 19: 1 (2017), pp. 1-21.

(59) この種のアプローチのほかの例として、Donald Bloxham, *The Final Solution: A Genocide* (Oxford: Oxford University Press, 2009); Vladimir Solonari, *Purifying the Nation: Population Exchange and Ethnic Cleansing in Nazi-Allied Romania* (Washington, DC: Woodrow Wilson Center Press / Baltimore, MD: Johns Hopkins University Press, 2010); Alexander Korb, *Im Schatten des Weltkrieges: Massengewalt der Ustaša gegen Serben, Juden und Roma in Kroatien, 1941-1945* (Hamburg: Hamburger Edition, 2013); Raz Segal, *Genocide in the Carpathians: War, Social Breakdown, and Mass Violence 1914-1945* (Stanford, CA: Stanford University Press, 2016); Gerlach, *The Extermination of the European Jews* cit. がある。

(60) Kalle Pihlainen, "Realist Histories? When Form Clashes with Function," *Rethinking History*, 19: 2 (2005), p. 182.

(61) Ibid., p. 186.

(62) Stone, *Histories of the Holocaust* cit., p. 283〔武井訳、二八〇頁〕。

第七章　ゾンダーコマンドの撮った写真

ホロコーストを表象する可能性にかんする近年の研究は、戦後の試みに焦点を合わせている。そしてそれらの試みは、しばしば、事件を直接経験しなかった人びとによるものだった。(1) 多く議論の対象となってきた生還者たちの書き物も、いうまでもなく、収容所が解放されたのちに産み出されたものだった。ホロコーストの表象にかんする現存する文献の多くは、あとから振り返っての再構築や応答をあつかっており、おいおい文学、詩、映画、歴史叙述に集中しがちである。表象の媒体としての写真――とくにホロコーストがおこなわれていた最中の写真――にまつわる問題については、最近まで見落とされてきた。

しかしながら、ゾンダーコマンドの撮った写真は、まさしく、あとから振り返っての回想ではないため、きわめて重要である。これらの写真については、表象の議論全体を問題視するかにみえる迫真性と直接性がある。これらの写真が真っ正面から撮った残虐非道な現場を目のあたりにしては、およそいっさいの理論化の衝動はほとんど憤慨を引き起こすもの以外のなにものでもないようにおもわれる。これらの写真については、エルンスト・ユンガーの一九三一年の主張を確認する以上のことをなにか言うことができるだろうか。ユンガーは一九三一年、『写真と報道記事を集成した『危険な瞬間』に寄せた「危険について」と題する序文で」こう主張していたのだった。「すでに今日、人工的な文明の眼、写真のレンズが差し向けられていないような人間的意味をもつ出来事はほとんど存在しない。その結果もたらされているのが、危険への人類の新しい関係を例外的なやり方で可視的にするような悪魔的正確さを有する写真である」(2)と。

以下では、ゾンダーコマンドの撮った写真は、理論的思考の不適切さを暴露したものであるどころか、現にそれについて自覚的であることを要求しているということを論じる。それというのも、これらの写真はユンガーが一九三一年に考えていたことをはるかに越えて進んだ地点に達しているからである。なによりもこれらの写真自体が、まずもってこの論考はこれらの写真が存在することについての自覚を理論的な語彙の手助けで拡大しようとするひとつの試みにすぎないと述べなければならないほど、明々白々な重要性をもっている。もし表象の言語が役立つとするなら、そのときには、表象の言語を使った議論はこれらの写真に接近する有望な方法であるにちがいない(3)。

これらの写真をきわめて意義深いものにしているひとつのことがらは、いわゆるリリー・ヤコブ・アルバム（あるいはアウシュヴィッツ・アルバム）に収められている有名なSSの撮った写真や、ワルシャワ・ゲットーが解体されたさいの写真と違って(4)、これらの写真はビルケナウに収容されていた者たちによって撮影されたということである。とりわけ、それらはゾンダーコマンドの一名または二名のメンバーによって一九四四年の夏に撮られたのだった。主としてユダヤ人収容者によって、しかしまたロシア人の捕虜によっても構成され、アウシュヴィッツのガス室の中や死体処理施設《クレマトリウム》の周りで働くことを強いられていた特別班である(5)。

さらに、写真が撮影されたさいの事情については幾分かわかっているものの、撮ったのがだれなのか、確実にはわからないでいる。バルバラ・ヤロシュは、アウシュヴィッツ博物館の公式出版物に寄せた論考で、写真を撮ったのは「第五死体処理施設《クレマトリウム》のゾンダーコマンドのメンバーである、ギリシア出身のアレックス

（フルネームはわからない）、シュロモ・ドラゴンと弟のヨセル、アルテル・シュムル・ファインジルベルク（収容所ではスタニスワフ・ヤンコフスキという名で知られていた）、それにダヴィト・シュムレフスキ」であると述べている。[6] 博物館によって一九九五年に第五死体処理施設《クレマトリウム》の地面の上に設置された案内板では、撮影者はギリシア生まれのユダヤ人、アレックスであるとされている。しかし、ファインジルベルクが「再度強調しておきたいが、これらの写真が撮られたとき、わたしが名を挙げた囚人全員が現場に居合わせたのだった。いいかえるなら、ギリシア生まれのユダヤ人、アレックスがシャッターを押した人物だったとしても、写真はわれわれ全員によって撮られたと言ってよいのである」と証言していることにも注意しておくべきだろう。[7] 残念ながら、生き残ったゾンダーコマンドのメンバーたちとのギデオン・グライフのインタヴュー集のなかでは、ドラゴン兄弟とのインタヴューのなかですら、写真についてなにひとつ新しいことは知ることができない。確実なことは、――地下に埋められていたゾンダーコマンドの書き物と並んで[8]――これらの写真はアウシュヴィッツから出現したさまざまな人工物のなかでも最も驚くべき人工物のひとつであるということだけである。視覚的記録という点では、これらの写真は疑いもなくわたしたちが所有している最も重要なドキュメントである。SSのメンバーの撮った写真も、それらが殺害の張本人たちの撮った写真であるという事実からして、今日、わたしたちの眼には恐ろしく映るが、しかし、ゾンダーコマンドの撮った写真に接してわたしたちはとりわけ悲痛な思いにさせられる。というのも、そこに写っていることがらの内容が内容であるからだけではなく、それらの写真を撮り、撮ったフィルムを収容所から密かに持ち出し、クラクフで現像してもらうにさいして、そこにはどれほど極端な困難が待ち構えていたかに思いを致さざるをえないからでもある。

わたしがここで議論したいとおもっているのは、まさしく、これらの写真の歴史的ドキュメントとしての身分であり、証拠としての利用価値であり、観察者がそれらにアプローチするのをどのようにすれば表象の理論が助けることができるのかということである。とりわけわたしは、ひとがそれらの写真に拒絶しがたい証拠としての身分があることを認めてとる写真への直接的な反応の仕方と、それらが表象として考察されるときにそれらを前にして感じる居心地の悪さとのあいだの矛盾について述べたいとおもう。写真は出来事へのある種の接近性を提供すると同時に距離を強調する。この表象の言説が主張するところによると、写真という媒体は、人間の本能的な（社会的に構築されたものであるがゆえの）反応とは反対に、透明なものではないという。写真の場合には、「シニフィアン〔能記〕」は「シニフィエ〔所記〕」に単純なかたちで言及することはないのである。そうではない仕方での主張をおこなうのは、「アナロジー〔類比〕的でインデックス〔指標〕的な記号」を産出するのに必要とされる変容が曇らされてしまう「視覚的なものについてのエデン的概念」に屈してしまうことにほかならないというわけである。[9] 実際にも、ある批評家は、写真を「自然そのものの表象、実在する世界の非媒介的なコピー」、ひいては「真実のもの」とみることは、写真の歴史のなかで不均等な権力関係を強化するにあたっての道具として機能してきた「ブルジョワ民話」を構成している、と主張している。[10]

テクノロジカルな複製を前にして居心地の悪さを感じるというのは昔からのことであって、鏡の歴史と同じほど古い。ジャン・ボードリヤールが示唆しているように、「複製はその本性そのものからして悪魔的であり、なにか基本的なものを動揺させてしまう。〔中略〕シミュレーションは〔中略〕シミュラークル（未開人の小立像、写真に撮られたイメージ）がつねにまず黒魔術の操作の対象であったのと同じように、依然としてつねに操作と管理と死の操作の巨人的くわだての場所である」。[11] 一面では、これは有望なアプローチのようにもみえる。とどのつまり、わたしたちは、写真のうちに忘却から救い出された特権化した時間の瞬間を見てとって、写真を――現に「アウシュヴィッツ」がそうした役割を演じているように――ジェノサイド一般を換喩的に代理させるという罠におちいることを望んではいないのだ。こんなことをすれば、シニフィエ（捕縛された瞬間そのもの）がもっていなかった意味をシニフィアンにあたえることになってしまうだろう。(12)しかし、他面では、まさしくシニフィアンとシニフィエのあいだにインデックス的な照応関係が存在していることこそがこれらの写真に驚くべき意義をあたえているのである。ロラン・バルトの用語を使わせてもらうなら、デノテーション〔外示・外延〕的機能はコノテーション〔共示・内包〕的機能と等価なのだ。すなわち、まさしく写真が描写しているものこそが写真にそれらがわたしたちにとってもつ意味をあたえるのである。(13)アナロゴン――描写されているもの――は社会的意味の産出様式と不可分離の関係にある。あるいはそのようにわたしたちはついつい考えようとしたがるだろう。

実をいうと、これは何人かの写真の理論家によって却下されている種類の主張である。アナロゴンは、それについての解釈を認可する社会的および文化的な取り決めがなくてはなにものでもない。ジョン・タッグによると、「写真のインデックス的性質――写真に撮られる以前の指示対象と記号とのあいだの因果的な結びつき――は、それゆえ高度に錯綜していて取り消し不可能なものであって、意味のレヴェルではなにごとをも保証することはできない」のだという。(14)この見解は、とりわけ本論考への序論として受けとめた場合には、十分筋が通っているようにみえる。大量殺戮、とくにアウシュヴィッツが西洋の落ちこんだ最低の地点にかんするわたしたちの図表のなかで占めている特権的な場所へのわたしたちの文化的な応答の自覚と結びついた、写真の生産を取り囲む環境についてのなんらかの歴史的な情報を手に入れることによってのみ、わたしたちはゾンダーコマンドの撮った写真への真摯な応答を言葉にして表現することができるのである。わたしがここでそう呼んでいるように、それらを「ゾンダーコマンドの撮った写真」と呼ぶことすら、写真の画像そのものには含まれていない意味をそれらにあたえていることになる。もしわたしたちがそれらに平然と冷淡な姿勢で出会っていたなら、わたしたちはそれらが意味しているものを知ることがなかっただろう、とタッグは述べている。あるいはむしろ、意味を見いだそうとするわたしたちの試みは、曖昧模糊としてピントの外れたものになっていただろう、と。それらの試みは恐怖を覚えさせる画像（写真280、281）やどこにいるのか方角をわからなくさせる画像（写真282、283）へのなんらかの一般化された応答でしかないだろうからである。コンテクストをもたない写真はなんらの道徳的メッセージも伝えはしないのだ(15)。

だが、ことによると、タッグの主張は言い過ぎなのかもしれない。写真に平然と冷淡な姿勢で出会っていたと仮定してみよう。それらについてなにを言うことができただろうか。第一に、それらのはっとさせるような性質はあらゆる写真に通有のひとつのパラドクスを強調している。静態的なシニフィアン（人が手中にすることのできる不変の写真）と活動的なシニフィエとの矛盾がそれである。いまの場合、このパラドクスが強調されるのは、シニフィエ、時間が無限に継起するなかにあって捕縛され化石となった瞬間が、じつにはっきりと活動によって特徴づけられているからにほかならない(16)。しかもそれは通常の活動ではない。そこには、わたしたちが気づいてはいるが経験することはできない五官への攻撃、穏やかな言い方をするなら、暴力の雰囲気が存在する。裸の屍体が地面に横たわっており、その背後では（おそらく）他の焼かれている屍体から立ちのぼる煙が見える。これらがジェノサイドの犠牲になった無辜のユダヤ人であることや、写真に写っている「労働者」たちも同じ運命をたどることになることを知らなくても、写真の気楽そうな媒体とそれらの主題との対照は見る者の心を異常なまでに不安にさせる。

シニフィアンとシニフィエとのパラドクスめいた衝突に加えて、ゾンダーコマンドの撮った写真は、写真のもうひとつの属性を際立たせる。タッグによると、あらゆる写真の無意識のシニフィエは死が現前していることであるという。(17)この写真の属性は映画と対比した場合にとりわけ歴然とする。クリスチャン・メッツは、映画は観客の願望と結託して、死者に生の「脆い見せかけ」を取り戻させるが、「これにたいして、写真はそのシニフィアン(ここでもまた静止した状態)があたえる客観的な示唆の力によって死者の記憶を死んでいる存在として保持する」と書いている。(18)写真280と281の場合には、死はたんなる無意識のシニフィエではない。それは明示的なシニフィエなのだ。しかし、撮影者が屍体から距離を置いた場所にいることは、これらの屍体がヴェトナム戦争や湾岸戦争のときにありふれたものとなった報道写真を権威づけてきたような、扇情的なものではないということを示唆している。死者が死んでいるという事実そのもの、いっそう真に迫った殺戮の証言であるという事実そのものが、写真の要点をなしているのである。

このような耽美化=美学化の欠如――それらが写真としては「むさ苦しい」とか「失敗している」ということ――は、スーザン・ソンタグが「ある特殊な歴史的瞬間についてかくも心を引き裂くかのように語っているそれらの写真ですら、それらの主題をわたしたちに美しいものという一種の永遠の相のもとで代理的に所有させる」と書くとき、(19)彼女とは意見を同じくするのはむずかしいということを意味している。黒い出入口によって縁取られた写真280と281の、非合法であることがあまりにも歴然としている性質は、見る者の眼を釘付けにするための古典的な工夫をつくり出している。こうして美しいものについてのソンタグのセンスはいまの場合には全面的にはふさわしくないのだが、それはたとえば彼女が言及している有名なワルシャワ・ゲットーの解体場面を撮った写真のなかでの少年のように、写真の主題がわたしたちの代理所有に利用できないからなのである。これら二枚の写真が、しばしば、とりわけアウシュヴィッツ博物館で巨大な寸法で展示される場合には、出入口/縁取りを除去して複製されているという事実は、通常、撮影者の「英雄的な」振る舞いを強調しようとしたものであると解釈されている。まるで写真を物陰から撮ることがすで

280

281

に十分危険なことではなかったとでもいうかのようにである。[20] しかし、その事実はまた、「物自体」にもっと接近してそれを所有し、五官に心地よく受け入れられるものにし、写真が許容しないであろうような仕方で認識しうるものにしたいという願望があることをも示している。

しかしながら、博物館のキュレーターや書籍の出版者をして写真280と281の本質的な部分を除去するよう導いていっているのは、それらを目の前にしてのこの居心地の悪さではない。写真280と281とは対照的に、282と283は一見したところでは「芸術」写真として通用しそうである。すなわち、見る者が「どのようにしてこのようなものになったのか、それとも、いつも同じだったのか」と尋ねるような写真なのだ。いいかえるなら、写真280と281を特徴づけている持続の側面が明白な変化のそれであり、あるひとつの現に進行中の出来事における凍てついた瞬間であるのにたいして、282と283は見たところ、静止したシニフィアンと変化しない状態のシニフィエとがぴったりフィットしていることを展示してみせているようなのである。[21] 280と281における明白な持続感とは対照的に、282と283は、一見したかぎりでは、静止の写真である。この「フィット」、「起こっているものがなにもない」という事実こそは、283がたった一度だけ、それも広く一般に販売されたのではなく、図書館に配布された本のなかで、おおやけにされ、最近になってはじめて展示されたということが意味してきたことなのだ。そしてこのことは大半の人びとはゾンダーコマンドの撮った三枚の写真の存在にしか気づかないできた事実を説明してくれる。[22]

だが、後者の二枚の写真をもっと近寄って調べてみると、この静止は現実のものというよりは幻想に近いことが明らかになる。いっそう注意深く吟味してみるなら、282の「関心」は底辺部の左手の隅っこに見いだされることがわかるのであって、これが写真がごくまれにしか一個の全体的な元々の画像であるとはみられていない理由にほかならない。裸のユダヤ人女性たちがレンズの軌道から外れたところで、ある者は座

282

283

りながら、ある者は歩きながら、ガス室と第五死体処理施設《クレマトリウム》の外にある森林の中で彼女らの最後の瞬間を生きたまま過ごしている姿を捕らえたアングルは、たぶん、これが正真正銘のスナップショット、文字どおりヒップ〔尻〕から撮ったショット〔速写〕であることを暴露している。スナップショットと何気なさ、それが示唆するのぞき趣味とのよくある観念連合は、写真の内容と恐ろしいまでに対照的であるだけでなく、ものを見るにあたってのわたしたち自身のあり方を問いに付すよう、わたしたちにうながす。しかも、これの傍らには283がある。そして、その写真がなにも写し撮っていないことは、他の三枚の写真が出来事をありありと写し撮っていることによっていっそう底知れぬものにされている。それらの真っ黒な深みの背後になにが横たわっているのかはだれにも知られないままにとどまっていると同時に、他の三枚の写真のおかげで、見る者の想像力をいやがうえにも駆り立ててやまない。実際にも、その写真がなにも写し撮っていないことは、それがもつ重要性の条件そのものなのであり、わたしたちが「幸運にも」282における女たちの画像をもちえていることの合図なのである。「幸運にも」というのは、明らかに撮影者には狙って撮るだけの時間がなかったからである。そしてとどのつまり、不在、ありえないこと、真っ黒、人間の意識ではなく無意識によって満たされた空間以上に、強制収容所から産出される「申し分のない」どんなイメージが存在するというのだろうか。(23)

それから、これらの写真は心地のよい省察を許さない。バルトによると、写真はストゥディウムとプンクトゥムという二つの側面に分割しうるという。ストゥディウムというのはひとが写真に関心をもつことを可能にする資質のことである。それは「少なくともただちには「勉学」を意味するものではなく、あるものに心を傾けること、だれかへの好み、ある種の一般的な思い入れを意味する。その思い入れにはもちろん熱意がこもっているが、しかし特別の激しさがあるわけではない。わたしが多くの写真に関心をいだき、それらを政治的証言として受けとったり、みごとな歴史的場面として味わったりするのは、ストゥディウムによる」。これにたいして、プンクトゥムというのはストゥディウムを掻き乱すもののことである。「今度は、わたしがそれを探し求めにいくのではない（わたしの至高の意識をストゥディウムの場に備給するわけではない）。この要素のほうが写真の場面から立ち上がってきて、矢のようにわたしを刺し貫くのである。〔中略〕写真のプンクトゥムというのは、わたしを突き刺す（しかしまたわたしに傷をつけ、わたしの胸を締めつける）偶然のことにほかならないのである」[24]。ストゥディウムの機能には「知らせること、表象・再現すること、不意にとらえること、意味〔指示〕すること、欲望を掻き立てること」が含まれるとバルトは言う。そしてこれらの機能を承認することがストゥディウムの役割なのであるが、しかしストゥディウムの備給は「けっしてわたしの享楽や苦痛ではない」と[25]。

ゾンダーコマンドの撮った写真の場合にかくも衝撃的であるのは、そこではストゥディウムとプンクトゥムのこの二分法が維持されえないということである。実のところ、そこではストゥディウムは即プンクトゥムである。わたしたちに関心のあるものはわたしたちを刺し貫くものでもあるのだ（282の場合には、このことはただちには起こらないにしてもである）。そこでは落ち着いた省察の瞬間に検証されうるものはなにひとつとして存在しない。それというのも、いっさいのことがらがつねに同時に写真から突然飛び出してきて、わたしたちの五官を通過して恐怖の道を切り開いていくからである。そのような写真にたいしては、その場しのぎの応答や心穏やかな応答はおよそありえない。

これらの写真が破壊的な性質のものであることは、それらが写真についてのもうひとつのよく知られた平凡さを混乱におとしいれる仕方のうちに明白に現われている。わたしはわざと「平凡さ」という語を使うが、それはほかでもない、写真のこの平凡な側面こそ、ここで問題に付されているものだからである。写真について書いてきた者たちは、ジークフリート・クラカウアー以来、写真と歴史主義のあいだには繋がりがあると指摘してきた。「歴史主義者たちは諸事件の流れをそれらの時間的な継起に沿ってなんらの間隙も残さずに再構築することによって歴史的現実を把握することができると信じている。写真は空間的な連続性を提供する。そして歴史主義は時間的な連続性を提供しようとしている。〔中略〕歴史主義にとっては時間の写真が問題なのだ。歴史主義の時間の写真に対応するのは、時間の中で結びついている諸事件をありとあらゆる面から描き出した一大長編映画であることだろう」とクラカウアーは述べている。[26]

　エドゥアルド・カダーヴァは最近、ヴァルター・ベンヤミンが歴史の哲学をどのように考えているかを写真になぞらえて説明するにあたって、同じような点を指摘している。「メドゥーサ効果」――「歴史の運動を停止したり固定したりするか、それともある事件の細部を歴史の連続から孤立して取り出す能力」――が写真と歴史主義によって分かちもたれている特徴であるというのだ。[27]そのときには、写真は平板な死である。歴史主義の同質的で空虚な時間に対応する平凡さなのだ。[28]

　思うに、ゾンダーコマンドの撮った写真もこの規則の例外ではない。そうではあるけれども、それらはベンヤミンが歴史主義の直線的な時間を停止させることができるのではないかと信じている革命的瞬間の描写に適合してはいないだろうか。それらは対象化しようとする観点――この場合には「ひとは写真に撮られた対象は無感覚で傷つくことのない目で見られていたと語ることができる」[29]――のもとで撮られたわけではなかったのだから、それらはまさしく「今の時（Jetztzeit）」の具現態、現在に侵入して現在を充溢させる「出来事の進行のメシア的停止」[30]ではないのだろうか。それらはショックの瞬間である。――写真は時間における瞬間を固定し石と化してしまうと語っている法則に順応しながらも――直線的な歴史に適合させられることを拒否して「歴史の連続体を爆破する」閃光なのだ。[31]

ゾンダーコマンドの撮った写真の場合には、なぜわたしたちが写真の工程はつねに現実を隠蔽し、現実が提示する事物以外のものを産み出すということを知っていながら、同時にそれらの写真は現実を写し撮ったものだと語ることができるのか、理論はその理由をわたしたちが理解するのを助けてくれる。このことはけっしてL・J・M・ダゲールによって人口に膾炙したものにされ、写真の成功に寄与したもろもろの概念に立ち戻ることを意味するものではない。すなわち、ダゲレオタイプは「たんに自然を描写するのに役立つだけではなく〔中略〕、自然に自然そのものを複製する力をもあたえる道具である」という主張、あるいは（エドガー・アラン・ポーの定式にあるように）自然そのものよりもいっそうよく、「より絶対的な真理、表象される事物とのより完全な相貌の一致」を複製する力をあたえるという主張がそれである。(32) わたしたちはすでにそのような主張がブルジョワ的な権力願望であるということで却下されたのを見てきた。しかし、却下したタッグも、「写真を現実界の直接的な転写を可能にする表象手段として特権化するためのなんらかの存在論的ないし記号論的な根拠も存在しない」と断言するときには、言い過ぎといわざるをえない。なぜなら、写真は物理学と化学が偶然もたらしたまぐれ当たりの所産でしかないからである。(33) もちろん、彼が写真の権威は「写真工程の本質とみなされているもの」ではなく、「所与の社会的形成の内部にあってのいくつかの特権化された装置の操作」（たとえば、もろもろの科学施設、政府の諸部門、警察と法の記録）に由来すると述べるとき、彼は正しい。(34) それでもなお、写真はそれをつくり出した手続きに還元されるわけでもなければ、たんにそれが特権化された当局によって権威を授与されているかどうかといったかたちでだけ議論されうるわけでもない。たしかにそういった議論は、他の有名であったり影響力があったりする写真の場合と同じく、これらの特別の写真の歴史においても興味深い一章ではある。が、ゾンダーコマンドの撮った写真を瞥見してみるなら、ここには、それ自体として、なにか見る者に極度にむずかしい要求を突きつけるものがあるのがわかる。

写真は魔術による放射物などではなく、特殊な目的のために作動させられた物質的な装置の物質的な産物である、とタッグは言う。[35] そうであるとしても、ひとは考えざるをえない。もしアウシュヴィッツが地獄の現実化された姿であったとするなら、[36] そのときには、これらの写真は、この（非）現実の、エピファニー〔キリストの顕現〕にも似た（たしかに地獄に似つかわしく否定的・陰画的な）顕現ではなかったのか、と。[37] そのような主張は、これらの写真が現にそうであるところのもの――このかぎりではタッグは正しい――についてのわたしたちの知識とそれらの果たしている証拠としての役割についてのわたしたちの主張から切り離すことができない。写真283が証拠としての役割を演じるのに失敗していることは、この点を立証している。しかし、それらの写真がホロコーストの一場面ではなく、なにかそれ以外のものを描写しているという結果にたいしては、写真が享受する証拠としての重みが社会的に承認されているという事実を楯にとったホロコースト否定論者による主張ですら太刀打ちできないだろう。それというのも、これらの写真を手に取ってみれば、あるいはそれらが展示されているのを見てみれば、それらがあたえる内臓をかきむしるような衝撃《インパクト》たるや、まことに脅迫的なものであるからである。[38] まさにこの事実こそは、過去から掴み取られた光の瞬間、アンドレア・リスが「半透明のミメーシス」と呼んでいるもの[39]の現前――〈自然〉の痕跡ではないとしても、なんらのレトリックも奪われたイメージ[40]――を示しているのである。

それらの写真の歴史の外ではそれらの実存的本質は空虚であるとタッグとともに主張するのは、たしかに言い過ぎである。写真のインデックス的性質のみがその歴史の知識によって存在するのではないのか。タッグは、バルトと対決するなかで、「実存的絶対者」をなにごとかが起こったというたんに静態的な確認と混同してしまってはいないだろうか。人間主体を枠の隅っこに押しこんで撮っている282のアングルそのもの、283が事実上真っ黒な空白であるという事実そのもの――これらは、280と281と隣り合わせにして見たときには、見る者を気抜けさせてしまう。しかも、それはそれらの写真が証拠提示的ないし共示的機能を果たしているからだけではない。なるほど、このタッグとの不一致点は、彼が化学工程の最終結果である描写にたいして人びとが時として抱くことがある心理的な愛着をあざけるかのようにして却下してしまっているという事実のうちに横たわっている。彼の口吻たるや、まるで事実だけが写真にたいするいかなる心理的愛着をも阻止できるとでもいうかのようなのだ。しかし、たぶん不一致点は、ここでわたしたちが眼の前にしているのはユダヤ人のジェノサイドを写し撮ったひと連なりの写真であり、テクストの手助けがなくても存在する基礎的な物語であるのに、タッグが考えているのは個々の写真のことだけであるという事実の結果でもある。個別に取り出して見た場合には、これらの写真はとてもでないが判読がむずかしい。しかし、一緒にして見た場合には、見る者に理解の基礎的な形式を提供してくれるのである。

これらの写真は、まさに主題の重要性からして、あるいはそれらがひと連なりをなしていることからして、表象の規則にとっての例外として扱うわけにはいかないという事実が残っている。(41)イーディス・ウィスコグロードが指摘しているように、「写真の画像は、もしその意味を現出させるべきであるとするなら、物語による編成を要求する。そして物語はそれらがそれぞれの指示項についておこなう主張に応じて異なる」。(42)写真のインデックス的性質は「新しい現実を生産する〔中略〕技術的、文化的、歴史的工程」(43)から切り離すことはできず、プンクトゥムはストゥディウムから分裂したままでいることができない。しかし、これらの写真のあたえる内臓をかきむしるような衝撃《インパクト》は、まさしくそれらの意味ではないのだろうか。

アウシュヴィッツ博物館では、この最後の問いは高々と鳴り響く「イエス」の声でもって答えられている。写真はただひとつのこと、すなわちショックをあたえることだけを念頭に置いて展示されている。アウシュヴィッツ第一基幹収容所の古くからの常設展示室に展示されている写真にかんしての歴史的情報やそれぞれの意味するところをそれとなくうかがわせる他のなんらかの手がかりの欠如ぶりたるや（将来は変更するのがふさわしいだろうが）あまりにもひどいため、「暴力のポルノグラフィー」と呼ばれてきたほどであった。訪問者がそれらをアウシュヴィッツで見ているという事実を別とすれば、これらの写真がなぜ重要なのかを示唆するものはなにひとつとして存在しない。それでも、それらを見る者はだれでも、最もわずかの情報しか知らされていない者ですら、なぜ重要なのかを知っているのである。その一方で、写真283は、282もそうであるが、ショックをあたえたいという この願望にとっては、ひとつの問題をなしている。これが、283は展示されず、282は切断され、左手の隅の部分だけが引き伸ばされて展示されている理由である。280と281からフレームが除去されているのも、展示物のなかでのこれらの画像の役割にたいする同様の態度を示唆している。しかし、ここでもまた、このことが示しているのは、意味というのは大部分、社会的に構築されたものだということである。それらの写真をアウシュヴィッツで見てわたしたちが経験するおののきは、それらの写真にはショックをあたえる力が本来内在していることの証拠でもあるのと同様、わたしたちがどこにいて、それらがなんであるかについて、わたしたちが知っていることから生じている。いいかえるなら、インデックス的であると同時に構築された意味をもつという、それらの写真の滲んで重ね合わさった性質をそれは示しているのである。

このショックは、それらの写真がホロコーストの記憶の番人たちによってそれらにあたえられているものを超えた力をもっていることを露わにすると同時に、なぜそれらについてこれまでこんなにもわずかしか言及されてこなかったのかをも説明してくれる。ソンタグは述べている、「個々の写真は苦悩させることができるし、実際に苦悩させている。ところが写真には美化する傾向が強いため、苦悩を伝達する媒体《メディウム》は結局それを中性化してしまう。〔中略〕写真のリアリズムは現実的なものについての混乱を生み出し、（長い眼で見ても短い眼で見ても）感覚を刺激すると同時に、（長い眼で見ると）道徳的に痛みを感じることをなくさせている」(44)と。

長い眼とはどれほどの長さなのか。五十年なのだろうか。そのときには、（カットアップされた）写真もたしかに馴染みのあるものになってしまっている。それらはわたしたちを暴力にも無感覚にさせてしまい、それらにさらされすぎるなかで、それまでわたしたちが受けとってきた感覚を鈍化させてしまったのだろうか。コルネリア・ブリンクが指摘しているように、可視的なものはわたしたちを盲目にしてしまったのだろうか(45)。あるいは、それらの写真そのものが、媒体《メディウム》のパラドクスによって、（ソンタグの医学的メタファーを用い続けるとして）この非美学化的効果が不可避のものであるということ、「自分は災難から免れているという気持ちが痛ましい写真を見る興味を掻き立て、それを見ることで自分は災難から免れているという気持ちをいっそう強くさせる」ということを意味しているのだろうか(46)。写真の特質についての「事物をわれわれにより近づける」という――ベンヤミンによってかくも否定しがたいかたちで同定された――強迫観念そのものが(47)、その近さを否定し、わたしたちが見ているもののあたえる恐怖に正面から立ち向かうのを阻止することでもって終わってしまうのだろうか。

一九四四年九月四日に政治囚ユゼフ・ツィランキェヴィチとスタニスワフ・クウォジンスキによって記されて強制収容所から密かに持ち出されたメモは、この点を考えるうえで有益である。

「至急便。できるだけ早く、二本のフィルム用鉄製リール（21／2×31／2インチ）を送ってほしい。写真を撮ることができるのだ。きみにビルケナウから写真を送るよ。ガスで殺された人びとの写真だ。一枚の写真には戸外でうず高く積まれた屍体の山が写っている。死体処理施設《クレマトリウム》が焼却される屍体の数と見合わなくなったとき、屍体は戸外で焼却されたんだよ。前景には山の上に投げ入れられる用意のできた屍体が並んでいる。もう一枚の写真には、人びとが入浴のためと称して衣服を脱ぐよう指示されたものの、実際にはガス室に投げこまれる寸前の、森の中の場所のひとつが写っている。できるだけ早くリールを送ってほしい。同封の写真はテルに送ってほしい」。(48)

これを読んでいると、それが書かれたときの切迫した状況と絶望感についてなにごとかを感じることはできる。しかしまた、その記述はわたしたちにジェノサイドの現実にアプローチするよう誘いながらも、アプローチするのを禁じる。それは読み手をジェノサイドの現実により近づけさせたいという願望をもっていると語りかけながらも、そうすることが究極的には不可能であることをはっきりさせている。しかし、この事実はかならずしもひとが恐怖に慣れっこになるということを意味しない。実際にも、近くにいると同時に遠くにいるという矛盾した気持ちになっていることを自覚しているということは、それ自体が右に引いた言葉とそこで言及されている写真がいつまでも力を持ち続けていることを裏づけているのである。もし単純に規定されたミメーシス概念へのわたしたちの安易なもたれかかりに挑戦している表象の言語に役に立つ点があるとするなら、ゾンダーコマンドの撮った写真とともに、わたしたちは集団墓地の縁に立っていて、ジェノサイドの現実に最も近いところにいると考えるまさにそのとき、わたしたちはそれ以前よりもはるかに遠いところにいるということをわたしたちに思い知らせてくれるというのがそれである。

この論考の草稿を読んでくださったローレンス・ランガー氏と議論してくださったウーテ・ロックラーゲさんに感謝したい。

（1）ホロコーストを表象することをめぐるいかなる議論においても出発点となるのは、Saul Friedlander (ed.), *Probing the Limits of Representation: Nazism and the "Final Solution"* (Cambridge, Mass.-London: Harvard University Press, 1992)〔ソール・フリードランダー著、上村忠男・小沢弘明・岩崎稔訳『アウシュヴィッツと表象の限界』（未來社、一九九四年）〕である。Dominick LaCapra, *Representing the Holocaust: History, Theory, Trauma* (Ithaca, NY: Cornell University Press, 1994); *Zivilisationsbruch: Denken nach Auschwitz*, hrsg. Dan Diner (Frankfurt am Main: Fischer, 1988); Omer Bartov, *Murder in Our Midst: Holocaust, Industrial Killing, and Representation* (New York: Oxford University Press, 1996); Michael André Bernstein, *Foregone Conclusions: Against Apocalyptic History* (Berkeley, CA: University of California Press, 1994); Lawrence L. Langer, *Admitting the Holocaust: Collected Essays* (New York: Oxford University Press, 1995); Berel Lang, "Is it Possible to Misrepresent the Holocaust?" *History and Theory*, 34: 1 (1995), pp. 84-89; Nicolas Berg, Jess Jochimsen, Bernd Stiegler (hrsg.), *Shoah: Formen der Erinnerung. Geschichte-Philosophie-Literatur-Kunst* (München: Fink, 1996); Dan Diner (ed.), *Theoretical Interpretations of the Holocaust* (Amsterdam: Rodopi, 2001) も参照されたい。写真については、Barbie Zelizer, *Remembering to Forget: Holocaust Memory Through the Camera's Eye* (Chicago, IL: University of Chicago Press, 1998); Andrea Liss, *Trespassing Through Shadows: Memory, Photography, and the Holocaust* (Minneapolis, MN: University of Minnesota Press, 1998); *Visual Culture and the Holocaust*, ed. Barbie Zelizer (London: Athlone Press, 2001) を見られたい。

（2）Ernst Jünger, "On Danger," *New German Critique*, 59 (1993), p. 31〔"Über die Gefahr," in: *Der gefährliche Augenblick: Eine Sammlung von Bildern und Berichten*, hrsg. Ferdinand Bucholtz (Berlin: Jünker und Dünnhaupt Verlag, 1931), pp. 11-16〕.

（3）ここでは、それぞれの写真がアウシュヴィッツ博物館写真室に寄託されたさいに付けられていた陰画番号280—283に従って言及する。ここに掲載されている複製はどの番号がどの写真に対応しているかを示している。元々のフィルムとプリントは紛失してしまった。そしてすべての複製は今日、アウシュヴィッツ博物館に保管されている一九五〇年代以後のプリントからなされている。ここに掲載されている写真はポーランド・オシフィエンチム、国立アウシュヴィッツ=ビルケナウ博物館の許可を得て複製した。〔著者の追加の説明によると、アウシュヴィッツ博物館が同じ画像に複数の複製を作成したせいで、同一画像の番号に異同が存在するが、本論考で使用した写真番号は、著者が約二十年前に当博物館のスタッフから入手した際に写真の裏に記されていたものである〕。

(4) ワルシャワ・ゲットー解体にかんするナチス親衛隊大尉ユルゲン・シュトロープの報告については、*"Es gibt keinen Jüdischen Wohnbezirk mehr!" Faksimileausgabe des Aktendokumentes mit Fotografien*, hrsg. Andrzej Wirth (Neuwied: Luchterhand, 1960) を見られたい。迫害者によって撮られた写真の性質については、Dieter Reifarth und Viktoria Schmidt-Linsenhoff, "Die Kamera der Täter," in: Hannes Heer und Klaus Naumann (hrsg.), *Vernichtungskrieg: Verbrechen der Wehrmacht 1941 bis 1944* (Hamburg: Hamburger Edition,1995), pp. 475–503; Judith Levin and Daniel Uziel, "Ordinary Men, Extraordinary Photos," *Yad Vashim Studies*, 26 (1998), pp. 265–293; Corneria Brink, *Ikonen der Vernichtung: Öffentlicher Gebrauch von Fotografien aus nationalsozialistischen Konzentrationslagern nach 1945* (Berlin: Akademie Verlag, 1998) を見られたい。

(5) Primo Levi, *The Drowned and the Saved*, trans. Raymond Rosenthal (London: Michael Joseph, 1989), pp. 34–43〔プリーモ・レーヴィ著、竹山博英訳『溺れるものと救われるもの』(朝日新聞社、二〇〇〇年)、五〇—六三頁〕を参照。また、Gideon Greif, *Wir weinten tränenlos: Augenzeugenberichte der jüdischen "Sonderkommandos" in Auschwitz* (Köln: Böhlau-Velag, 1995); Miklos Nyiszli, *Auschwitz: A Doctor's Eye-witness Account*, trans. Tibere Kremer and Richard Seaver (Greenwich, CT: Fawcett Crest, 1960; St. Albans, Hertfordshire: Granada Publishing, 1973); Filip Müller, *Auschwitz Inferno: Testimony of a Sonderkommando* (London: Routledge, 1979) も見られたい。

(6) Barbara Jarosz, "Les organisations de la résistance et leur activité à l'intérieur et a l'extérieur du camp," in: Franciszek Piper et Teresa Świebocka (éd.), *Auschwitz: Camp de concentration d'extermination* (Oświęcim: Le Musée d'Auschwitz-Birkenau, 1994), p. 248.

(7) Teresa Świebocka and Renata Boguslawska-Świebocka, "Auschwitz in Documentary Photographs," in: Teresa Świebocka, Jonathan Webber, Connie Wilsack (eds), *Auschwitz: A History in Photographs* (Oświęcim: Le Musée d'Auschwitz-Birkenau, 1993), p. 43.

(8) Ber Mark, *Scrolls of Auschwitz*, trans. Sharon Neemani (Tel Aviv: Am Oved, 1985).

(9) John X. Berger and Olivier Richon (eds.), *Other Than Itself: Writing Photography* (Manchester: Cornerhouse Publications, 1989), introduction.

(10) Allan Sekula, "On the Invention of Photographic Meaning," in: Victor Burgin (ed.), *Thinking Photography* (Basingstoke: Palgrave Macmillan, 1982), p. 86. Rita Bischof, *Souveränität und Subversion: Georges Batailles Theorie der Mod-*

erne (München: Matthes und Seitz, 1984), p. 91 は「写真の美学的次元を没収してしまう恐れのある社会的次元は、それが社会的管理を遂行していながら、その管理の契機を隠蔽して匿名のままに放置しておき、こうしてこの管理が自己管理であるかのようにみせる可能性を内在させている点にある」と書いている。ミシェル・トゥルニエの小説『魔王』〔植田祐次訳、みすず書房、二〇〇一年、一三二―一三四頁〕は写真のこの側面をどちらかといえば不安げに議論している。

(11) Jean Baudrillard, "Simulacra and Simulations," in: Id. *Selected Writings*, ed. Mark Poster (Cambridge: Polity Press, 1988), p. 182, rota 1〔ジャン・ボードリヤール著、今村仁司・塚原史訳『象徴交換と死』(ちくま学芸文庫、一九九二年)、第二部「シミュラークルの領域」二〇二―二〇三頁、原注1〕。Yves Michaud, "Philosophy and Photography," in: Michel Frizot (ed.), *A New History of Photography* (Köln: Könemann, 1998), pp. 734-735 も見られたい。

(12) Detlef Hoffmann, "Ein Foto aus dem Getto Łódź," in: Hanno Loewy (hrsg), *Holocaust: Die Grenzen des Verstehens. Eine Debatte über die Besetzung der Geschichte* (Hamburg: Reinbek, 1992), pp. 242-243 を見られたい。

(13) Roland Barthes, "The Photographic Message," in: Id., *Image Music Text*, trans. Stephen Heath (Basingstoke: Fontana Press, 1977), pp. 15-31〔「写真のメッセージ」、ロラン・バルト著、蓮見重彦・杉本紀子訳、『映像の修辞学』(ちくま学芸文庫、二〇〇五年)、四九―八一頁〕を見られたい。

(14) John Tagg, *The Burden of Representation: Essays on Photographies and Histories* (Basingstoke: Palgrave Macmillan, 1988), p. 3. これは、「写真の指向対象は他の表象体系の指向対象とは同じでない」、なぜなら、写真の場合には「事物がかつてそこにあったということをけっして否定できない」からであると論じているバルト(Roland Barthes, *Camera Lucida: Reflections on Photography*, trans. Richard Howard [London: Vintage Classics, 1993], p. 70〔ロラン・バルト著、花輪光訳『明るい部屋――写真についての覚書』(みすず書房、一九八五年)、九三頁〕)への回答である。Joanne Lukitsh, "Practicing Theories: An Interview with John Tagg," in: Carol Squiers (ed.), *The Critical Image: Essays on Contemporary Photography* (London: Lawrence & Wishart, 1991), p. 232 も見られたい。

(15) Bernd Hüppauf, "Der entleerte Blick hinter der Kamera," in: *Vernichtungskrieg* cit., pp. 511-513.

(16) ジョン・バージャーが指摘するように、「カメラによって捉えられたイメージは二重に暴力的である。そして双方の暴力は同一の対立を強化する。写真に撮られた瞬間とそれ以外のすべての瞬間との対立がそれである」("Photographs of Agony," in: John Berger, *About Looking* [London: Pantheon Books, 1980], p. 39〔「苦悩の写真」、ジョン・

バージャー著、飯沢耕太郎・笠原美智子訳『見るということ』(ちくま学芸文庫、二〇〇五年)、五九頁〕)。

(17) Tagg, *The Burden of Representation* cit., p. 1. Ulrike Schneider, "Der Tod als Metapher für das fotografische Verfahren," *Fotogeschichte*, 16: 59 (1996), pp. 5–13 も見られたい。

(18) Christian Metz, "Photography and Fetishism," in: *The Critical Image* cit., p. 158.

(19) Susan Sontag, *On Photography* (Harmondsworth: Penguin, 1979), p. 109〔スーザン・ソンタグ著、近藤耕人訳『写真論』(晶文社、一九七九年)、一一五頁〕。

(20) アウシュヴィッツ博物館の出版物、*KL Auschwitz Seen by the SS: Rudolf Höss, Pery Broad, Paul Kremer*, ed. Kazimierz Smoleń et al. (Warsaw: Interpress Publishers, 1991) の写真部門(128―129)も見られたい。また、出入口/縁取りを除いてプリントされた写真280と281の見本として、*Auschwitz: A History in Photographs* cit., pp. 174–175 も参照。

(21) Peter Wollen, "Fire and Ice," in: *Other Than Itself* cit., s.p.

(22) 写真283は、一九九五年にクラクフ、ヴァイマール、オルデンブルクで開催された「アウシュヴィッツの表象」展ではじめて展示された。また、Jean-Claude Pressac, *Auschwitz: Technique and Operation of the Gas Chambers*, trans. Peter Moss (New York: Beate Klarsfeld Foundation, 1989), p. 423 にも収録されている。残念ながら、ロンドンの帝国戦争博物館に新設されたホロコースト・ギャラリーでは展示されていない。

(23) Walter Benjamin, "A Small History of Photography," in: Id., *One Way Street and Other Writings*, trans. Edmund Jephcott and Kingsley Shorter (London: Verso, 1985), p. 243〔「写真小史」、浅井健二郎編訳、久保哲司訳『ベンヤミン・コレクションI 近代の意味』(ちくま学芸文庫、一九九五年)、五五八―五五九頁〕――「なぜなら、カメラに語りかける自然は肉眼に語りかける自然とは異なるからである。異なるというのは、人間の意識が織りこまれた空間が無意識が織りこまれた空間に場所を譲るという意味においてである」。じかに見てみればカメラがあたえることのできない意味を写真にあたえることができるという考えについては、Kaja Silverman, "What Is a Camera?, or: History in the Field of Vision," *Discourse*, 15: 3 (1993), pp. 3–56; Marianne Hirsch, "Family Pictures: *Maus*, Mourning, and Post-Memory," *Discourse*, 15: 2 (1992–93), p. 7 を見られたい。不在については、Ulrich Baer, "Contemporary Holocaust Images: The Landscape of Loss and the Limits of the Photograph," *South Atlantic Quarterly*, 96: 4 (1997), pp. 741–753 と Ulrich Baer, "To Give Memory a Place: Holocaust Photography and the Landscape Tradition," *Representa-*

tions, 69 (2000), pp. 38-62 におけるディルク・ライナルツの撮ったソビボル強制収容所の写真の分析を見られたい。

(24) Barthes, *Camera Lucida* cit., pp. 26-27〔花輪訳、三八―三九頁〕。

(25) Ibid., p. 28〔花輪訳、四一―四二頁〕。

(26) Siegfried Kracauer, "On Photography," in: Id., *The Mass Ornament: Weimar Essays*, trans. Thomas Y. Levin (Cambridge, MA: Harvard University Press, 1995), pp. 49-50〔「写真」、ジークフリート・クラカウアー著、船戸満之・野村美紀子訳『大衆の装飾』(法政大学出版局、一九九六年)、一八頁〕。クラカウアーについては、Dagmar Barnouw, *Critical Realism: History, Photography, and the Works of Siegfried Kracauer* (Baltimore, MD: Johns Hopkins University Press, 1994) も参照のこと。

(27) Eduardo Cadava, *Works of Light: Theses on the Photography of History* (Princeton, NJ: Princeton University Press, 1997), p. 59.

(28) Barthes, *Camera Lucida* cit., p. 92〔花輪訳、一一五頁〕――「〈写真〉とともに、わたしたちは平板な死の時代に入る。ある日、わたしの講義が終わって立ち去ろうとすると、軽蔑をこめてわたしにこう言った者がいた。「〈死〉についてとても平板な話をなさっていますね」と。まるで、〈死〉の恐ろしさはまさしくその平凡さにあるのではない、と言わんばかりに！」。Elissa Marder, "Flat Death: Snapshots of History," *Diacritics*, 22 nos. 3-4 (Fall-Winter 1992), pp. 128-144 も見られたい。ボードレールのソネット「通りすがりの女《ひと》に」にかんするベンヤミンの読解について議論したもので、歴史、平凡さ、写真のあいだに存在するこの結びつきを発展させている。

(29) エルンスト・ユンガーが「見ることの現代に特有の残酷なやり方」を称賛していることについては、Ernst Jünger, "Photography and the 'Second Consciousness'," in: *Photography in the Modern Era: European Documents and Critical Writings, 1913-1940*, ed. Christopher Phillips (New York: Metropolitan Museum of the Art, 1989), pp. 208-209 を見られたい〔これはユンガーの一九三四年の論考"Über den Schmertz"(苦痛について)"の抜粋英訳である〕。

(30) Giorgio Agamben, *Infancy and History: Essays on the Destruction of Experience*, trans. Liz Heron (London-New York: Verso, 1993), p. 102〔ジョルジョ・アガンベン著、上村忠男訳『幼児期と歴史――経験の破壊と歴史の起源』(岩波書店、二〇〇七年)、一八〇頁〕。

(31) Walter Benjamin, "Theses on the Philosophy of History," in: Id., *Illuminations*, trans. Harry Zohn (London: Fontana Press, 1992), p. 254〔ヴァルター・ベンヤミン著、鹿島徹訳『歴史の概念について』(未來社、二〇一五年)、

六二頁〕。トラウマの時間にかんしては、Cathy Caruth, "Unclaimed Experience: Trauma and the Possibility of History," *Yale French Studies*, 79 (1991), pp. 181-192〔キャシー・カルース著、下河辺美知子訳『トラウマ・歴史・物語——持ち主なき出来事』（みすず書房、二〇〇五年）、一六—三五頁〕; *Trauma: Explorations in Memory*, ed. Cathy Caruth (Baltimore, MD: The Johns Hopkins University Press, 1995)〔キャシー・カルース編、下河辺美知子監訳『トラウマへの探究——証言の不可能性と可能性』（作品社、二〇〇〇年）〕; Dan Stone, "Holocaust Testimony and the Challenge to Philosophy of History," in: *Social Theory After the Holocaust*, ed. Robert Fine and Charles Turner (Liverpool: Liverpool University Press, 2000), pp. 219-234も見られたい。

（32）ダゲールの言葉は Sontag, *On Photography* cit., p. 188〔近藤訳、一九一頁〕、ポーの言葉は Sekula, "On the Invention of Photographic Meaning" cit., p. 87 に引用されている。

（33）Tagg, *The Burden of Representation* cit., p. 183 et p. 3.「物質の美はだれにも属さない。今後、それは物理学と化学の所産である」ということを早くも主張していた例として、Tristan Tzara, "Photography Upside Down" (1922), in: *Photography in the Modern Era* cit., p. 6 を見られたい。

（34）Tagg, *The Burden of Representation* cit., p. 189.

（35）Ibid., p. 3.

（36）ジョージ・スタイナーによると、「二十世紀の強制・絶滅収容所は、どこにどのような体制のもとで存在しているものであれ、〈地獄〉が内在化したものである。それらは〈地獄〉を地下から地表へ移動させたものなのだ。〔中略〕収容所では、〈地獄に落ちること〉にかんするキリスト教の教義によって西洋人の心の中で培われた恐怖と復讐の至福千年的ポルノグラフィーが現実のものとなった」という（George Steiner, *In Bluebeard's Castle: Some Notes Towards the Re-definition of Culture* [London: Faber and Faber, 1974], pp. 47-48〔ジョージ・スタイナー著、桂田重利訳『青髯の城にて——文化の再定義への覚書』（みすず書房、一九七二年）、五九頁〕）。

（37）Sontag, *On Photography* cit., p. 19〔近藤訳、二七頁〕——「究極的な恐怖の写真目録との最初の出遭いは一種の啓示、原型としての現代の啓示である。それは否定的なエピファニーなのだ」。

（38）しかしながら、デートレフ・ホフマンが指摘するように、元々のプリントやフィルムがなければ、それらの写真が現にホロコースト否定論者たちにたいする試験的な証拠としては十分に通用するかは疑わしい。(Detlef Hoffmann, "Auschwitz im visuellen Gedächtnis: Das Chaos des Verbrechens und die symbolische Ordnung der Bilder," *Jahrbuch zur Geschichte und Wirkung des Holocaust*,〔1996〕, p. 243）

（39）Liss, *Trespassing Through Shadows* cit., p. 124.

（40）Berger and Richon (eds.), *Other Than Itself* cit., introduction.

（41）この点で、ゾンダーコマンドの撮った写真は、ホロコーストを例外的なものとして扱い、歴史家のとっている方法、とりわけホロコーストを歴史化しようとするやり方に抵抗しようとしている、歴史叙述におけるホロコースト研究の場合と似ている。とくに、Martin Broszat and Saul Friedländer, "A Controversy About the Historicization of National Socialism," *New German Critique*, 44 (1988), pp. 85–126 を見られたい。ホロコーストの衝撃を評価するためには、ホロコーストを通常の歴史叙述の方法から孤立させたり、その方法に還元してしまったりするのではなく、ホロコーストが西洋的な歴史概念そのものを問いに付していることを示すべきだろう。

（42）Edith Wyschogrod, *An Ethics of Remembering: History, Heterology, and the Nameless Others* (Chicago, IL: University of Chicago Press, 1998), p. 111.

（43）Tagg, *The Burden of Representation* cit., p. 3.

（44）Sontag, *On Photography* cit., pp. 109–110〔近藤訳、一一六頁〕。Sarah Kember, "'The Shadow of the Object': Photography and Realism," *Textual Practice*, 10: 1 (1996), p. 146 は、「写真のイメージないし対象の身分についての現在流布しているパニックはテクノロジーによって規定されたものであって、自我ないし写真の主体の身分についての、そしてまた主体が世界を理解し世界に介入するために写真を利用する仕方についての、さらに根本的な恐怖を隠蔽している」と書いている。

（45）Cornelia Brink, "Secular Icons: Looking at Photographs from Nazi Concentration Champs," *History & Memory*, 12, no. 1 (2000), p. 144.

（46）Sontag, *On Photography* cit., p. 168〔近藤訳、一七〇頁〕。

（47）Benjamin, "A Small History of Photography" cit., p. 25〔浅井編訳、久保訳、五七〇頁〕。Cadava, *Works of Light* cit., xxi and passim. も見られたい。

（48）「テル」はクラクフのポーランド地下抵抗組織のメンバー、テレーザ・ラソカ＝エストライヒャーだった。Świebocka et al., *Auschwitz: A History in Photographs* cit., p. 172 に引用されている。

第八章　野蛮のハーモニー
――「アウシュヴィッツの巻物」をホロコースト史学のなかに位置づける

歴史の記述は秩序に向かおうとする。偶発性を根絶する方向に向かおうとする。そしてもろもろの主張が常識となることをめざそうとする。こうして広く受けいれられるにいたった見方のひとつは、ホロコーストの犠牲者たちは自分たちに起こっていたものを理解することができなかったか、彼らが経験した出来事の意味をそれらが展開されていたときにはつかみとれないでいたというものである。いくつかのケースでは、この見方は肯綮にあたっている。たとえば、ハンガリーのユダヤ人は、わからないわけでもないが、さも自信ありげに、マジャール市民としての自分たちの立場は不可侵であり、ヨーロッパの他の場所で自分たちと宗教を共にする者たちの身に降りかかった災厄は自分たちの傍を素通りするだろうと感じていたのだった。(1)

歴史研究の大規模で洗練された一領域をなしているホロコースト史学においては、そのような例は数多く見いだされる。(2) たぶん、最も有名で最も熱く議論されてきた例は、ポーランドのゲットーでユダヤ人評議会がユダヤ人の移送計画に「協力」するにあたって演じた役割である。(3) しかしながら、全体として見た場合には、その研究領域は、方法論的には及ぶ範囲が限定されており、扱い方も抑制されている。もはや狭く政治史に制限されてはおらず、社会史をも包含しており、焦点をジェンダー、宗教、記憶に合わせるようになっているにしてもである。なかでも注目されるのは、これから見るように、証言の使用にかんしてである。歴史家たちのあいだでは、ユダヤ人問題の「最終的解決」のためのナチスの政策決定過程をめぐる論争が依然として中心的な関心事でありつづけている。(4) このことは、近年登場した主だった経験的研究、とくにクリストファー・ブラウニングとペーター・ロンゲリヒによる研究が示しているとおりである。(5) しかし、加害者の物語を犠牲者の経験と合体させてサウル・フリードレンダーが「統合的な歴史」と呼んでいるものを書こうとする傾向も徐々に育ちつつある。

さらに、ホロコースト史家たちが関心を寄せる主題の範囲は、冷戦の終結後、新しいアーカイヴがつぎつぎに開示されるようになって以来、限りなく拡大することとなった。いまでは、ヨーロッパの大半の部分で、ホロコーストについての詳細な資料に裏づけられた地域ごとの研究が存在している。もっとも、イツハク・アラドのソ連邦におけるユダヤ人大量虐殺の研究とジャン・アンセルのルーマニアにおけるそれの研究に比肩しうるような、ポーランドにおけるホロコーストにかんするモノグラフやスロヴァキアにかんするモノグラフなど、いくつかの鍵となる本はいまだ書かれるべくして書かれないままになっていることは事実である（スロヴァキアでは関連文献の渉猟作業はいまもってどちらかというと発展途上の段階にある）。しかし、西ヨーロッパ、ウクライナ、ルーマニア、ハンガリー、セルビア、ソ連邦西部地方におけるホロコーストの展開については、わたしたちはいまでは詳細に知るところとなっており、ギリシア、スカンディナヴィアなど周辺地域にかんする文献も同時に増えつつある。

収容所の問題に眼を移すなら、ユダヤ人の虐殺と強制収容所システム一般との関係については、カーリン・オルト、ニコラウス・ヴァクスマン、ディーター・ポールといった歴史家の仕事のおかげで、いまでははるかによく理解されるようになっている。そして、ホロコーストの大半の犠牲者は収容所で殺害されたわけではなかったこと、死の収容所は親衛隊強制収容所監督局によって運営されていた収容所とは切り離して理解される必要があることが判明している。ひいては、「強制収容所」を近代《モダニティ》の究極目的《テロス》ないし最も啓発的な提喩《シネクドキー》として現代の議論のなかにふたたび導入しようとする試みにたいして、そのことの妥当性を問題視する問いを提起することとならざるをえない。(6) ユダヤ人のじつに多くのグループが、親衛隊（ＳＳ）の運営システムの外にあった強制労働収容所や地区評議会の運営する収容所にとどめおかれていたおかげで、またドイツ軍占領下のヨーロッパをまたぐビジネスに従事していたおかげで、戦後まで生き延びていたのである。(7)しかしながら、このように大量の文献が出るにいたっているにもかかわらず、アウシュヴィッツにかんする標準的なモノグラフはいまだに書かれていない。また、「ラインハルト作戦」*にかんしてもさらなる研究の必要がある。「ラインハルト作戦」はユダヤ人殺害過程の核心をなしていたにもかかわらず、これにかんしてはごくわずかのモノグラフしか存在せず、学術的論文の数もさほど多くはないというのが現状である。

＊独ソ戦の行き詰まりで当初思い描いていたユダヤ人の東方追放がむずかしくなったナチス・ドイツが、ポーランドなど東ヨーロッパのゲットー（ユダヤ人隔離居住区）を解体し、そこに暮らすユダヤ人をベウジェツ、ソビボル、トレブリンカの三大絶滅収容所に移送して殺害することをくわだてた作戦。一九四一年十月ごろから準備され、一九四二年三月中旬から一九四三年十一月初旬にかけて実行された。作戦の名は国家保安本部長官ラインハルト・ハイドリヒ親衛隊大将の名前に由来するとされる。

「ラインハルト作戦」がおこなわれた収容所に言及したついでに、あわせて想い起こしておかなければならないのは、ホロコーストの犠牲者の大部分はポーランドやさらに東方のウクライナ、ベラルーシ、バルト海沿岸諸国からやってきたということである(8)。殺害の過程がどのようなものであったかは、とくにソ連邦西部地方における殺害過程にかんしては、資料が欠落しているために再現するのがむずかしい。しかし、ついには、この地域に存在した短命のゲットーと地上で起きた一対一の殺害過程の性質までをも視野に収めた研究が進行中である。これまで長い間、アウシュヴィッツが、それなりにわかる理由から、ユダヤ人殺害のシンボルにして提喩《シネクドキー》になってきた。また、「ラインハルト作戦」の実行された収容所での殺害行為とアインザッツグルッペン（Einsatzgruppen）〔ドイツの保安警察と保安部がドイツ国防軍の前線の後方で「敵性分子」（とくにユダヤ人）を銃殺するために組織した特別行動部隊〕による殺害行為は何年間も見過ごされてきた（資料が欠落していたことと、「反ファシズム」物語や冷戦時代の全体主義理論のなかで共産主義が道具化されたことのために）。このため、大部分がポーランドと東方ヨーロッパに住んでいて殺害されたホロコーストの犠牲者の多数を形成していた膨大な数のユダヤ教徒は、ごく最近まで、ほとんど注目されてこなかったのだ。さらに歴史家たちは、いわゆる「死の行進＊」およびユダヤ人から財産を略奪して住んでいた土地から立ち退かせようとした大規模な作戦についても、真剣に取り組みはじめている(9)。

＊ソ連軍の進攻をうけて退却を迫られたドイツ軍がポーランドやウクライナにあった強制収容所を放棄するにあたって、そこに収容されていた何千人もの囚人たちを他の収容所やドイツ領内へ強制的に移動させたことを指す。囚人たちには銃口が突きつけられ、水も食糧もあたえられないまま、徒歩による行進が強制され、脱落者は銃殺された。

略奪の案件はとりわけ重要である。というのも、この案件は奴隷労働にたいする賠償金の支払いや略奪された資産と銀行に預けていた金銭の返還への関心が一九九〇年代に爆発的に高まって、多くの時間と労力を費やすことになったことと共振しているからである。マイケル・マラス[10]は、それがまったく金銭問題などではなかったという主張が全面的に真実なのかどうか疑問を呈しているが、この気持ちはわからないではない。しかし、彼や彼以外の研究者たちによって近年発表された仕事は、少なくとも「ある程度の正義」を勝ちとる必要があるという意識が根底に存在していることを了解するのを助けてくれる。実際にも、彼らの仕事はヨーロッパ全域にわたる略奪の規模——それはナチスの占領軍によって巻きあげられた国民経済全般から、盗品の調整を図るために立ちあげられた諸組織（とくに全国指導者ローゼンベルク特捜隊[11]）、さらには自分たちと同じく貧しいユダヤ人を犠牲にして財産をふやした貧しい東ヨーロッパの略奪者個々人にまで及ぶ——を具体的に示してくれているだけでなく、人間のアイデンティティーは大部分わたしたちが所有する財産と緊密に結びついており、それらの財産を失うことはアイデンティティーの喪失につながるという人類学的洞察を提供してくれているのである。この主題が一九六〇年代に研究を駆動していたナチズムと大資本の関係にかんするマルクス主義者たちの説を多少とも刈り込んで再発見されたことで、ダイムラー・ベンツ、ドイツ銀行、フォルクスワーゲンなどの会社研究から、銀行、保険、手形交換システムおよび第三帝国との国際貿易の研究にいたるまで、おびただしい数の文献が誕生することとなった。それらの文献は、大資本が日常的にナチスの体制と共犯関係にあり、自ら進んで第三帝国に奉仕し、その見返りに第三帝国が彼らの提供した機会から利益を引き出そうとしていたことを明らかにしている[12]。

ホロコーストにこれらのさまざまな側面——さらにはもっと多くの側面——があることは、ホロコースト史学が多種多様で、かつ豊かな可能性を秘めていることを意味している。それらはいずれもが、多かれ少なかれ、犠牲者と迫害者の双方をあつかっている。歴史家たちは、いまではもう、たんにナチス側の文書記録に――それらは役所が作成した公式の文書なのだから「信頼できる」との幻想にとらわれて――依拠するだけでは満足しなくなっているのだ。方法論的見地からいうなら、たぶん最も刺激的で生産的な発展が認められるのは、文化史のあたえた衝撃によるものである。[13] ここでは、文化的諸組織（たとえば、ゲットーや収容所で催された演劇や音楽会）あるいは「高等芸術」の歴史と、過去に人びとが実践した意味生産を人類学的なかたちで掘り起こそうとする文化史とを区別する必要がある。これはホロコーストの犠牲者たちについても迫害者たちについてもなされてよいことである。犠牲者たちの場合には、従来の経験をはみ出してしまう出来事に直面して、どれほど意味生産が破断されたか、それとも維持されたか、を説明することが挑戦すべき課題となる。迫害者たちの場合には、ナチス（あるいはもっと広くドイツ国民）自身の意味生産過程を調査することは、危険で、とても趣味がよいとはいえない企てにみえるかもしれない。これにたいしては、ナチスの考え方のなかに入りこんで、ジェノサイドを生み出した動力学をドイツ人が当時世界の意味を理解するために採用したもろもろの物語と関連させながら分析できるようにする必要があるというのが、くわだてる論拠になるだろう。かなりの数のドイツ人歴史家が現在そのような課題に取り組んでおり、ナチス自身の概念や野心――民族共同体（Volksgemeinschaft）ないし人種共同体の創設といったような――に過大の信用性を認めるという誘惑に負けないでいるかぎりにおいて、[14] じつに実り豊かな最初の成果がすでに発表されている。[15]このような歴史的感受性は、証言、なによりもまずは生存者たちの証言を利用することとか秘めている可能性への歴史家たちの関心を目覚めさせてきただけでなく、「証言」という言葉をそれが引き起こす聞き手の同情と大胆な語りの共振すべてをともなった意味で使ってもよいのであれば、加害者とその同調者にたいする関心をも目覚めさせてきたのだった。

それだけになおさら、歴史的理解にとって大いに損失なことにも、ホロコーストの時期に書かれたいくつかの鍵となるテクストが無視されてきたというのは目を惹く。たとえば、歴史家たちは戦後すぐの時期にヨーロッパの難民キャンプでデイヴィッド・ボーダーがおこなったホロコーストの生き残りたちへのインタヴューの証言記録を発見し始めている。そして、もとはイディッシュ語で書かれたテクストは、つねにそれらを読むことができてそれらのもつ意義に気づいていた人びとの狭いサークルを超えて歴史家たちの意識のなかに入りこみつつある。(16) そのような記録文書のうちでも最も注目に値するものに今日「アウシュヴィッツの巻物」として知られている書き物群がある。アウシュヴィッツ＝ビルケナウ収容所のゾンダーコマンドのメンバーたちによって書かれたテクストで、彼らはその後それらをガス室と死体処理施設《クレマトリウム》に隣接する地面の下に埋めたのだった。最初の文書は一九四五年に収容所が解放された直後に地下から掘り出され、最後の文書は一九八〇年に発見されたが、これら一群の文書は暗闇の心臓部そのものへのひとつのユニークな洞察を構成している。(17) テクストの生産と発見のされ方それ自体が注目に値するが、それらはホロコーストの犠牲者たちによって死の収容所自体の内部から生み出されたごくわずかな文書の一部であることによっていっそう貴重なものになっている。さらに、これらは大部分が高度に文学的で思想性ゆたかなテクストであり、ひとが想像するかもしれないような、急いでぞんざいに書きつけられた事実情報の一覧ではない。そうであるにもかかわらず、それらがホロコースト史学のなかで大きく取りあげられることはまれにしかなかったのである。「巻物」の最初の文書は戦後すぐに発見されたにもかかわらず、ユダヤ人殺害の最初の総合的な歴史を書いた著者たちは、それらを文献一覧に登録することをしていなかった。レオン・ポリアコフの多くの点で注目に値する『憎しみの聖務日課書』（一九五一年）は、ビルケナウでゾンダーコマンドに割り当てられていた任務についても一九四四年十月の蜂起事件についても論じているが、彼らの地下に秘匿された書き物には言及していない。同じことはジェラルド・ライトリンガーの重要な研究『最終的解決』（一九五三年）とリヴァプールのラッセル卿の大衆向けの作品『スワスティカの祟り』（一九五六年）についても言える。これらよりもはるかに細部にわたって叙述されているにもかかわらず、ラウル・ヒルバーグの傑作『ヨーロッパ・ユダヤ人の絶滅』〔第一版一九六一年、第二版一九八五年、第三版二〇〇三年〕も「巻物」についてはひと言も触れていない。ノラ・レヴィンの一九六八年の著書『ホロコースト』も同様である。またルーシー・ダヴィドヴィチも、彼女の模範となる著作『対ユダヤ人戦争（一九三三―四五年）』（一九七五年）のなかでホロコーストのユダヤ人犠牲者に焦点をあてているにもかかわらず、ゾンダーコマンドのメンバーにも彼らの残した書き物にも言及していない。おそらく、当時はゾンダーコマンドになおも猜疑の眼が向けられていて、そんなときにゾンダーコマンドに言及することは焦点を外すことになってしまいかねない、というのが理由だったのだろう。

これら早い時期の歴史家たちがわたしたちと関心を共有していなかったからといって、責められるべきではない。しかし、彼らの著作が示唆しているものはなにかといえば、ニュルンベルク裁判で獲得された文書類がたちまちのうちにユダヤ人大量虐殺を理解するための標準的な参照点になってしまったということであり、それ以外のもの――とりわけ犠牲者の作成した文書――は往々にして見過ごされがちだったということである。こうして、歴史家たちのあいだでの感受性に変化が生じるにいたったにもかかわらず、「巻物」にはほとんどが依然として眼をとめることがなされないままになっているのである。たとえば、ユダヤ人大量虐殺の事実を発見して最初の著作を発表する仕事に乗りだした戦後の機関や歴史家たちにかんする最近の研究も――それ自体としてはホロコースト史学の発展にかんするわたしたちの報告へのきわめて重要な補足なのだが――、ポーランドに関係した文献のなかですら、「巻物」には言及していない。(18)

その後に現われた歴史的総合の仕事も、ゾンダーコマンドのメンバーが取りあげられている場合ですら、「巻物」には言及しないというこの傾向を受け継いでいる。レニ・ヤヒールは、「巻物」を書いたうちの一人の「匿名の著者」（レイブ・ラングフス）の文章を引用しているが、資料の性質については議論しておらず、シャヴリ・ゲットーに居住していたユダヤ人の移送にかんする証拠を提供するために言及しているにすぎない。[19] こうした傾向へのひとつの注目すべき例外は、マーティン・ギルバートの『ホロコースト』（一九八六年）である。ナチスによって作成された記録資料だけに依拠して進められる研究が効果らしい効果をもたらさないことへの周到な対抗策として、ほとんどもっぱら犠牲者たちの証言にもとづいて書かれており、テクストの発見の経緯についての短い説明があったのち、レヴェンタルから長々と、またグラドフスキからも短く引用されている。[20] さらに最近では、何人かの歴史家が「巻物」のテクストに言及してきた。ただし、資料そのものの性質にかんしてさほど省察をめぐらせることはしていない。[21] それ以外の、迫害者に照準を合わせた研究は、「巻物」にはまったく言及していない。したがって、要するに、これらのテクストが存在すること自体は認められながらも、ホロコーストについての主だった総合的な記述のなかに組みいれることはされてこなかったのであり、大方の人びとがその出来事の主要な記録文書について考えるさい、彼らの意識の一部をなすにいたっていないとみるのが公正なところなのである。ゾンダーコマンドのメンバーによって撮られた四枚の写真の場合もそうだった。[22] こういった状況はぜひとも改善される必要がある。

これらの異例の記録資料がなおざりにされてきた理由はなんなのだろうか。この問いに答えるためには、ホロコースト史学の主流、とりわけ、歴史家たちのあいだで支配している、ナチス側の「公式の」資料をユダヤ人の犠牲者たちの作成した資料よりも優先しようとする傾向について、少しばかり理解しておくことが要求される。どういうわけか、後者の資料は前者よりも客観性に欠けるとみなされているのだ。多くの歴史家たち、とくにイスラエルの歴史家たちは、第三帝国やナチスに占領されたヨーロッパで、ゲットーや収容所で、ユダヤ人がつけていた日記やそれ以外の資料にはずっと以前から注目してきたけれども、どういうわけか、「巻物」は除外されてきたのだった。おそらく、ゾンダーコマンドのメンバー自身、戦後最初の二、三十年間はいささか疑いの眼でもって——いくつかの地区ではほとんど協力者であると[23]——みられてきたためだったのではないだろうか。またおそらく、彼らの書き物は、死の収容所から出てきたユダヤ人の記録資料など存在するはずがない、という広くゆきわたった見解に背反するものであったためではないだろうか。なぜなら、死の収容所では、第一に、書くためにはなくてはならない器材が欠如していたからであり、第二に、ユダヤ人たちは書こうと思い立つのに適した状態に置かれていなかったからであり、第三に、(広くそうと信じられていたように)犠牲者たちは自分たちになにが起こっているのかを了解することができず、またたしかに出来事を表象することが不可能であったからである。この猜疑的な態度は、歴史家たちが戦後にユダヤ人がおこなった証言を利用することに総じて乗り気でなかったことにも反映しているのだった。しかし、こうした乗り気のなさには、最近の十年ないし二十年のあいだに確実に変化が見られるようになってきた。いまわたしが立ち戻ろうとしているのは、ホロコーストを研究する歴史家たちの側で証言にたいする態度がこのように変化しつつあることについてである。

＊＊＊

ホロコーストを研究する歴史家たちはかねてより証言を資料とみなしてこなかった。歴史家たちは総じて、事後的な説明を利用することには慎重で、「意図の介入していない資料」のほうを好むのである[24]。アメリカ合州国国立文書館員で同文書館の所蔵する捕獲されたドイツ側の記録のエキスパートであるロバート・ウォルフは、「回想記、オーラル・ヒストリー、法廷証言、宣誓供述書は、間接的で、主観的であることを避けがたい。これらのうち、直接的であったり、同時存在的であったり、客観的であったり、後知恵による影響を受けていないものは、ひとつとしてない」と述べている。そしてこう主張している。これとは対照的に、「最も信頼できる資料は、真正なものであることからして、事実の点でも意図の点でも同時存在的な第一次資料である」と。[25] ルーシー・ダヴィドヴィチとラウル・ヒルバーグは、加害者や犠牲者によって生み出された資料がホロコーストの歴史的理解にとって最も価値のある資料かどうかにかんしては異なったスタンスをとっていた。しかし、歴史家が利用すべき資料のタイプの問題にかんしては、ダヴィドヴィチも、ホロコーストにかんする証言はすべて基本的には同一で、型どおりのパターンに従っており、「ホロコーストの時期を囲む〈前〉と〈後〉」を理解する手助けになるものがそれらのうちに見いだされることはごくまれにしかない、と論じているヒルバーグと意見の一致を見ている。[26] 歴史家たちはあいかわらずそのような主張をしつづけているのであって、ピーター・ノヴィック〔『あの高貴な夢——「客観性問題」とアメリカ歴史学界』（二〇〇七年）〕その他によるこの線に沿った説得力のあるコメントを難なく見つけることができる。

この種の全面的却下に応答するなかで、証言の有用性を主張しようと努めてきた歴史家たちは、ときとして、証言を多かれ少なかれ無差別に、そして／あるいは自分たちの研究にとっての主要資料として採用するところまで突き進んでいった。最良の見本は、すでに言及したように、ギルバートの『ホロコースト』である。最後に、サウル・フリードレンダーのように、ホロコーストの時期からやってきた証言を、もっと馴染みのあるナチスやユダヤ人の資料と並べて、「犠牲者たちの声」として「統合的な歴史」のなかに組みいれようとしている歴史家もいる。もっとも、彼もまた、生存者の説明はほとんど利用していない。このフリードレンダーのアプローチはいくつかの思慮に富む批判を生んできた。とくにアモス・ゴールドバーグは、フリードレンダーの二巻からなる研究〔『迫害の歳月――ナチス・ドイツとユダヤ人、一九三三―一九三九年』（一九九七年）、『絶滅の歳月――ナチス・ドイツとユダヤ人、一九三九―一九四五年』（二〇〇七年）〕の成果を称賛しながらも、証言や日記を「声」として採用することは、オーラル・ヒストリーに馴染むようになり、自分がこうむってきた苦難の回想記のような「エゴ・ドキュメント〔自分史〕」にあふれている時代にはさほど勇気のいることでもない、と論じている。また、フリードレンダーは不注意にではあるとしても、これらの資料を十全な人間存在をうかがわせるものとしてではなく、ナチスの行動をより十全な展望のもとに置くという目的に奉仕する亡霊的な「声」として扱うことによって、ユダヤ人の犠牲者が置かれていた従属的立場を模写することになってしまっている、と批判している。[27] トニー・クシュナーとゾーエー・ヴァクスマンも、日記や証言の内容にもっと立ち入って詳細に扱うことができたはずなのに、そうした精読の努力を怠っている、としてフリードレンダーを批判している。ヴァクスマンは、そのような精読をおこなっていたなら、ホロコーストのジェンダー化された側面をもっと明確に照らし出すことになっただろう、とも付言している。[28] それでも、ドミニク・ラカプラが記しているように、フリードレンダーのアプローチは「それ自体が「犠牲者たちの声」により大きな概念的ないし理論的展望を与えるというよりは、それらの声に忠実でありつづけるのではないとしても、密着したままでいるひとつの方法であるかもしれない」のである。これは批判としても是認としても読むことのできる言明である。[29] 実際にも、とりわけ日記に関連しては、いまでは高度に洗練された証言の歴史学が存在する。[30] ひとは過去を歴史的な注釈や決定論によって窒息させてしまうのを拒否するひとつのやり方として、犠牲者たちのテクストをそこに理論的な装置を付き添わせることなく引用したくなるのかもしれないが、証言になんらかの特別の認識論的意義を認めることによって資料の概念自体を問題化しようとすることもできるのである。事実、この後者のアプローチは、あとで見るように、文学史的な分析においては、いまやごく通常の生産的な進め方になっている。

しかしながら、歴史家たちのあいだでは、ごく最近、証言を他の資料と同じようにひとつの資料として扱おうとする試みが、証言の有効性を直感的に却下してしまう歴史家たちに真っ向から反対して、ふたたび登場している。ホロコースト研究の分野では、クリストファー・ブラウニングが加害者と犠牲者双方の証言にかんしての最初の動議提出者である。『普通の人びと——第101警察予備大隊とポーランドにおける最終的解決』(二〇〇一年)と『生き延びたことを記憶する——ナチスの奴隷労働キャンプの内側で』(二〇一〇年)がそれであって、これらは方法論的には二冊とも冒険的な本である。そして、著者が多くの点で信用するに値すると考える証言を利用することは歴史家の観点から弁護しうることであるという、それなりに防御体制の整った主張に依拠している。ここで特記しておいてよいとおもわれるのは、ブラウニングは博士論文をヒルバーグの指導のもとで書きあげており、証言が資料として信頼しうることを力説するとともに、それらを操作するにあたって留意すべき点にはじつに敏感で、歴史家として身につけておくべきスキルをぞんぶんに発揮してきたということである。長期間が経過した記憶は信用できないという歴史家たちの、大方は未検証で月並みな主張に真っ向から反対して、ブラウニングは、スタラホウィツェ労働キャンプの生存者たちの証言と長きにわたって取り組んできたので、自分は「早い時期と後年になってからの生存者の証言のあいだに違いが見られないというのは「きわめて注目に値する」という心理学者ヘンリー・グリーンスパン〔『ホロコーストを生き延びた者たちの声に耳を傾けることについて』(一九九八年)〕の対抗直観的な結論をいまでは分かちもっている」と断言している。[31] ゴールドバーグが指摘しているように、フリードレンダーに比べて、「ブラウニングは、注目されることにも、ユダヤ人をひとつの民族的ないし文化的共同体としてではなく、自分たちの生き残りとグループのメンバーそれぞれの生き残りのために一緒になって、また別個に闘っている犠牲者たちのグループとして認知している」。[32]これらのユダヤ人は「声」ではなく、ブラウニングの研究の焦点をなす、生き残るために闘っている犠牲者たちのグループなのだ。幸運にもブラウニングはスタラホヴィツェから利用可能な最小限量の証言を獲得しており、こうしてそれらの証言をたがいに突き合わせたりほかの記録と突き合わせたりして検証するための一種の「照査」装置をつくりだすことができたのだった。彼は、証言を原資料として扱うことは、とりわけ、生存者にたいする敬意から証言をほかの資料よりも無批判的に扱いがちであるため、また一般の人びとの想像界では生存者たちと彼らの証言はイコン的な身分を獲得してきたため、歴史家にとっていくつかの特別の問題を提起する、と述べている。しかしまた彼は正しくも、およそすべての資料が問題含みであって、無色透明な資料はひとつもない、と指摘している。そして、わたしの見るところ説得力のあるかたちで、ホロコースト史の著作のなかで生存者の証言を批判的に利用することに賛同する旨の議論を展開している。それでも、ブラウニングにとっては、証言が歴史家たちによってそれ以外のどのような種類の資料とも同じように利用されるべきであり、資料批判に付されなければならない、というのが真実であることに変わりはないのである。

＊＊＊

これらの傾向や対抗的な傾向がホロコースト史学のなかで展開されてきたのと同じ時期に、証言についての大々的でたぶんいっそう影響力のある分析も育ちつつあった。そして、そこでは、第一には、二十世紀を「証言の時代」と見ると同時に、第二には、二十世紀のもろもろの出来事によってもたらされた「証言の危機」について語ることがなされている。この危機はトラウマが認知行為を凌駕しているという事実のうちに存しており、証言をすることが無限に先延ばしにされ、どこまで行っても認知不可能なままにとどまってしまうということを含意している。極端な場合には――ショシャナ・フェルマン〔「声の回帰――クロード・ランズマンの『ショアー』」（一九九二年）。上野成利・崎山政毅・細見和之訳『声の回帰――映画『ショアー』と〈証言〉の時代』（太田出版、一九九五年）〕とキャシー・カルース〔『持ち主不明の経験――トラウマ・物語・歴史』（一九九六年）。下河辺美知子訳『トラウマ・歴史・物語――持ち主なき出来事』（みすず書房、二〇〇五年）〕の仕事のなかでは――トラウマは現在を理解するための主要な喩《マスター・トロウプ》そのものになってしまっている。万事がトラウマ化されてしまっているところでは、証言は混乱のなかに投げこまれてしまう。そしてわたしたちは批評家たちが「病的な公共空間」における「トラウマ文化」ないし「傷ついた文化」と呼んできたもののなかに自分が浸りこんでしまっているのを見いだす。[33]

　この「証言の危機」というとらえ方に歴史家たちはどう答えることができるのだろうか。一見したところでは、ほとんど答えようがないようにみえる。なぜなら、リチャード・クラウンショーが論じているように、「トラウマが一般化し、テクストと出来事、目撃証言と第二次的証言の見分けがつかなくなるなかで、想起される者たちと想起する者たちと想起の行為がおこなわれるコンテクストの正体がまったく脱歴史化されてしまうとはいわないまでも覆い隠されてしまう」からである。[34] ウルフ・カンスタイナーのような学者によって人文科学の分野で最近のトラウマ理論にたいして提起された批判[35]は、「被告人弁護供述書文献（defence literature）」と呼んでもよいものからの反論を受けてきた。ひとは盥の水といっしょに赤ん坊までも流してしまうようなことはすべきでない、というのだ。すなわち、批判の個々の点についてはよくわかるけれども、「トラウマ」という概念までもいっしょに捨て去ってしまうのは行き過ぎだというわけである。たとえば、ディディエ・ファサンとリシャール・レヒトマンは、「トラウマ」という語が使われすぎていること、そしてトラウマ化したという観念はほとんどどんなシナリオにも応用できることは認めながらも、臨床精神医および心理療法家としては、「犠牲者にする（victimization）」という嘲笑的な言葉遣いは「不正義、不平等、暴力を否定する洗練されてはいるが古典的なやり方」である、と論じている。トラウマ理論は、この読解のもとでは、たんに文化の行く末を予想するバロメーター以上のものである。「かくて、トラウマは現代の特徴をなしている共感のエートスのコンテクストのなかで出現する一方で、それはまた正義の要求のなかで用いられる道具でもあるのだ(36)」。

トラウマに応答しうる歴史を書くためには、さしあたり、ジュディス・バトラーとヘイドン・ホワイトが頼りになると示唆しておきたい。バトラーは、ホワイトにかんする論考のなかで、「ひと続きの出来事の伝達と保存とは異なった仕事が証言のなかではおこなわれている」と書いている。歴史を書くにあたっては、たんなる事実ではなくて、比喩形象が必要とされる。いや、「必要」という言い方では、ひとは比喩形象を用いないで歴史的分析の成果を書くことはできないという肝腎の要点を適切に言い表わしたことにならない。比喩形象を用いない場合には、たんなる年表か年代記を書いているにすぎない（そしてホワイトが教えてくれているように、年表や年代記もそれらのなかにメタファーとかアレゴリーとかプロット化といった初発的な喩を含んでいるのである(37)）。とくにホロコーストについて語ったなかで、ホワイトは「最も厳格に客観的で「明晰」かつ直写的な言語ですら、ホロコーストを正当に扱うには、神話、詩、「文学的な」書き方に訴えるしかない」と書いている(38)。これはもちろんすべての歴史記述に適用できる言明であって、ホロコーストが歴史家たちに他の場合にはない独自の論点を突きつけるわけではない。しかし、ホロコーストは、たぶん歴史家たちがそれについて書こうとするときに強力な道徳的プレッシャーを受けるためだろうか、歴史を書くことにまつわ

る認識論上の難しさを格別の明晰さをもって浮き彫りにするのである。(39)

このことは、歴史家たちが証言を利用するということにかんして、何を意味しているのだろうか。それは、一方では、従来よりも開かれた理解力のある態度でもって証言の利用に向かうことができるということを意味している。歴史は詩学の一形態であることが明確になった以上、証言を「科学的でない」ということを根拠に排斥するなんらの理由もないのである。しかし、証言はまた、歴史記述の認識論的基礎のいくつかにも挑戦する。感傷癖や手前勝手な議論を弁護しようというのではない。歴史家たちは、生存者たちを神聖視し、その結果、証言を神聖なテクストにしてしまうようなことのないよう、十分に気を遣っている。(40) しかし、証言というのはたんなる「資料」以上のものである。カリン・ボールが、ダニエル・ゴールドハーゲンが『ヒトラーの自発的死刑執行人たち――普通のドイツ人とホロコースト』（一九九六年）のなかで」生存者の証言をナチスの記録文書への対位法として利用していることに応答して、熱っぽく書いているように、「トラウマ的な出来事は歴史家たちに「「裏切られたマイノリティ」を「自称マジョリティ」から切り離す」これらの門を開いて、大量虐殺の時代においては野蛮以外のなにものでもない科学主義的平常心を脱ぎ捨てるよう、挑発する」のである。(41)

ボールの科学主義批判よりもさらに一歩を進めて、ジル・アニジャールは、マルク・ニチャニアンの『歴史叙述における倒錯』（二〇〇九年）への「後記」で、証言が証拠――「証拠を提示した言述」、「記録文書保管所用のドキュメント」――として是認されるべきであるという考えに異議を唱えている。証言はモニュメントと呼ばれるべきである、と彼はアルメニアの文学者ニチャニアンの主張に賛同して言うのだった。「ついに、事実から、そして歴史家たちの歴史から脱却するときがやってきたのだ！　ついに、現実原則から脱却するときがやってきたのだ！(42)」。歴史家にとっては、この主張はもちろん大いに問題含みである。しかし、アニジャール（そしてニチャニアン）がここで言おうとしていること、すなわち、証言、とりわけトラウマ的な証言は記録文書保管所に収蔵されてたんに歴史家たちが採用することのできる証拠になってしまうにはあまりにも重要すぎるということは認めなければならない。むしろ、証言は文書保管所の扉を打ち破る存在なのだ。証言には歴史的言述と歴史的認識論がトラウマ的な出来事を扱うさいに走りがちな均質化的決まり文句を遮断する潜勢力がある。歴史叙述というのはトラウマには適応しにくい言述である。というのも、「歴史化の操作」は年代順の連続のなかに置き入れることのできない出来事や瞬間については親切に待遇することがないからである。ついでながら、この説明は西洋史の急進派と保守派の双方にあてはまる。前者が急進的なのは、なにものも固定されておらず、いっさいが――人間本性までもが――時間に縛られており、変化の支配下にあるからであり、後者が保守的なのは、歴史が一方向的な時間の理論を経由して恒常的な変化を呈しており、そのなかでは過去が現在に侵入することはできないからである。たとえ、近年の「記憶をめぐる戦争」のように、過去が現在において大いに異議申し立てを受けることがある場合でも、事情に変わりはない[43]。証言が自らの不可能性を演じるような――プリモ・レーヴィの言葉を借りるなら、実際に目撃した者たちは生き残っていない――状況に直面して、証言は「内部を外部から語る」能力を要求する[44]。もっとも、あらゆる歴史はある意味では内部を外部から語っている。歴史化のテクストの主体たちは通常はもはや現在してはいないのだ。しかし、この事実が歴史叙述の作業に問題を引き起こすことはめったにない。それは歴史叙述の基礎的条件そのものなのである。ブラウニングが言うように、「生存者の証言には他の資料と同じような証拠の批判的な分析と規則に付されることのない特権的立場が認められるべきであると主張することは、ホロコースト研究そのものの評判と品位を落とし掘り崩してしまうことにしかならないだろう[45]」。結局のところ、おそらくブラウニングのような歴史家とアニジャールとホワイトのような歴史理論家は二つの異なった思考領域《レジスター》で話をしているわけである。歴史家たちが生存者の証言のうちのなんらかの言明を分析しようとするとき、その言明の経験的正確さを主張したり査定しようとしたりするのはまったく正当なことである。その一方で、証言が個々の事実の真理要求を確立する以外の目的に奉仕すると主張するのも、これはこれで生産的なことなのだ。両方の可能性が共存するのを認めようではないか。容易なことではないにしてもである。

＊＊＊

最後に、この議論のコンテクストのなかで「アウシュヴィッツの巻物」についてはどう考えればよいのだろうか。相異なる思考領域《レジスター》と相異なる真理体制《レジーム》が同時的に共存することを承認するとして、「アウシュヴィッツの巻物」は文化研究と文学研究のなかでいまや馴染みのものになった証言とトラウマの理論化にいくつかの重要な予期しない問題を派生させる。ソヴィエト調査委員会の保護下にあった元ゾンダーコマンド員シュロモ・ドラゴンの手引きで一九四五年三月五日に地下から掘り起こされたザルマン・グラドフスキのテクストは、どうやら一九四三年末に書かれ、推測するに一九四四年九月半ばに地下に埋められたもののようであるが（九月六日と添え書きされたノートがある）、グラドフスキのもうひとつの手稿およびレイブ・ラングフスとザルマン・レヴェンタルの手になるテクストとともに(46)、アウシュヴィッツ＝ビルケナウ収容所から、いや、ホロコーストそれ自体から出現した、最も注目に値するドキュメントである。一九四四年八月にゾンダーコマンドによって秘かに撮影された四枚の写真を眺めながらいっしょに読むなら(47)、それらはおそらくアウシュヴィッツの犠牲者が生み出した最も意義深いドキュメントではないだろうか。

第一に、それらはわたしがこれまで議論してきた意味における証言ではない。すなわち、生存者の報告ではなく、ホロコーストの歴史の一部であって、それが起きていた最中に書かれており、あとで書かれたものではない。まことに特記すべきことにも、それらは死者たちの場所からわたしたちに呼びかけている。それらは、アレクサンドラ・ガルバリーニが印象深く述べているように、ホロコーストの日記をつけていた者たちが「彼ら自身を未来へと書きこむ」仕事に乗りだしたという事実を具体的に例示してみせている[48]。あるいは、ニコラス・チャアがレヴェンタルについて同様に一度耳にしたなら忘れがたい仕方で書いているように、「彼は死から生へと立ち戻りながら書いている」のだった[49]。しかしまた、それらはもちろん、伝統的な意味での「日記」ではない。ラングフスの書いたもののうち日付がついている部分ですら、どうやら、あとから振り返って書かれたらしい。それでも、それらは「無意志的なドキュメント」でもない。なぜなら、それらははっきりと外の世界、テクストの著者たちがいつの日か見つけ出してくれるだろうと期待していた読者に向けて書かれているからである。それらは出来事の内部からの証言なのだ。

もっと重要なことに、出来事をそれが起きた現場で目撃した資料はそれらの資料が生み出されたコンテクストを理解することができておらず、生存者の証言だけが後知恵のおかげで犠牲者たちをふたたび人間的な存在にすることを可能にするとのことであるが、ゾンダーコマンドのメンバーのテクストが誇示している異例な自覚のありようはこのローブの主張を問題視しているようにみえる。ローブは、彼のトラウマについての定義に導かれて、つぎのように書いている。

「証言すべしという歴史の命法はことがらの本質からして現に出来事が起こっているあいだは履行されえなかった。証言をするためには、出来事についての――その容量と結果、そしてなかんずくそれが既知の参照枠組みにとっては根本的に異他なるものであることについての――人間による把握と伝達と想像の能力の限界を超えた自覚と理解力が必要とされた。それゆえ、出来事が起こったのと同時にそれを「知る」とか歴史に同化するといったようなことは生じなかった。こうして出来事は、まるでなんらの目撃行為も、それに決定的な影響を与えることができたようななんらの目撃行為も存在しなかったかのように、阻止されることなく進行しえたのだった[50]」。

ローブの主張は一般論としては有効であるかもしれないが、この種の理論的言明はゾンダーコマンドのメンバーの書いたものを前にしたときにはその衝迫力を失ってしまう。それらは内部から書かれたのでも外部から書かれたのでもない。チェアが書いているように、それらは「死の世界から生の世界へと動き、そして生の世界から死の世界へと立ち戻っている」のである[51]。

しばらく立ち止まって、テクストのいくつかを復元してみよう。それらはこれまでも折に触れて言及されてきたが、テクストとしてくわしく吟味されたことはまれにしかなかったのである。蠟で密封された瓶のなかに隠されていたザルマン・グラドフスキのテクストは、明らかに教養のある人物によるものであって、文体にかんしての強い意識がうかがえる。彼の物語は読者の一人一人に直接呼びかけていて、読者をそのなかに引きこむ。そして、実際にあった恐ろしい出来事を語りなおすという最初になされた約束がますます現実味を帯びていくにつれて、しだいに高まりゆく緊張感をつくりだしている。これは落ち着いた環境のなかで熟思しながら書かれたテクストではないが、せめて二、三の基礎的な事実だけでも知ってもらおうとして急いで書きつけられたテクストでもない。そっけなく話にもならないかたちで列挙された事実は、一方では、読者を大量虐殺の過程との長い殺伐とした出遭いのなかに無理やり引きこむとともに、他方では、それらを分析するための枠組みを提供する物語というか、より正しくは演説調の旅のなかに収容されている。その組み合わせは、ダンテの「地獄篇」と、デイヴィッド・スーコフがもうひとつのさほど知られていないアウシュヴィッツからのイディッシュ語のテクストについて描写している「下透かししたユダヤ人の苦悶」(52)を組み合わせたようなものである。それは学者的関心のもとで書かれた驚くほど先見の明のあるテクストであって、たとえば文明と野蛮の弁証法について論じてみたり――「文化が発達すればするほど、殺害者たちは残酷になり、社会が文明化すればするほど、野蛮人の数は大きくなる」――、個々人がナチスのイデオロギーにみずから進んで服従するようになることを力説してみたりしている――「この乱暴な海賊とその一味は、自分たちの自我を押しつぶし、自分たちの魂をアーリアの神に献げることによって、拷問を開始したのだった」(53)。グラドフスキがビルケナウでこれらの言葉を書いていたのと同じときに、ホルクハイマーとアドルノが亡命先のカリフォルニアでさほど変わらない『啓蒙の弁証法』を書いていたことを考えるなら、グラドフスキの書いたものの真の重要性が明白になる。すなわち、見つけ出されることを願って、それが生み出されたときの状態を証言したテクストとしてではなく、その驚くべき内容の点で特記されるテクストとしての意義が明らかになるのである(54)。グラドフスキのテクストはまた、ゾンダーコマンドのメンバーがどのようにして自分たちの役割を果たすようになったのか、またどのようにして自分の家族の殺害と折り合いをつけ、さらには生き延びていたと想定される短期間のあいだ、ナチス当局が彼らに遂行するのを期待していたことと折り合いをつけるよう強いられたのかについての、稀有の洞察をも提供してくれる。ユダヤ人の歴史についての――ほとんど異議を唱えようのない環境のもとにあっての――憐憫を誘うようなとらえ方と透徹した批判的知性とのこの組み合わせが、形式面から見た場合、グラドフスキのテクストをゾンダーコマンドの書いたもののうちでも最も魅力あるテクストにしているのである。

一九四四年十一月末に埋められたレイブ・ラングノスのテクストは扱うテーマがいっそうはっきりとしていて、裸のラビ、モシェ・フリードマンが親衛隊曹長に面と向かって、ユダヤ人を絶滅させようとしていることへの報復としてドイツ国民を絶滅させてやると脅したときのように、殺戮の歴史における驚くべき瞬間を報告しており、また、性的虐待からソ連軍捕虜の餓死作戦にいたるまで、サディズム的な暴力の数々を描写している。重要なことに、ラングフスはまた、ビルケナウで一九四四年十月九日と二十四日のあいだに焼却された収容者のリストを提供している。(55) これらのテクストの著者がラングフスであることは、ベル・マルクの妻、エステル・マルクによって、「アウシュヴィッツの巻物」の出版を準備している過程で明らかにされた。(56)

ザルマン・レヴェンタルのテクストは、長期間埋められていたために――それらは一九六一年と一九六二年まで掘り起こされずにいた――損壊の程度が激しく、読みとるのがきわめて困難で、多くの欠落個所があるが、そのレヴェンタルのテクストも、ドイツ軍によるポーランド占領の始点でゲットーでも移送と虐殺の過程でも性的虐待行為があったことを詳細に報告している。しかしまた、なによりも注目されることに、レヴェンタルはゾンダーコマンドのメンバーによる抵抗運動についてのグラドフスキやラングフスよりも詳細なデータを提供するとともに、そのグループによる蜂起についての報告も提供している。ひとはまた、レヴェンタルはそのグループの歴史家ないし記録文書保管者だったのではないか、との想定を立てることができる。なぜなら、彼のテクストは他の者たちのテクスト、すなわち、一九六一年に発見されたウーチ日記とラングフスによる二つのもっと長いテクストと並べて埋められていたからである。レヴェンタル自身、歴史家たちに繰り返し言及している。そして、歴史家たちが手稿、とりわけウーチ日記をどう扱うべきかについて、示唆を与えているようにさえみえる。実際にも、彼はウーチ日記に短い追記を添えている。この追記は一部分しか判読できないが、そのなかでレヴェンタルはウーチの日記をつけたり年代記を綴ったりしている者たちから彼自身のテクストと並べて埋められていた日記の著者に目を移し、焦らすような口調で「あなた〔読者」はここに積みあげられた資料のなかに、諸事万般についての、すなわち、経済面、精神面、衛生面の全体的な状況についての、ひとつの明確な描像をもつことになるだろう」と述べている。そして、歴史的アプローチにたいする称賛の気持ちをはっきりと表明しながら、こう続けている。「ご覧のように、歴史に関心のあるひとりの人物が絵画、事実、報告、そして情報を蒐集する労をとったのだった。これらは間違いもなく、ここにやってくる未来の歴史家の関心を引くだろう。そして大いに役立つだろう。それらについては、その未来の歴史家は歴史が与えるもろもろの恐怖――人間の尊厳にかかわるあらゆる事実――以上に、その理由をたずねる者たちにたいして苦労しなければならないだろう」と。[57]これらの言葉は、なによりもまず、今日の歴史家に、自分がアウシュヴィッツの心臓部からやってきた同僚に声をかけられているのだ、という寒気のする感覚を生み出す。しかし、まもなく、厳然たる事実についての落ち着きはらった（そして地味な）議論によって、ひとを現実に引き戻す。とくにウーチ・ゲットーのユダヤ人評議会議長ハイム・ルムコフスキが同ゲットーに敷いた「支配」にかんして、レヴェンタルは後年の論争の多くを先取りして述べている。「しかし、彼ら〔ドイツ当局〕は労働要員を必要としているのだと考えたとき、わたしたち全員が大きな間違いをしでかしていたということについて二言三言〔付け加えておくことなしに、これらのことどもを〕わたしの胸のなかに閉じこめておくわけにはいかない。彼らは実際にも労働要員を必要としている。しかし、ユダヤ人を絶滅させるというのが、彼らの第一の優先事項なのだ。このことは研究者たちによって描きだされるだろう。将来、歴史家たち、そしてそのあとは心理学者たちが、出来事の歴史と人びとがこうむった苦しみについての明確ではっきりとした絵を描きあげるだろう[58]」。

実際にも、歴史家たちとそれ以外の学者たちが――法廷での証言や大衆文学でのゲットー像はいうまでもなく――、大戦が終結して以来、ルムコフスキの役割を査定し、あんなにもみんなから嫌われていた人物がどのようにして一九四四年夏の終わりまでウーチ・ゲットーを存続させることができたのかを理解しようとして苦闘してきた。本当のところは、ルムコフスキ自身はそう見せかけようとしていたにもかかわらず、ゲットーの有益性と存続にかんする決定はルムコフスキの手を離れていた。そして、親衛隊の反対に直面してリッツマンシュタット（ウーチ）とヴァルテガウ地域の地方当局によってなされたのだった。[59] レヴェンタルは、すでに一九四四年の時点で、ルムコフスキのような（しかしまたビャウィストクのエフライム・バラシュ、ヴィルナのヤコブ・ゲンス、ソスノヴィエツのモシェ・メリンのような）ユダヤ人評議会のリーダーたちが犯した過ちの理由を説明している。彼らは、ドイツ当局が彼らに要求したことを履行すれば生き残るチャンスがあるかもしれない、と思いこんでいたのだった。事実、ウーチはさしあたり例外であったが、戦時生産が「最終的解決」につぐ第二番目の優先事項としてやってきたのである。だから、歴史家にとっては、わたしたちが得たものについて考えるのは心地よいことであるが、それに劣らず、わたしたちが失ってしまったものについて考えるのは恐ろしいことなのだ。レヴェンタルは「見続けることだ！　あなたはもっともっと見つけることができるだろう」と述べて、ウーチ手稿への彼の追記を締めくくっている。歴史家レヴェンタルはできるかぎり完璧なアーカイヴを望んでいたのだった。

これらの著者たちは三人ともなんでも語ることはできないことを自覚していた。しかし、それは歴史家の記述とほとんど異ならない。証言として、これらのテクストはナチスの犠牲者たちが自分たちの身に起こっていたことについてなんらかの認識をもつことは可能だったことを明確に示している。たとえ地獄の最後の圏谷《けんこく》においてであるとしても、そして「最終的解決」を全体として見渡すことは不可能とされていたとしてもである。レヴェンタルは、彼の記述を終えたとき、断固として述べている。自分や自分の同僚の書いたものは、アウシュヴィッツで起こったことは「文明化されたヨーロッパの心臓部そのもの」に「深い穴」を穿ち開けたことを世界に説明するさいの手助けになるだろう、と。[60]

こうして、これらのテクストが歴史家たちによって無視されてきた理由がなんであろうとも、いまやたしかに、ときとして犠牲者たち――おそらく、逆説的なことにも、とりわけ殺害過程のど真ん中にいた者たち――は、部分的にではあっても、彼らおよびヨーロッパのユダヤ人の身に起こりつつあったことを理解するための材料をもっていただけでなく、さまざまな形態とスタイルでの出来事の表象を提供するための材料ももっていたことを承認すべき時なのである。これらの表象は、ホロコーストを出来事自体の内部から表象することはできないという想定や、あとになってからそういった表象を提供することは不道徳であるか不可能であるかのいずれかであるという主張に真っ向から背反する。ウーチ・ゲットーで起きた出来事の日記をつけていたもうひとりの姓名不明の作者が書いているように、「想像できない、描写できない（undescribable）、語ることができない、〜できない、〜できない、〜できない、等々と言うことは、なにも言わなかったに等しいのだ！」。[61] まことに、収容所で演奏された音楽にかんするグラドフスキの描写は、まさしく、彼自身のテクストの要約のようでもあって、それはアウシュヴィッツに収容される前のグラドフスキの世界の精神生活を想い起こさせる力強くて――なんと言ったらよいのか――美しい（形式的に釣り合いがとれているという意味で）思索そのものである。グラドフスキがアウシュヴィッツで音楽を聴いたときの驚きを語るとき、彼は憤りを学者らしく正確に要約してみせている。「これはなにを意味しているのだろうか？　この労働の戦場で、過去からの魔術めいた生の響きでもってわたしたちの魂を揺さぶる、死のキャンプの音楽、死の島の上での生の響きは？　ここ、この大きな墓場のなかでは、ありとあらゆるものが死と破壊を呼吸しているというのに。去年の生なら思い描けるということなのか？　しかし、ここではなにもかもが可能なのだ。これは野蛮のハーモニーである。これはサディズムの理性である」。[62]

(1) Guy Miron, "History, Remembrance, and a 'Useful Past' in the Public Thought of Hungarian Jewry, 1938-1939," *Yad Vashem Studies*, 32 (2004), pp. 131-170; Anna Szalai, "Will the Past Protect Hungarian Jewry? The Response of Jewish Intellectuals to Anti-Jewish Legislation," *Yad Vashem Studies*, 32 (2004), pp. 171-208.

(2) Cf. Dan Stone, *Histories of the Holocaust* (Oxford: Oxford University Press, 2010)〔ダン・ストーン著、武井彩佳訳『ホロコースト・スタディーズ――最新研究への手引き』(白水社、二〇一二年)〕; Id., *The Holocaust, Fascism and Memory: Essays in the History of Ideas* (Basingstoke: Palgrave Macmillan, 2013).

(3) Hannah Arendt, *Eichmann in Jerusalem: A Report on the Banality of Evil* (New York: Penguin, 1977), pp. 117-119〔ハンナ・アーレント著、大久保和郎訳『エルサレムのアイヒマン――悪の陳腐さについての報告』[新版](みすず書房、二〇一七年)、一六四―一六八頁〕; Dan Diner, "Historical Understanding and Counterrationality: The Judenrat as Epistemological Vantage," in: Saul Friedlander (ed.), *Probing the Limits of Representation: Nazism and the "Final Solution"* (Cambridge, MA: Harvard University Press, 1992), pp. 128-142; Dan Michman, "Jewish Leadership in Extremis," in: Dan Stone (ed.), *The Historiography of the Holocaust* (Basingstoke: Palgrave Macmillan, 2004), pp. 319-340; Isaiah Trunk, *Judenrat: The Jewish Councils in Eastern Europe under Nazi Occupation* (Lincoln, NE: University of Nebraska Press, 1996).

(4) Christopher Browning, *The Origins of the Final Solution: The Evolution of Nazi Jewish Policy, September 1939-March 1942* (London: William Heinemann, 2004).

(5) Peter Longerich, *Holocaust: The Nazi Persecution and Murder of the Jews* (Oxford: Oxford University Press, 2010).

(6) わたしがここで考えているのはジョルジョ・アガンベンの著作『アウシュヴィッツの残りのもの』である。アガンベンが現代の議論を第二次世界大戦後ダヴィッド・ルーセによって導入された「収容所宇宙」という概念に立ち戻らせつつあることを説得的に論じている分析として、Samuel Moyn, "In the Aftermath of Camps," in: Frank Biese and Robert G. Moeller (eds.), *Histories of the Aftermath: The Legacies of the Second World War in Europe* (New York: Berghahn Books, 2010), pp. 49-64 を参照。アガンベンについては、Paolo Giaccaria and Claudio Minca, "Nazi Bio-

Geopolitics and the Dark Geographies of the Selva," *Journal of Genocide Research*, 13: 1-2 (2011), pp 67-84; Ichiro Takayoshi, "Can Philosophy Explain Nazi Violence? Giorgio Agamben and the Problem of the 'Historico-Philosophical' Method," *Journal of Genocide Research*, 13: 1-2 (2011), pp. 47-66 も見られたい。

(7) Jean-Mark Dreyfus and Sarah Gensburger (eds.), *Nazi Labor Camps in Paris: Austerlitz, Levitan Bassano, July 1943-August 1944* (Oxford: Berghahn Books, 2011); Wolf Gruner, *Jewish Forced Labor under the Nazis: Economic Needs and Racial Aims, 1938-1944* (New York: Cambridge University Press, 2006).

(8) Cf. Ray Brandon and Wendy M. Lower (eds.), *The Shoah in Ukraine: History, Testimony, Memorialization* (Bloomington, IN: Indiana University Press, 2008); Timothy D. Snyder, *Bloodlands: Europe between Hitler and Stalin* (London: The Bodley Head, 2010).〔ティモシー・スナイダー著、布施由紀子訳『ブラッドランド――ヒトラーとスターリン　大虐殺の真実』上、下（筑摩書房、二〇〇五年）〕。

(9) Daniel Blatman, *The Death Marches: The Final Phase of Nazi Genocide* (Cambridge, MA: Harvard University Press, 2011); Martin Dean, *Robbing the Jews: The Confiscation of Jewish Property in the Holocaust, 1933-1945* (New York: Cambridge University Press, 2008); Martin Dean, Constantin Goschler and Philipp Ther (eds.), *Robbery and Restitution: The Conflict over Jewish Property in Europe* (New York: Berghahn Books, 2007).

(10) Michael Marrus, *Some Measure of Justice: The Holocaust Era Restitution Campaign of the 1990s* (Madison, WI: University of Wisconsin Press, 2009).

(11) Patricia K. Grimsted, "The Postwar Fate of Einsatzstab Reichsleiter Rosenberg Archival and Library Plunder, and the Dispersal of ERR Records," *Holocaust and Genocide Studies*, 20: 2 (2006), pp. 278-308

(12) Christopher Kobrak and Andrea H. Schneider, "Big Business and the Third Reich: An Appraisal of the Historical Arguments," in: Stone (ed.), *The Historiography of the Holocaust* cit., pp. 141-172.

(13) Dan Stone, "Holocaust Historiography and Cultural History," followed by forum discussion, *Dapim: Studies on the Shoah*, 23 (2009), 52-93.〔本書第四章〕

(14) Cf. Ian Kershaw, "'Volksgemeinschaft': Potenzial und Grenzen eines neuen Forschungskonzepts," *Vierteljahrshefte für Zeitgeschichte*, 59: 1 (2011), pp. 1-17.

(15) たとえば、Alon Confino, *A World without Jews: The Nazi Imagination from Persecution to Genocide* (New Haven,

CT: Yale University Press, 2014) ; Raphael Gross, *Anständig geblieben: nationalsozialistische Moral* (Frankfurt am Main: S. Fisher, 2010) ; Thomas Kühne, *Belonging and Genocide: Hitler's Community, 1918–1945* (New Haven, CT: Yale University Press, 2010) ; Boaz Neumann, *Die Weltanschauung des Nazismus: Raum, Körper, Sprache* (Göttingen: Wallstein, 2010) を見られたい。

(16) David Cesarani and Eric J. Sundquist (eds.), *After the Holocaust: Challenging the Myth of Silence* (London: Routledge, 2012) ; Alan Rosen, *The Wonder of Their Voices: The 1946 Holocaust Interviews of David Boder* (New York: Oxford University Press, 2010).

(17) 「アウシュヴィッツの巻物」という呼称は Ber Mark, *The Scrolls of Auschwitz*, trans. from the Hebrew by Sharon Neemani (Tel Aviv: Am Oved, 1985) に由来する。しかしながら、同書は重要な本ではあるけれども、ゾンダーコマンドのメンバーのこれまで知られているすべてのテクストを収録しているわけではない。殺害過程の詳細な描写が含まれているザルマン・グラドフスキのもうひとつのテクスト、「チェコ人の移送——アウシュヴィッツのゾンダーコマンドのクロニクル」は、すでに英語に翻訳されている。Cf. Zalman Gradowski, "The Czech Transport: A Chronicle of the Auschwitz *Sonderkommando*," in: David Roskies (ed.), *The Literature of Destruction* (Philadelphia, PA: Jewish Publication Society, 1988), pp. 548–564. この英語による部分訳の元々の完全な文書は現在フランス語訳で利用することができる。Cf. Zalmen Gradowski, *Au coeur de l'enfer: Témoignage d'un Sonderkommando d'Auschwitz, 1944*, trad. du yiddish par Batia Baum (Paris: Éditions Kimé, 2001). ラングフスの、イディッシュ語からまだドイツ語にしか翻訳されていないもうひとつのテクスト(「強制移住」)は Jadwiga Bezwińska et al. (hrsg.), *Inmitten des grauenvollen Verbrechens: Handschriften von Mitgliedern des Sonderkommandos* (Oświęcim: Staatliches Museum Auschwitz-Birkenau, 1996), pp. 73–129 で見ることができる。悲しいことに、何本かの原本はすでに紛失してしまって現在は写本しか存在しない。それでも、原本の大部分は残存していて、さまざまな機関に保存されている。Nicholas Chare, *Auschwitz and Afterimages: Abjection, Witnessing and Representation* (London: I. B. Tauris, 2011), pp. 77–78 での議論を参照のこと。

(18) たとえば、Cesarani and Sundquist (eds.), *After the Holocaust* cit.; Laura Jockusch, "Chroniclers of Catastrophe: History Writing as a Jewish Response to Persecution before and after the Holocaust," in: David Bankier and Dan Michman (eds.), *Holocaust Historiography in Context: Emergence, Challenges, Polemics and Achievements* (Jerusalem: Yad

Vashem, 2008), pp. 135–166; Feliks Tych, "The Emergence of Holocaust Research in Poland: The Jewish Historical Commission and the Jewish Historical Institute (ŻIH), 1944–1989," in: Bankier and Michman (eds.), *Holocaust Historiography in Context* cit., pp. 227–244 を見られたい。

(19) Leni Yahil, *The Holocaust: The Fate of European Jewry, 1932–1945*, trans. from the Hebrew by Ina Friedman and Haya Galai (New York: Oxford University Press, 1990), p. 521.

(20) Martin Gilbert, *The Holocaust: The Jewish Tragedy* (London: Fontana, 1987), pp. 820; pp. 515–516, 649–653, 744–746, 749–750; p. 730. ギルバートによって pp. 649–653 に引用されている長い一節はマルクによってレヴェンタルではなくてラングフスのものだとされていることを記しておくべきだろう。Cf. Mark, *The Scrolls of Auschwitz* cit., pp. 212–214.

(21) Debórah Dwork and Robert Jan van Pelt, *Holocaust: A History* (London: John Murray, 2002), pp. 358–360; Saul Friedländer, *The Years of Extermination: Nazi Germany and the Jews 1939–1945* (London: HarperCollins, 2007, pp. 580–582). 啓発的なことに、フリードレンダーも、彼の本の最後の感動的な節 (p. 663) のなかで、同書全体をとおして聞こえてくる最も意義深いユダヤ人の「声」のひとつとしてグラドフスキに言及している。

(22) Georges Didi-Huberman, *Images malgré tout* (Paris: Éditions de Minuit, 2003)〔ジョルジュ・ディディ＝ユベルマン著、橋本一径訳『イメージ、それでもなお――アウシュヴィッツからもぎ取られた四枚の写真』(平凡社、二〇〇六年)〕; Dan Stone, "The Sonderkommando Photographs," *Jewish Social Studies*, n.s. 7: 3 (2001), pp. 131–148.〔本書第七章〕

(23) Primo Levi, *The Drowned and the Saved* (London: Abacus, 1989), pp. 22–51〔プリーモ・レーヴィ著、竹山博英訳『溺れるものと救われるもの』(朝日新聞社、二〇〇〇年)、三三―七四頁〕。

(24) Devin Pendas, "Testimony," in: Miriam Dobson and Benjamin Ziemann (eds.), *Reading Primary Sources: The Interpretation of Texts from Nineteenth- and Twentieth-Century History* (London: Routledge, 2009), pp. 226–242.

(25) Robert Wolfe, "Nazi Paperwork for the Final Solution," in: James S. Pacy and Alan P. Wertheimer (eds.), *Perspectives on the Holocaust: Essays in Honor of Raul Hilberg* (Boulder, CO: Westview Press, 1995), pp. 5, 6.

(26) Raul Hilberg, "I Was Not There," in: Berel Lang (ed.), *Writing and the Holocaust* (New York: Holmes and Meier, 1988), p. 19; cf. Lucy Dawidowicz, *The Holocaust and the Historians* (Cambridge, MA: Harvard University Press,

1981), pp. 129–130; Raul Hilberg, *Sources of Holocaust Research: An Analysis* (Chicago, IL: Ivan R. Dee, 2001).

(27) Amos Goldberg, "The Victim's Voice and Melodramatic Aesthetics in History," *History and Theory*, 48 (2009), pp. 220–237.

(28) Tony Kushner, "Saul Friedländer, Holocaust Historiography and the Use of Testimony," in: Christian Wiese and Paul Betts (eds.), *Years of Persecution / Years of Extermination: Saul Friedländer and the Future of Holocaust Studies* (London: Continuum, 2010), pp. 67–79; Zoë Waxman, "Towards an Integrated History of the Holocaust: Masculinity, Femininity, and Genocide," in: Wiese and Betts (eds.), *Years of Persecution / Years of Extermination* cit., pp. 311–321.

(29) Dominick LaCapra, "Historical and Literary Approaches to the 'Final Solution': Saul Friedländer and Jonathan Littell," *History and Theory*, 50 (2011), p. 87.

(30) たとえば、Alexandra Garbarini, *Numbered Days: Diaries and the Holocaust* (New Haven, CT: Yale University Press, 2006) を見られたい。

(31) Christopher Browning, *Remembering Survival: Inside a Nazi Slave-Labor Camp* (New York: W. W. Norton, 2010), p. 9.

(32) Amos Goldberg, "The History of the Jews in the Ghettos: A Cultural Perspective," in: Dan Stone (ed.), *The Holocaust and Historical Methodology* (New York: Berghahn Books, 2012), p. 83.

(33) Roger Luckhurst, "Traumaculture," *New Formations*, 50 (2003), pp. 28–47; M Seltzer, "Wound Culture: Trauma in the Pathological Public Sphere," *October*, 80 (1997), pp. 3–26; Jeffrey C. Alexander et al. (eds.), *Cultural Trauma and Collective Identity* (Berkeley, CA: University of California Press, 2004); Jenny Edkins, *Trauma and the Memory of Politics* (Cambridge: Cambridge University Press, 2003); Ruth Leys, *Trauma: A Genealogy* (Chicago, IL: University of Chicago Press, 2000); Roger Luckhurst, *The Trauma Question* (London: Routledge, 2008); Kali Tal, *Worlds of Hurt: Reading the Literatures of Trauma* (New York: Cambridge University Press, 1996) も見られたい。

(34) Richard Crownshaw, *The Afterlife of Holocaust Memory in Contemporary Literature and Culture* (Basingstoke: Palgrave Macmillan, 2010), p. 27.

(35) Wulf Kansteiner, "Finding Meaning in Memory: A Methodological Critique of Collective Memory Studies," *History and Theory*, 41 (2002), pp. 176–197; Id., "Genealogy of a Category Mistake: A Critical Intellectual History of the Cul-

tural Trauma Metaphor," *Rethinking History*, 8: 2 (2004), pp. 193-221; cf. Kervin L. Klein, "On the Emergence of Memory in Historical Discourse," *Representations*, 69 (2000), pp. 127-150; Dan Stone, "Beyond the Mnemosyne Institute: The Future of Memory after the Age of Commemoration," in: Richard Crownshaw, Jane Kilby and Antony Rowland (eds.), *The Future of Memory* (New York: Berghahn Books, 2010), pp. 17-34.

(36) Didier Fassin and Richard Rechtman, *The Empire of Trauma: An Inquiry into the Condition of Victimhood*, trans. Rachel Gome (Princeton, NJ: Princeton University Press, 2009), pp. 278-279.

(37) Judith Butler, "Primo Levi for the Present," in: Frank Ankersmit, Ewa Domańska and Hans Kellner (eds.), *Re-figuring Hayden White* (Stanford, CA: Stanford University Press, 2009), p. 285.

(38) Hayden White, "Figural Realism in Witness Literature," *Parallax*, 10: 1 (2004), p. 118; cf. Id., "Introduction: Historical Fiction, Fictional History, and Historical Reality," *Rethinking History*, 9: 2-3 (2005), p. 149.

(39) この点については、Dan Stone, *Constructing the Holocaust* (London: Vallentine Mitchell, 2003) で詳しく論じた。Dan Stone, "Introduction: The Holocaust and Historical Methodology," in: Dan Stone (ed.), *The Holocaust and Historical Methodology* (New York: Berghahn Books, 2012), pp. 1-19〔本書第五章〕および Alon Confino, *Foundational Pasts: The Holocaust as Historical Understanding* (New York: Cambridge University Press, 2012) も参照のこと。

(40) Zoë Waxman, "Testimonies as Sacred Texts: The Sanctification of Holocaust Writing," *Past and Present*, Supplement 5 (2010), pp. 321-341.

(41) Karyn Ball, *Disciplining the Holocaust* (Albany, NY: State University of New York Press, 2008), pp. 43-44.

(42) Gil Anidjar, "Against History," afterword to: Marc Nichanian, *The Historiographic Perversion*, trans. Gil Anidjar (New York: Columbia University Press, 2009), pp. 145, 152.

(43) Dan Stone, "Memory Wars in the 'New Europe'," in Dan Stone (ed.), *The Oxford Handbook of Postwar European History* (Oxford: Oxford University Press, 2012), pp. 714-731.

(44) Shoshana Felman, "The Return of the Voice: Claude Lanzmann's *Shoah*," in: Shoshana Felman and Dori Laub (eds.), *Testimony: Crises of Witnessing in Literature, Psychoanalysis, and the History* (New York: Routledge, 1992), p. 249〔ショシャナ・フェルマン著、上野成利・崎山政毅・細見和之訳『声の回帰——映画『ショアー』と〈証言〉の時代』(太田出版、一九九五年)、一〇一頁〕; cf. Jelica Sumic-Riha, "Testimony and the Real: Testimony between the

"Impossibility and Obligation," *Parallax*, 10: 1 (2004), pp. 17–29.

(45) Browning, *Remembering Survival* cit., p. 8.

(46) これらのテクストに加えて、ハイム・ヘルマンによってフランス語で書かれた一通の手紙が一九四五年に発見された。また、ウーチ・ゲットーで姓名不明の著者によって書かれ、レヴェンタルの日記といっしょに埋められた日記が一九六一年に掘り起こされた。さらに、マルセル・ナジャリによってギリシア語で書かれた一通の手紙が一九八〇年に発見された。

(47) Eric Friedler, Barbara Siebert und Andreas Kilian, *Zeugen aus der Todeszone: Das jüdische Sonderkommando in Auschwitz* (München: Deutscher Taschenbuch Verlag, 2005), pp. 107–108 および Nathan Cohen, "Diaries of the *Sonderkommando*," in: Yisrael Gutman and Michael Berenbaum (eds.), *Anatomy of the Auschwitz Death Camp* (Bloomington, IN: Indiana University Press/ Washington, DC: United States Holocaust Memorial Museum, 1994), pp. 522–534 による短いコメントを参照。レヴェンタルによる追記といっしょに一九六一年七月に掘り起こされたウーチ・ゲットーにかんする姓名不明の著者のテクストについては、Mark, *The Scrolls of Auschwitz* cit. にも英語で収録されているのを利用できる。

(48) Garbarini, *Numbered Days* cit., p. 5.

(49) Nicholas Chare, "The Gap in Context: Giorgio Agamben's *Remnants of Auschwitz*," *Cultural Critique*, 64 (2006), p. 65.

(50) Dori Laub, "An Event without a Witness: Truth, Testimony and Survival," in: Felman and Laub (eds.), *Testimony* cit., p. 84; cf. Chare, "The Gap" cit., p.41.

(51) Chare, "The Gap" cit., p. 65.

(52) David Suchoff, "A Yiddish Text from Auschwitz: Critical History and the Anthological Imagination," *Prooftexts*, 19 (1999), p. 61. これはアウシュヴィッツでユダヤ人によって作成された書き物のアンソロジーが計画されたさい、それに付したアブラハム・レヴィトの序文に言及したものであるが、アンソロジーは見つかっていない。

(53) Zalman Gradowski, "Writings," in: Mark, *The Scrolls of Auschwitz* cit., pp. 175, 177.

(54) ホルクハイマーとアドルノにかんしては膨大な数の文献があるが、なかでも有益な論考に Jack Jacobs, "Horkheimer, Adorno, and the Significance of Anti-Semitism: The Exile Years," in: David Kettler and Gerhard Lauer (eds.),

Exile, Science, and Bildung: The Contested Legacies of German Émigré Intellectuals (Basingstoke: Palgrave Macmillan, 2005) がある。もうひとりのゾンダーコマンド員エリーザー・アイゼンシュミットおよびグラドフスキのことを回想したものについては、Gideon Greif, *Wir weinten tränenlos: Augenzeugenberichte der jüdischen "Sonderkommandos" in Auschwitz* (Köln: Böhlau Verlag, 1995), pp. 207-208のインタヴューを見られたい。

(55) Leib Langfuss, "The Horrors of Murder," in: Mark, *The Scrolls of Auschwitz* cit., pp. 206-215

(56) Mark, *The Scrolls of Auschwitz* cit., pp. 166-170.

(57) Zalman Loewenthal, "Addentum to the Łódź Manuscript " in: Mark, *The Scrolls of Auschwitz* cit., p. 238.

(58) Ibid., p. 239.

(59) Gordon Horwitz, *Ghettostadt: Łódź and the Making of a Nazi City* (Cambridge, MA: Harvard University Press, 2008); Stone, *Histories of the Holocaust* cit., pp. 86-88〔武井訳、八九―九〇頁〕。

(60) Zalman Loewenthal, "Writings," in: Mark, *The Scrolls of Auschwitz* cit., p. 235.

(61) 原文は英語で、そこでは "indescribable" が "undescribable" と誤記されている。日記の著者はポーランド語、英語、ヘブライ語、イディッシュ語で書いていた。

(62) Gradowski, 'Writings,' in: Mark, *The Scrolls of Auschwitz* cit., p. 202.

編訳者あとがき

ダン・ストーン（Dan Stone）という現在活躍中の研究者がいることは、二〇一二年に白水社から邦訳の出た『ホロコースト・スタディーズ――最新研究への手引き』（武井彩佳訳、原題 *Histories of the Holocaust*）をつうじて知っている読者もいるかもしれない。ホロコーストの歴史以外にも、比較ジェノサイド論、ファシズム、「人種」概念の歴史、それに歴史理論などに関心を寄せてきた思想史家である。一九七一年、イングランド、リンカンシャー州の州都、リンカンに生まれ、オクスフォード大学で博士号を取得。現在、ロンドン大学ロイヤル・ホロウェイ校で近現代史教授の職に就くとともに、同校のホロコースト研究所長を兼務している。

編著を含めた著作に以下のものがある。

Breading Superman: Nietzsche, Race and Eugenics in Edwardian and Interwar Britain（Liverpool: Liverpool University Press, 2002）.

Responses to Nazism in Britain, 1933–1939: Before War and Holocaust（Basingstoke and New York, Palgrave Macmillan, 2003）.

Constructing the Holocaust: A Study in Historiography（London and Portland, OR: Vallentine Mitchell, 2003）.

The Historiography of the Holocaust（Basingstoke and New York: Palgrave Macmillan, 2004）.〔編著〕

History, Memory and Mass Atrocity: Essays on the Holocaust and Genocide（London and Portland, OR, Vallentine Mitchell, 2006）.

Hannah Arendt and the Uses of History: Imperialism, Nation, Race, and Genocide（New York: Berghahn Books, 2007）.〔R. H. King との共編著〕

Colonialism and Genocide（London and New York: Routledge, 2007）.〔A. D. Moses との共編著〕

The Historiography of Genocide（Basingstoke and New York: Palgrave Macmillan, 2008）.〔編著〕

Histories of the Holocaust（Oxford: Oxford University Press, 2010）.

The Oxford Handbook of Postwar European History（Oxford: Oxford University Press, 2011）.〔編著〕

The Holocaust and Historical Methodology（New York: Berghahn Books, 2012）.〔編著〕

The Holocaust, Fascism and Memory: Essays in the History of Ideas（Basingstoke and New York: Palgrave Macmillan, 2013）.

Goodbye To All That? The Story of Europe Since 1945（Oxford: Oxford University Press, 2014）.

The Liberation of the Camps: The End of Holocaust and its Aftermath（New Haven, CT: Yale University Press, 2015）.

Concentration Camps: A Short History（Oxford: Oxford University Press, 2017）.

本書は、この思想史家のホロコースト史学論のなかから主要な論考八本を選んで編んだ日本語版独自論集である。当初は第一章から第四章までと第七、八章の六本で編成する予定で著者に計画案を提示したところ、できればあと二本を追加してくれないかとの要望があり、第五章と第六章を追加することにした。翻訳にさいしては、それぞれ、以下のテクストを底本にした。

第一章　「アウシュヴィッツ・シンドローム」を超えて――冷戦後のホロコースト史学

“Beyond the ‘Auschwitz Syndrome’: Holocaust Historiography after the Cold War,” *Patterns of Prejudice*, 44: 5 (2010), pp. 454-468.〔その後、Stone, *The Holocaust, Fascism and Memory* cit., pp. 15-24に収録〕

第二章　ホロコーストと「人間」

“The Holocaust and ‘the Human’,” in: Richard H. King and Dan Stone (eds.), *Hannah Arendt and the Uses of History: Imperialism, Nation, Race, and Genocide* (New York : Berghahn Books, 2007), pp. 232-249.〔その後、Stone, *The Holocaust, Fascism and Memory* cit., pp. 49-63に収録〕

第三章　物語理論とホロコースト史学

“Narrative Theory and Holocaust Historiography,” in: Dan Stone, *Constructing the Holocaust* (London and Portland, OR: Vallentine Mitchell, 2003), pp. 211-238.

第四章　ホロコースト史学と文化史

“Holocaust Historiography and Cultural History,” *Dapim: Studies on the Shoah*, 23 (2009), pp. 52-68.〔その後、Stone (ed.), *The Holocaust and Historical Methodology* cit., pp. 44-60 に収録〕

第五章　ダン・ストーン編『ホロコーストと歴史の方法論』序論

“Introduction: The Holocaust and Historical Methodology,” in: Dan Stone (ed.), *The Holocaust and Historical Methodology* cit., pp. 1-19.

第六章　過去を破門する？——ホロコースト史学における物語論と合理的構築主義
"Excommunicating the past? Narrativism and rational constructivism in the historiography of the Holocaust," *Rethinking History*, 21: 4（2017）, pp. 549-566.

第七章　ゾンダーコマンドの撮った写真
"The Sonderkommando Photographs," *Jewish Social Studies*, n.s., 7: 3（2001）, 131-148.

第八章　野蛮のハーモニー——「アウシュヴィッツの巻物」をホロコースト史学のなかに位置づける
"The Harmony of Barbarism: Locating the Scrolls of Auschwitz in the Holocaust Historiography," in: Nicholas Chare and Dominic Williams（eds.）, *Representing Auschwitz: At the Margins of Testimony*（Basingstoke and New York: Palgrave Macmillan, 2013）, pp. 11-32.

各論考が著者のホロコースト史学論全体のなかで占める位置と意義については、わたしの要望に応えて著者自身が日本語版論集のために寄せてくれた序言のなかで丁寧に解説してくれているので、付け加えるべき点はほとんどない。

ただ一点だけ付け加えさせてもらうなら、わたしがそもそもダン・ストーンという思想史研究者の存在を知ったのは、二〇一六年、ヘイドン・ホワイトの『メタヒストリー——一九世紀ヨーロッパにおける歴史的想像力』の出版を企画していた作品社編集部から依頼されて、『メタヒストリー』と関連する論文のうち主だったものを『歴史の喩法——ホワイト主要論文集成』というタイトルで訳出する準備をしていた過程においてのことだった。その文献調査の過程でニコラス・チェアとドミニク・ウィリアムズの共編著『アウシュヴィッツを表象する——証言の限界点で』*Representing Auschwitz: At the Margins of Testimony*（二〇一三年）

の最後にホワイトが「コーダ——目撃証言言述を読む」という論考を寄せていることがわかり、同書を取り寄せて通読してみたところ、ホワイトの論考もさることながら、同書の第一章に配されている「野蛮のハーモニー——「アウシュヴィッツの巻物」をホロコースト史学に位置づける」という論考にいたく刺激された。その論考の著者がダン・ストーンだったのである。

なお、ホワイトからは「コーダ——目撃証言言述を読む」の更新版であるという「歴史的真実、違和、不信」という論考が送られてきた。第一稿は二〇一一年に書きあげていたが、公表の機会を見つけられないままになっていたとのことである。この論考はわたしの手で訳出して『思想』二〇一六年十一月号で紹介したのち、ホワイト晩年の主著 *The Practical Past*（二〇一四年）のわたしの監訳になる『実用的な過去』（岩波書店、二〇一七年）に付録として収録した。

一方、ニコラス・チェアとドミニク・ウィリアムズは、その後二〇一五年、共同で *Matters of Testimony: Interpreting the Scrolls of Auschwitz* と題する本を世に問うた。同書はわたしの勧めで二〇一九年、みすず書房から『アウシュヴィッツの巻物　証言資料』と題して翻訳出版された（二階宗人訳）。

最後ながら、今回も編集はみすず書房編集部の川崎万里さんが担当してくださった。感謝したい。

二〇一九年夏

上村忠男

著 者 略 歴

(Dan Stone)

ロンドン大学ロイヤル・ホロウェイ校歴史学部教授．同大学ホロコースト研究所長．ホロコーストの歴史以外にも，比較ジェノサイド論，ファシズム，「人種」概念の歴史，それに歴史理論などに関心を寄せている思想史家である．*Patterns of Prejudice, Journal of Genocide Research ,Critical Philosophy of Race, The Journal of Holocaust Research, Hypothesis and History of Communism in Europe* 各誌の編集委員，帝国戦争博物館のホロコースト・ギャラリー（ロンドン，2021 年にリニューアルオープン予定）再編成のための学術諮問委員会議長を務める．

近年の編著書に *The Oxford Handbook of Postwar European History* (Oxford: Oxford University Press, 2011), *The Holocaust and Historical Methodology* (New York: Berghahn Books, 2012)，著書に *The Holocaust, Fascism and Memory: Essays in the History of Ideas* (Basingstoke and New York: Palgrave Macmillan, 2013), *Goodbye to All That? The Story of Europe since 1945* (Oxford University Press, 2014), *The Liberation of the Camps: The End of the Holocaust and its Aftermath* (Yale University Press, 2015), *Concentration Camps: A Very Short Introduction* (Oxford University Press, 2019) など．*Histories of the Holocaust* (Oxford University Press, 2010) が『ホロコースト・スタディーズ――最新研究への手引き』（武井彩佳訳，白水社，2012 年）として邦訳されている．

編訳者略歴

上村忠男〈うえむら・ただお〉1941 年兵庫県尼崎市に生まれる．東京大学大学院社会学研究科（国際関係論）修士課程修了．東京外国語大学名誉教授．学問論・思想史専攻．著書『ヴィーコの懐疑』（みすず書房，1988）『歴史家と母たち――カルロ・ギンズブルグ論』（未來社，1994）『歴史的理性の批判のために』（岩波書店，2002）『グラムシ 獄舎の思想』（青土社，2005）『ヘテロトピア通信』（みすず書房，2012）『ヴィーコ論集成』（みすず書房，2017）ほか．訳書 グラムシ『知識人と権力』（みすず書房，1999），アガンベン『アウシュヴィッツの残りのもの』（共訳，月曜社，2001）『残りの時 パウロ講義』（岩波書店，2005）『いと高き貧しさ』（共訳，みすず書房，2014）『身体の使用』（同，2016）『哲学とはなにか』（同，2017），ヴィーコ『新しい学』上・下（中公文庫，2018），カッチャーリ『死後に生きる者たち』（みすず書房，2013），ギンズブルグ『政治的イコノグラフィーについて』（みすず書房，2019）など多数．

ダン・ストーン

野蛮のハーモニー

ホロコースト史学論集

上村忠男編訳

2019年11月1日　第1刷発行

発行所　株式会社 みすず書房
〒113-0033　東京都文京区本郷2丁目20-7
電話　03-3814-0131(営業)　03-3815-9181(編集)
www.msz.co.jp

本文組版　プログレス
本文印刷所　萩原印刷
扉・表紙・カバー印刷所　リヒトプランニング
製本所　松岳社
装丁　安藤剛史

ISBN 978-4-622-08855-4
[やばんのハーモニー]